黄忠 程文明——译

世界の歷史 2
中華文明の誕生

后浪

中华文明的诞生

[日]
尾形勇
平势隆郎
著

海峡出版发行集团
海峡书局

良渚文化陶袋足鬹

* 本书彩色插图由南京大学魏宜辉教授提供。

半坡遗址人面网纹盆

商代作册般鼋

后母戊方鼎

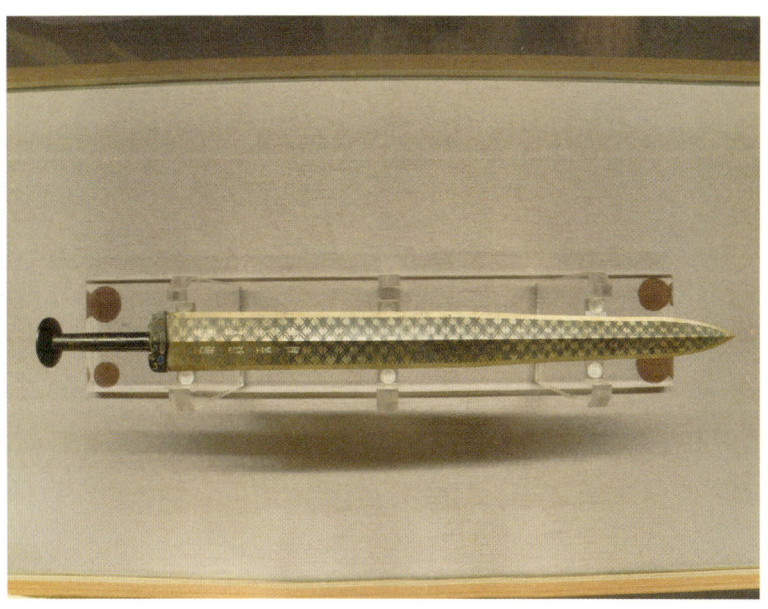

越王勾践剑

曾侯乙建鼓底座

曾侯乙编钟

大云山汉墓

大云山汉墓编磬兽座

海昏侯墓马蹄金

满城汉墓长信宫灯

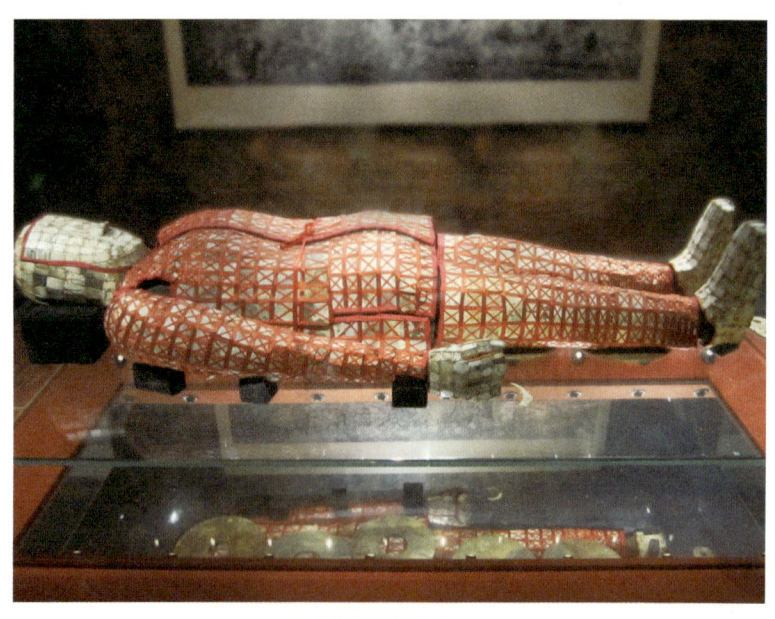

南越王丝缕玉衣

武威汉墓铜奔马

徐州龟山汉墓

徐州驮篮山汉墓

中山王铜板兆域图

目 录

导言——文明的摇篮 / 1

中国——她多彩的光芒 / 1
    时间与语言 / 1　各种各样的"标准" / 2
    中国——文明的故乡 / 4

黄色的大地 / 6
    生活在黄土上 / 6　黄土城墙 / 7　西安的景象 / 8

第一部分　新石器，殷，周——家族秩序的瓦解 / 10

1　写在阅读本书前半部分之前Ⅰ——天下与正统 / 10
    天下之正统 / 10　传说中的帝王历史与夏殷周三代王朝 / 13
    《论语》的天下 / 15
    从新石器时代到青铜器时代，再到铁器时代 / 17
    天下与中国、夏 / 20　五服论的变化 / 22

2　写在阅读本书前半部分之前Ⅱ——原中国的制度与理念 / 27
    数字秩序与历史认知 / 27　伟大的预言书 / 29
    战国时代的帝王理念 / 30　再论伟大的预言书 / 43
    现存史料的认知方式 / 46

3　新石器时代 / 51
    符号与"物品"所讲述的社会 / 51

4　殷王朝与周王朝 / 63
    "夏王朝"时期的王朝 / 63　殷——甲骨文、祖先祭祀 / 68

1

周——金文与国际关系 / 73

5　春秋战国时代 / 83
春秋、战国前期——都市的变迁与贤人 / 83
吴越争霸及其后 / 100　都市的变迁和统治领域 / 116
战国中后期——诸子的出现 / 123　霸权的走向 / 142

第二部分　皇帝一统天下 / 155

6　边境的霸者——秦的兴起 / 155
"邑"的网络 / 155　商鞅变法 / 161　合纵连横的时代 / 165
邯郸之梦 / 170

7　天下一统——秦始皇的出现 / 175
"奇货可居" / 175　统一的进程 / 180　"云梦秦简"的世界 / 185
万里长城 / 190　巡幸天下 / 196

8　都城长安——汉帝国的建立 / 202
项羽与刘邦 / 202　楚汉战争 / 207　刘邦的亲信们 / 212
帝都长安 / 219

9　登峰造极的汉帝国——从西汉到新朝 / 226
仁政之世 / 226　专制统治的确立 / 232　武帝的政略 / 236
垂暮的帝国 / 241

10　洛阳的盛衰——东汉 / 247
刘氏的复权 / 247　风土与权力 / 252　朝廷中的暗斗 / 258

11　三分天下——三国时代 / 264
英雄们的本色 / 264　许都曹操 / 270　三国鼎立 / 274

参考文献 / 280

关系年表 / 298

导言——文明的摇篮

中国——她多彩的光芒

时间与语言

中国幅员辽阔，本书的两位作者为了探寻中国古代遗迹，曾多次踏足中国大地，却根本无法将其走遍。

中国，即中华人民共和国，地图形状常常被人喻为雄鸡。其鸡冠和头部为东北地区。如果将朝鲜半岛借来当作鸡嘴的话，拥有广袤大草原的内蒙古自治区就是挺直的背脊；新疆维吾尔自治区和西藏自治区是毛茸茸的尾巴；而华北、华中、华南等大陆主要区域则是面朝东海、挺胸屹立的健壮身躯；从广东到香港、海南岛及台湾的这片区域是略显瘦弱的腿部，它支撑着整个躯干。

中国的国土总面积达 960 万平方千米，约占地球陆地面积的 6.4%。从整体上看，中国南北长约 5500 千米，东西宽约 5200 千米，南北距离要略长。其经度差为 60 度左右，时差本应该在 3 小时以上，然而由于中国统一采用地理上偏东的北京时间，不设置地方时，因此，如果有人去西部地区，如新疆维吾尔自治区的乌鲁木齐或者喀什的话，就会发现，在这些地区，即便是夏天，黎明的到来也非常迟，而午后 10 点时，却如同白昼一般，天还没有黑下来。对旅游者来说，头脑中需要有变换的意识。然而，当地的普通人对此的反应仅仅是"也就这么回事"，并没觉得有什么特别不便。

中国的语言也有"标准"。这个标准语如今被称为"普通话"，正通过学校教育普及开来。中国标准语的原型要追溯到清朝官员们的通用语言"北京官话"，即北京附近方言。

据称，这种北方方言覆盖了长江以北的广大区域，70%的汉族人都在使用。然而，越往南方走，它就越无法通用。北方方言与南方方言的差异，尤其是与闽语（福建话）和广东话之间，竟然可以大到类似英语和德语间的差异程度。而少数民族所使用的维吾尔语及藏语等方言，完全就如同外语一般了，这些语言都没有被纳入通用语言。

各种各样的"标准"

如果一个人只学习了"北京官话"，那么他造访中国时，一旦去到地方，就可能会遇到语言不通的情况。这并非仅仅是当地说方言的问题。因为，即便要求对方用普通话沟通，往往还是会因为口音太重而无法听懂。据说，中国人之间也常常发生这种情况，出现这种因交流不畅带来的不便。在中国的一些学术活动中，习惯上会将待发表的内容预先印成文稿发给与会者，报告人再原封不动地读稿，也就是说，他们相互间的理解并非全是经由语言，更是经由表记语言的"汉字"来实现的。

过去，秦始皇在统一中国时，将"统一文字"作为重要政策内容。为了经有识官僚之手将皇帝的意志贯彻至国家的每个角落，秦始皇选择了一种最适合的文字作为"标准"，这就是现代汉字的原型"隶书"①。

这种较为简便的文字自秦代传承至汉代，"汉字"这一名称也固定下来。如此确立起来的汉字，不久即超越"汉民族"的疆域，在国际性的场合中开始发挥它的功能，"汉字文化圈"由此成立。

"汉民族"一词也可以理解为一种标准。锐意吸收"中国"的风俗、习惯、语言、文字等诸文化融合而成的"文明"的民族，就是定义汉民族的标准。像这样，判断民族的标准并不在于其出身或血统，甚至于比政治还要优先的标准就是文化、文明，可以说，正是这种独特性和融通性才使"中国"得以延续下来，以同心圆形式逐渐向外扩张。

这里所说的"中国"，与"中华""中夏""中原"等词语相同，原指率先孕育了先进文明的某个地域，意思是"正中心的国家"，其疆域是模糊不清的。实际上，正是由于这样的融

---

① 作者原文如此。实际上中国历史研究认为，秦始皇使用小篆作为统一后的官方文字。但在"书同文"的过程中，也采纳了程邈整理的隶书。郭沫若：秦始皇改革文字的更大功勋，是采用了隶书。——编者注，下同

通性，在历史的长河中，因统治者自身条件的变化，其范围也一直在不断变化。因此，从这个意义上说，"中国"也是一种标准。

中国——文明的故乡

如今，从公开发布的数据来看，中国广袤的大陆上养育着约14亿人口。根据这个数字，地球上每五六人中就有一个是中国人。

中国国土总面积的19%为海拔5000米以上的高原，此外还有超过11%的沙漠地带，这片"大地"中，真正能开展农耕生产的面积其实十分狭小。

从人口密度来看，虽然全国的人口密度是平均每平方千米约124人，各地的疏密程度却呈现极端不对称的局面。中国的人口主要集中在相当于雄鸡胸部的东海沿岸及黄河、长江、珠江流域等极其有限的地域。正如人们经常会说的："中国，10%的国土居住着90%的人口。"

很久以前便有大量人口聚居在黄河中下游区域，根据留存至今的人口统计资料，中国在公元前后的汉朝时期，总人口为5000万左右。

这种状况持续至今。另一方面，随着时代的推移，包括长江流域在内的南方地区人口不断增长，最终超过了华北地区。不过，这种转变大约始于公元8世纪，从朝代上看，应该是在唐代之后了。

中国的第一大河是长江，发源自遥远的青藏高原，绵延

6300千米，流域面积为180万平方千米，年均水量达到1万亿吨，为位居第二的黄河水量的20倍。

第二大河为黄河。发源于青海省，长5460千米，像狂舞的龙一般两三次地直角型转向，最后注入渤海。唐朝诗人李白有诗云：

> 君不见黄河之水天上来，奔流到海不复回……（《将进酒》）

在这一奔流的下游地区，有历史记载的大的河道变化就达26次，无数次洪水泛滥，形成所谓"暴河"。治水有功的圣帝尧、舜、禹的传说，就是"暴河"的产物。

黄河还是"一石水六斗泥"的"泥河"。其河水运送的泥沙据说是尼罗河的三四倍。因为泥沙堆积，黄河到了中游就变成"地上河"，附近的沿岸地区，每年都要筑堤防洪。到了河口，河床为泥沙覆盖，有些部分完全成为暗河，河流就此消失。

上述两条大河，在大量人群定居这一点上，黄河要远远早于长江。黄河特别是其中游地区恰好就是很早孕育出先进文明的"中国/中华"地区。因此，本书《中华文明的诞生》的故事，必须从黄河特别是其"泥沙"开始说起。

黄色的大地

生活在黄土上

3月到5月期间,华北一带的天空有时会昏黄阴沉一片。这一点可以从文言中的"霾",或古代文献中如"汉昭帝元凤三年,天雨黄土,昼夜昏霾"(《古今注》)等记载中看出。如今,"黄沙"如同春天的季语[1]一般,一部分还夹杂着各种各样的污染物。

从内陆干燥地带顺着偏西风飘浮而至的黄土,在中国北方不断降下沉积,历经数万年之久,从而形成了所谓黄土地带。堆积起来的黄土通常厚达20—60米。自黄河中游至黄河上游,特别是北部地区,形成了最深达150米厚的黄土层,呈现出一片广阔的台地、高原景观。

黄河及其支流不断侵蚀、冲击这片黄土,在黄土地带形成了平原。奔流的黄河也变成了"泥河",在下游制造出广大的冲击层,即华北大平原。

黄土地带虽属温带地区,但是其年均降水量在600毫米以下,平均气温在16摄氏度以下,气候环境非常严峻。这样的环境下,自古以来栽种的谷物基本为粟、黍、稗等杂谷,以及冬小麦等麦类。

但是,因为黄土本身土壤肥沃,即便农具和耕作方法原始,只要水分能够确保,生产这些作物还是比较容易的。可以

---

[1] 季语,日本俳句中要求必须出现恰好能代表一个季节的词语。如代表春季的词语有:春雨、燕、东风等。

说，正是由于这种情况和这一"泥土"的特性，在中国大地上，人类首先在这片黄土地带定居，而且很快在这片土地上孕育出特色的先进文明——黄河文明。

黄土城墙

黄土除了适宜农业耕作，还具备利于古代文明形成的各种特性。在黄土悬崖上挖掘出来的横穴，可以成为足以避暑和御寒的住宅。这种形式的住宅被称为"窑洞"，如今在黄土高原还可以见到这样的民居。

如果挖掘竖穴，再配上可以防雨的屋顶，就能用作储存谷物的仓库。黄土地带经常发掘出土这种形式的王朝国家的巨型地窖。

黄土用水揉和并晾干后，会变得如石头一般坚硬。用这种方法就可以十分简单地制作晾干的砖块。

收集灌木建造简单的小屋，在房顶和外墙涂上黄土和制的泥浆，干燥后可以抵挡小雨，隔热效果也十分良好。将黄土和制而成的泥浆灌入木框架内，再混入小树枝、茅草等夯实可以建成土墙。这种方法叫"版筑"法，日本建筑中瓦顶板心泥墙所采用的也是此方法。如果同时使用砖和版筑，也能建造出高大的城墙和宫殿的台基。

中国最古老的诗集《诗经》是在黄土地区背景下创作的作品集。其中一篇名为《绵》(《大雅》)的诗篇，通过描写周民族祖先古公亶父率领周人开国奠基的事迹，描述了穴居时代开始的国家建造过程。其中一段便描绘了这样的场景：

捄之陾陾，度之薨薨，筑之登登，削屢冯冯。百堵皆兴，鼛鼓弗胜。

西安的景象

黄河流域有两座城市是本书所述历史中重要的历史舞台，即西安和洛阳。在开篇之际，首先让我们探访一下中国首屈一指的古都西安吧。

西安是陕西省的省会，是一座市区常住人口达1300万的大城市。

在市区南部耸立着一座古塔，可以说是这座城市的象征。它就是与唐代三藏法师玄奘（602—664）有关的大雁塔，是用砖砌成的楼阁式方形大塔，包括塔基在内高度约64米。顺着布满灰尘的狭窄而陡峭的木楼梯登上六层之后，整个关中平原就尽收眼底了。

南面是连绵起伏的终南山，与秦岭山脉相连，宛如屏风一般为平原筑起一面屏障。从南向东，随着视线移动，若在春天，将看到抽芽的大片小麦地和一块块黄色的油菜花地。在它们背后，被称为"白鹿原"的丘陵延伸开来，眼前看到的三三两两的如同金字塔下半部分那样呈四角锥台形状的巨大土山，就是汉代皇帝和皇后的陵墓。在丘陵的背后，从秦岭山脉向北延伸出去的是骊山山脉。由于受其遮挡，我们无法从塔上看到秦始皇陵及唐代名胜"华清池"。

由于大雁塔位于过去大唐之都东南部的晋昌坊，塔的附近一带，尤其是北侧广大地区，过去全都位于隋唐长安城的城内。如今,一眼望去都已是毫无个性的现代城市街区,南北走向的雁塔路终点附近,应该有明朝时期重建的左右延伸的缩小版城墙,由于高楼的遮挡也看不到了。

自大雁塔向天际纵目远眺,西安北郊有着黄河最大的支流渭水(今称"渭河"),正向东流去。过去,渭水河道的位置稍微偏北,秦始皇的国都咸阳城恰好横跨这条古老河流而建。

跨过渭水,展现在眼前的是连接远处陕西省北部黄土高原的肥沃平原。各朝各代集中开展的土木工事,将由此向南流的几条河流横向连接了起来,开凿出灌溉用的水渠,过去一片荒芜的黄土平原,逐渐变成了广袤的农耕用地。这些开拓工程极大地推动了专制国家的形成。

散落分布在西安郊外的众多遗址,无不生动地阐释了中华文明的诞生和发展。

暂且不论20世纪60年代在终南山山麓的黄土台地发现的蓝田人遗址,东郊市区附近的半坡、姜寨等遗址就如实反映了新石器时代的村落形态。市西原为秦汉两朝前的周王朝首都丰京、镐京所在地,在渭水稍稍上游的北岸,坐落着武帝的茂陵等多座西汉帝陵。

市区北部是一片宁静的平原,蔬菜地间错落分布着一个个村庄。这一带曾是西汉国都的所在地,在武帝(公元前141—前87年在位)朝为官并写下不朽历史巨著《史记》的司马迁就曾生活在此,即汉长安城,现在的玉米地里还残留有宫殿遗构。

第一部分
新石器，殷，周——家族秩序的瓦解

1　写在阅读本书前半部分之前 I——天下与正统

天下之正统

理解中国的关键是什么？这个问题很难回答。但是如果一定要回答这个问题的话，我们最好试着思考一下，历代学者们一直以来最在意何事？从中我们可以得出一个答案，那就是"天下之正统"。

天下只能存在一个正统，即唯一的正统。用来阐释这唯一的正统的词语就是"一统"。所谓历史也就是这个"唯一的正统"的历史。

不过，实际上，天下往往存在多个自封的正统。这样一来，究竟谁才是正统就成了一个问题。历史中反映这一问题的词语是"大一统"。许多史书便是以"大一统"名义创作的产物。因为有必须用"大"来表达的现实基础,因此就诞生了"大一统"这个说法。

"大一统"意味着正统是唯一存在的。在理解这个说法的意义时,不能忘记还有另一个说法,即"天下一统"。这个说法流行于近代以后,它并不着眼于正统唯一存在这一点,而是关注基于唯一正统名义的中央政府的"树立"问题,成了军事色彩浓厚的用语(所谓"武"的用语)。近代在欧美列强的军事威胁中,树立一个唯一的正统政府成为当时人们的渴求。但是如果从历史角度来看,问题并非在于某时某刻的事件(树立),而是长期存在的中央政府为何必须存在(至高无上)。在这里"一统"的军事色彩就不那么浓厚了(所谓"文"的用语)。

基于"一统"理念治理的天下应该呈现怎样的面貌呢?对此,产生了两种观点:一种是以强有力的中央政权进行统治,另一种是以重视地方分权的方式来治理。儒家的代表性经典《礼记·王制》(汉代)一文中,包含了论述地方分权的内容。将天下划分为九个州,每个州"方千里"(面积单位)。其中一个由天子治理,其他由"方伯"(所谓"霸者")治理。一位天子和八位霸者共同治理天下,且天子治理方式与诸侯治理方式完全相同。

与此相对,《汉书·刑法志》(东汉时代成书)在引用《礼记·王制》的同时,以"牧"替代"方伯"。"州牧"是州的长官,也是天子的官僚。这包含了通过官员治理天下的中央集权的意味。《汉书》成书之时已是皇帝统治下的中央集权

方伯 方千里	方伯 方千里	方伯 方千里
方伯 方千里	天子 方千里	方伯 方千里
方伯 方千里	方伯 方千里	方伯 方千里

时代（实际上存在众多值得商榷之处，暂且不论）。州以下设郡，郡以下进一步设县。

汉高祖统一天下之时，曾展开关于恢复"封建"状态的辩论。在采纳当时众人提出的意见后，汉王朝把天下分为实行郡县统治的部分，和由皇帝一族出任诸侯王进行统治的部分。这种制度吸取了秦始皇以郡县制统治整个天下从而招致过早灭亡的教训。不过，众所周知，这些诸侯王的实权随后逐步为皇帝所剥夺，实际上实现了全国的郡县化。

也就是说，在历史认知中，从由霸者作为屏障的地方分权时代（周代）向由州牧直接管理的中央集权时代（汉代）的演变，是汉代的根本。地方分权的朝代被称为"封建之世"，中央集权的朝代被称为"郡县之世"。历史从"封建之世"向"郡县之世"转变。

需要注意的是，这里所说的"封建"是基于天子与霸者之间的关系而论的。《史记·三王世家》中提到的"封建"一词，也是指被封以较大领地的汉代诸侯王们。他们管辖的领地，并不是像战国时期各诸侯王一样直接继承并统治的霸者的领地，而是其被分割后的产物。

传说中的帝王历史及夏殷周三代王朝

这里需要再次确认的重要一点是，在提到"地方分权"时，人们很容易认为"中央集权"存在在先。但是，希望大家认真回忆一下，在上古神话时代并没有中央集权的痕迹。

在《汉书·地理志》中，概要部分这样写道："昔在黄帝（传说中的帝王），作舟车以济不通，旁行天下，方制万里（十个方千里），画野分州……尧（传说中的帝王）遭洪水，怀山襄陵，天下分绝，为十二州，使禹（传说中的帝王）治之。水土既平，更制九州，列五服，任土作贡。"

这是《汉书》问世时东汉时期的认识，可以与之前提及的《礼记·王制》对照来读。也就是说，传说中的帝王首先构筑好交通网，接着通过地方分权（分州、平水土、定贡赋）来治理天下。传说中的夏王朝被视为中国最早的王朝，一般认为其统治初期以地方分权的方式展开。这部分内容后文将进一步叙述。

于是，就有了这样一个朴素的问题：为什么王朝是从"地方分权"开始？

从西汉时期的著作《史记》中，我们并没有发现这个问题的答案。但是，如果我们进一步往前追溯，阅读一下《孟子》——这本书收录了生活于战国中期的孟子的言行——就会逐渐接近答案。据《孟子》记载，天下共有九块"方千里"大小的土地。这是将后来秦始皇统一的天下划分成九块,每块面积用"方千里"来表示。前文提到的《礼记·王制》理念的先声也在这里。孟子说及夏、殷、周三个王朝都在其"方千里"中施行王道(仁政)。还说到通过在其他八个"方千里"以德服人,从而实现天下大治。此外更进一步说到,战国时期的齐国如果能在自己的"方千里"中施行王道,自然能够使天下王之。这里叙述的并非所谓"地方分权",王道仅在一个"方千里"中施行,余下的八个则由八名方伯(霸者)各自治理。天子与方伯的治理方式在行政上完全相同,然而,天子与方伯之间仍然存在差异,天子的"方千里"之内会施以王道,其他的则不会。

殷王朝的都城(位于现河南省)与周王朝的都城(位于现陕西省)分别位于不同的"方千里"之内。而殷王朝之前的朝代,也就是传说中夏王朝都城的位置,许多学者认为其就位于殷王朝至关重要的"方千里"之内。不过也有观点认为,夏王朝都城所在地与殷王朝都城还有相当距离。

根据《孟子》的描述,我们至少可以基于殷的"方千里"不同于周的"方千里"这一事实,再来展开研究。《孟子》叙述了当时(战国时期)应在不同于上述两地的山东"方千里"推行王道的观点,在这之前,他介绍了推行王道的"方千里"在历史上是不断交替的,并把它作为前提。

从战国时代的《孟子》到汉代的《礼记》,对于行政上如何统治九个"方千里",都一致记载道:一个由天子治理,其他的由方伯治理。但是,《孟子》的叙述中,只有一个"方千里"需要施行王道统治,而《礼记》对此却没有谈及。之所以汉代的《礼记》不谈及这个问题,可以认为是由于汉代当时已在天下全域施行王道统治。这在《史记》和《汉书》中都有记载。在汉代中央集权的前提下,即使追溯历史,也会认为这种中央集权所管辖下的天下,原本就应当施行王道。所以,这里有必要解释一下地方分权,也就是汉代以后经常成为议题的地方分权,即"封建"。

《论语》的天下

同是战国时期的产物,早于《孟子》的《论语·泰伯》中,记录了更加令人惊讶的事实。那是在周灭殷之前,即周文王时代的事。那个时期,殷的统治区域仅在现在河南省一带,充其量仅有一个"方千里"之地。据说此时周控制着天下三分之二,却臣服于控制着天下三分之一的殷王朝,当然这是以天下有三个"方千里"为前提的。《论语》中大概还记载了周将位于现在山东省的大国——齐国的"方千里"纳入自己的势力,并从东西两个方向对殷王朝形成夹击之势,进而灭亡殷王朝的历史。当然此处提及的殷、周、齐之间的关系不适合用"地方分权"来形容,但其作为政治势力的力量多有相似或相近之处。

关于周灭殷后得到的"方千里",战国中期的《左传·僖公二十四年》记载:周灭殷后,分封诸侯以为"藩屏"。"藩屏"意味着对抗来自周边的威胁,"藩"是指属国,"屏"为屏障。那么该藩屏的设置就是为了守卫灭殷后所得的"方千里"之地，进而守卫西边周王朝自身的"方千里"。此处所讨论的"封建"，指的是以现在陕西一带的"方千里"为统治中心的周王朝，与设置于相邻的原殷王朝的"方千里"的各小诸侯之间的关系。

其后，于战国后期成书的《国语·郑语》中也有一个故事，即郑国曾迁徙到《左传》所提到的设置藩屏的地区。故事发生于西周末年，地处动乱的陕西一带的郑国，面对军事上的危险，就应当迁往东方的何处展开了议论。

《国语》所提及的"封建"，在论述了《左传》所说地域的特别性之外，进一步向外延展，论及了更大概念的封建。《左传》所讨论的范围仅限于殷王朝的"方千里"之中，而在《国语》中，除王朝"方千里"内的小诸侯之外，还将周边的大国霸主也当作诸侯加以论述，对于大国下的小诸侯则未有涉及。其讨论的对象是过去殷王朝的"方千里"领域内的小诸侯与周边"方千里"内称雄的霸主（大国）。《国语》中提到的"封建"的概念与《孟子》中的认识逐步融合，为后来的汉朝所继承。

"封建"的含义从过去"方千里"内的诸侯国与周王朝的关系（《左传》）变化为周王朝（天子）与"方千里"内的诸侯国，以及周王朝与周边大国（霸主）的关系（《孟子》《国语》《礼记》）。而且从夏王朝、殷王朝、周王朝开始的向下一个王朝的交替，也从在某个"方千里"内施以王道的地域交替论（也可是同一区域内的王朝交替）变化为在全天下施以王道的王朝交替的易姓革命论。

究其原因，我们先从人人都能理解的地方说起。汉字起源于不知道确切位置的某地，并向周边传播，传播过程也无从得知。然而，不知不觉中，它已经为殷王朝官方使用，并为周王朝所继承。周王朝周边还有一些与之实力相当的较强的大国，但汉字传播至这些国家还需要一定时间。因此首先出现的观点认为，较早融入汉字圈的地区即"天下"，也就是《论语·泰伯》中所说的将所有"方千里"来三分的"天下"。（时为公元前4世纪的战国前期）

之后，汉字进一步在周围的"方千里"扎根，在此背景下，"天下"的概念变为九个"方千里"大小。（时为公元前4世纪后期至公元前3世纪前期的战国中期）

为何要从"地方分权"说起？因为原本并非"地方分权"的政治对抗关系，在天下的王朝之中被解释为"地方分权"。

从新石器时代到青铜器时代，再到铁器时代

那么，在对战国时代的上述理解之上，我们是否能够真正理解周王朝时代呢？

答案几乎是否定的。

在了解了青铜器文化所覆盖的地域已扩展至怎样的范围后，这个时代的历史经纬将进一步得以明确。

新石器时代（参照图1）和青铜器时代（参照图2）的概要如下：

① 一般认为，新石器时代包括多个文化区域，出现了多种风格迥异的陶器。各个区域有各自独特的文化，各自发展、

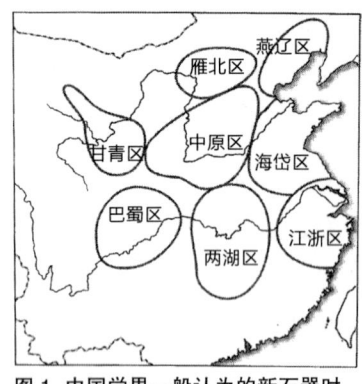

图1 中国学界一般认为的新石器时代的文化区域

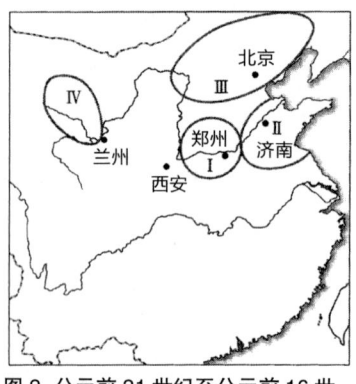

图2 公元前21世纪至公元前16世纪的青铜器文化区域

衰退，并生发出新的文化。各区域的范围不断伸缩变化，在这个时代，符号被广泛应用。

②铜被发现以后，人类又掌握了青铜的冶炼技巧。公元前21世纪至公元前16世纪的青铜器文化分布区域如图2所示。其中，今天的河南省一带被认为是夏王朝的势力圈。这个时期汉字尚未出现。

③公元前16世纪至公元前13世纪的青铜器文化，即殷王朝时期。殷王朝以河南为中心向外发展势力。殷王朝后期的遗迹中可见汉字的祖先甲骨文及金文（青铜器铭文）。由此看来，汉字的历史可追溯至更早时期。

④公元前13世纪至公元前10世纪的青铜器文化。即殷王朝后期至西周王朝早期这段时间。虚线所展示的周王朝的势力圈是其中较为稳定的区域。参照西周王朝金文中记录的与淮水流域各族的战争，以及自战国时代以来有关周初封建情况的记载，可以总结出其稳定的势力范围。

图 3 公元前 16 世纪至公元前 13 世纪的青铜器文化区域

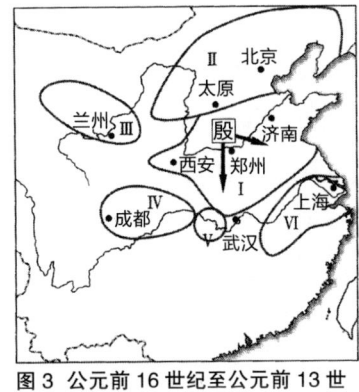

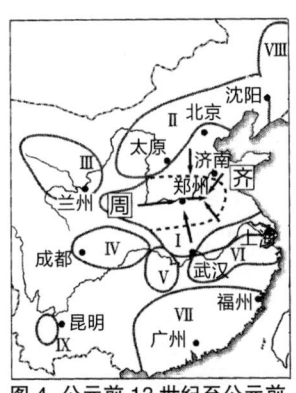

图 4 公元前 13 世纪至公元前 10 世纪的青铜器文化区域

《论语》所反映的内容，即是图 4 所展现的周王朝的稳定势力圈，再加上齐国的势力圈。

新石器时代的文化区域散于后来被秦始皇统一的天下中，青铜器文化的区域分布也以此为基础。在这样的青铜器文化中诞生的各王朝的势力圈，极大地限定了新石器时代以来的文化地域。

这种文化区域的限定也延续到了铁器时代。战国时代对于传说中帝王的构想中，也将他们放置于各自的"方千里"中。另一方面，战国时代也是汉字圈有行政统一意识的开始。因此，各地基于"方千里"创造的传说随即转变为了天下的传说。

各地的传说大多逐渐亡佚，仅有一小部分流传了下来。如现在的山西省一带的治水传说，在尤其关注这一带的《左传》中传承下来并沿袭至今，由此我们才知道，以前各地都有各自的传说故事。

在这个传说中，山西的大河汾水与洮水是由一个名叫台驺的治水神治理的。这样的传说逐渐失传，各个"方千里"治水的人都变成了禹。不过，在战国时代的传说中，已经属于天下共有形象的禹，主张的还是各地以自己的"方千里"为中心来治水。到了汉代，则变成了禹在天下各地治水。各地流传的带有明显地域特征的帝王传说全都变成了天下共有的帝王传说。

天下与中国、夏

以上我们从汉代大概回溯了《孟子》的时代、《论语》的时代、青铜器时代，并进一步追溯到新石器时代，试图理解什么是王朝的本质。

传说中的夏王朝、殷王朝与周王朝属于青铜器时代和都城国家时代。大国使小国臣服，形成了势力圈，其范围受新石器时代以来的文化区域所限制，在此基础上形成了战国时期的领域国家。因此，像《论语》那样生出能够把"方千里"三分的天下的观念，便随着汉字圈一体性的增强，变为像《孟子》那样把天下分为九个"方千里"的观点，但并没有出现将每个"方千里"称作"地方分权"的讨论。在各文化区域都坚持其传统独立性的前提下，"方千里"之间构建起外交关系，并有身份高低之分，其身份高低则由王道决定。

但是，天下最终由秦始皇统一。之后，经过些许曲折发展，开始出现"在统一的天下施行王道"的理论。如对这广大的王道之地加以追根溯源，可发现这时的天下已经开始实行"地方分权"。

在理解了这一新的王道之土的概念后，另一个要理解的关键词是"中华"。这个词由"中国"和"夏"合并而成。"夏"与"中华"的"华"相通，亦有"夏华"的说法。战国时代拥有"方千里"的国家把自己的"方千里"（以及稍大些的范围）称作"中国"或"夏"，与强调自己在天下中的特殊性相对，在秦始皇之后一统天下的汉帝国，反而尝试赋予自己领土以特殊性。对于其广阔疆域的描述，最初用"中国"来称呼，其后发展为了"中华"。

"中华"是从唐代编纂的《晋书》开始，出现在史书中的，是个年轻的词语。此外也有"八纮"的称呼（下图），在唐代其意思是"中华"，泛指汉族居住区域，实际是指汉族皇帝统辖下的郡县（历代名称有所不同）范围。"八纮"最早出现在汉代《淮南子·地形训》中，据说大地由八根绳子支撑，这八根绳子即称作"八纮"。八纮以外的区域是"海"，在《史记》以后，"海内"成为八纮的别称。在《淮南子》中，

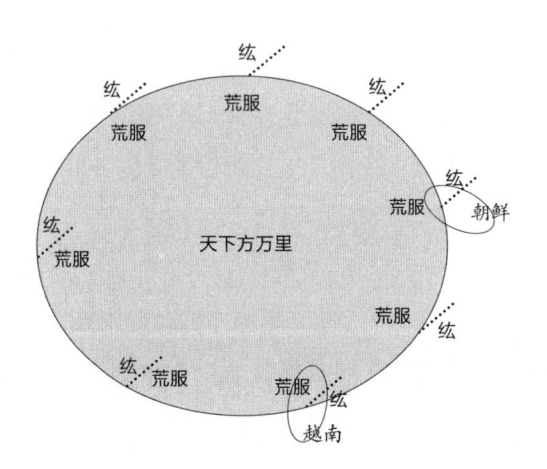

把八纮以内（大地的周边部分）的区域称作"八殥"，《史记》中则称作"八荒"，并一直沿用到《旧唐书》（五代后晋时期编纂）。

八纮（即海内，也即中华）与外面世界的外交关系限定于册封关系中。理论上册封关系的状态，是中国皇帝为八纮之尊，其他区域则为附属。实际上这种关系主要与双方的贸易及文化使节有关，因此基本上是一种外交关系，是在战国时代《孟子》中所说的天子与诸侯关系（规定了身份上下的外交关系）基础上的延展。这种外交关系的话语把势力所不及的区域都描述为势力（军事力量）所及之处。

唐灭亡以后，八纮观、天下观、中华观发生了很大变化。此后出现了征服了"中华"的一部分，乃至其全部区域的少数民族征服王朝。八纮所指区域也扩大到了以往八纮以外的地区。终于，包括征服王朝在内，开始主张"一统"的说法，"八纮"的说法逐渐消失（其后亦偶见使用"八纮"）。

五服论的变化

"五服"在儒学典籍和史书中常有出现，因此读者们应该并不陌生。这个词汇出现于上述将三个"方千里"称作天下的时期。

所谓"方千里"，是每条边为"一千里"的四方形，即"一千里平方"。如前所述，相当于现在的一到两个省大小。当时一里大约相当于四百米；也有将多个"方千里"称作"方万里"的说法。有意思的是，"方万里"意指十个"方千里"。《孟子》中所说的天下由九个"方千里"组成,"方万里"所指则是在天下的基础上又增加了一个"方千里"。因此,希望大家注意的是,"方千里"是"一千里平方",但"方万里"并非"一万里平方"。

从《史记》到《旧唐书》,历代史书均把天下称作"方万里"(简称"万里"),面积比《孟子》所称的天下略微扩大,因此理论上来说两者并不一致。但既然史书上如此记载,我们也就只好接受了。

战国时代的《吕氏春秋》中有"冠带之国"的说法,是指以冠和带为代表的礼仪之邦,也称作"方三千里",具体区域是两个或三个"方千里"大小。因此,此处所说的"方三千里"也并不是"三千里平方",而是指三个"方千里"。虽然理论上说不通,但也只能如此理解了。

《孟子》中有讨论"方千里"内部的内容,其中可分为若干个"方百里""方七十里"或"方五十里"的国家。从这部分叙述中可知,"方百里"、"方七十里"(严格来说应以七十五里计算)、"方五十里"的俸禄比为 4∶3∶2。俸禄应与其面积比(16∶9∶4)相对应,从数字上来看明显说不通。因此,在这种情况下所谓的面积比其实是指边长比。

也就是说,"方五百里"的面积,其大小为"方千里"的一半。

三个"方千里"可划分为六个"方五百里"。若取其中五个,这五个区域被称作"五服",也就是"五个服"。此处先不作详述,不过,在周的"方千里"、殷的"方千里"(加上了为周所灭的势力圈)、齐的"方千里"(周的同盟)中,也可划分出"方五百里"。还可以将各自的一半作为"方五百里",再在其外部接续上其他的"方五百里"。

上述即我们讨论的"五服",具体来说,包括"甸服""侯服""绥服""要服"和"荒服",分别以各自的"服"体现不同的礼仪。

到了战国中期,人们试图把"五服"纳入九个"方千里"内,也就是要把在三个"方千里"时代产生的词汇转换到九个"方千里"中。理论上来说将会无法对应,但它做到了。为何呢?

最初,在将"方千里"划分为十个"方百里"的情况下,似乎区分了耕地之类的可用土地(可作粮食产地)和山地等不可用土地(不可作粮食产地)。这里所考虑的似乎是经过修整的道路两旁的土地。实际上,本应该用面积来描述的粮食产地却用了"边长"的数值,就是受到这种想法的影响。因此,三个"方千里"时代出现的说法即使用到九个"方千里"中,也设定了从九个"方千里"大小的天下中央通往其他区域的道路。若沿着对角线行走,必然会经过两个"方千里";沿着道路行走,则会经过四个"方五百里"。这样"方千里"以外更加偏远的地方,到了汉代的《史记》中,便被称作"荒服"。

有人认为,此"八荒"即《淮南子·地形训》中所说的"八纮"中的"八殥"。"八殥"的说法演变成了"八荒",并为《旧唐书》所继承。"五服"论也因此与"八纮"观合二为一,由《旧唐书》继承了下来。

另一方面，到了汉代，"方千里"中有大大小小共210个国家。显然这是用基本单位来划分，并出现了"~平方里"的说法。但是，"方万里"还是计算为十个"方千里"。

到了东汉时代，出现了在"五千里四方"中设置五服的观念（如下图）。也就是把天下以外扩张的区域也划入"五

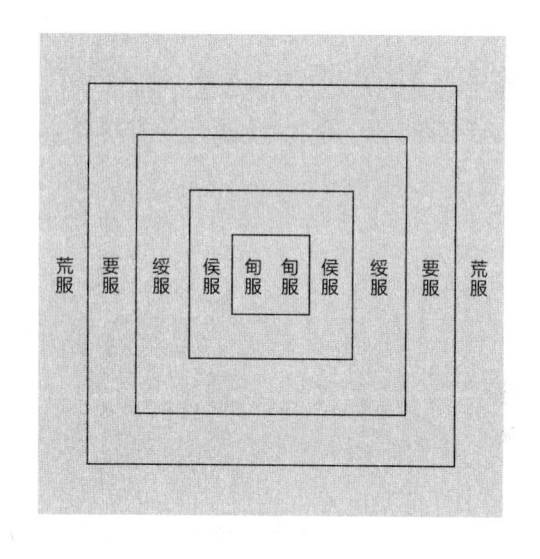

| 荒服 | 要服 | 绥服 | 侯服 | 甸服 | 甸服 | 侯服 | 绥服 | 要服 | 荒服 |

服"。但这个说法并没有成为主流（被东汉的著名学者郑玄所否定）。当时的"五服"论虽已与"八纮"观相融合，但其根本仍没有被破坏。

但是，在宋代编纂的《新唐书》以后，在"五千里四方"中设置五服的说法逐渐成为主流。为何？这是因为，本意指汉族居住地的"天下"，其范围进一步扩大，扩展到了征服王朝的区域。征服王朝虽然也尊崇契丹文、蒙古文等本民族的文字，但也不得不放弃它们而主要使用汉语。将用"海"指称的

"八纮"以外区域也纳入其中的史书变得重要起来,"八纮"观至此时不得不被舍弃。

由此可见,古代典籍中提到的"天下""中国"的意思,在《论语》和《孟子》时代、《史记》到《旧唐书》的时代,以及《新唐书》以后的时代,都有着完全不同的解释。

那么,《淮南子》中的"八殥"演变为"八荒"之际,《孟子》所说的战国时代的天下九州,又是如何与"八荒"相关联呢?有两种解释。其一是在九州之外设置"八荒",另一则是在九州之内设置"八荒"。《史记》中记载的"八荒"为前者,把包括"荒服"在内的"五服"称作"冠带之国"。《史记》中,在"冠带之国"以外尚有匈奴之地。朝鲜(卫氏)、南越故地被称为"荒服"。也就是说,汉武帝将战国时代九州以外的扩张区域称作"荒服"。在这里,武帝并未在战国时代已存在的九州中设置"五服",而是在扩张了的天下中设置"五服"。《孟子》的天下是九个"方千里"组成的"方九千里",汉武帝以后的天下则成了"方万里",并持续到了《旧唐书》时代。

汉代意指"方万里"的"冠带之国",在战国末期的《吕氏春秋》中却仅指三个"方千里"大小。这是因为秦以陕西为根基,把韩称作"东番"等。其后,经过秦始皇的天下一统、汉代的天下一统等,在《史记》中变成了意指"方万里"。这也表明,战国时期各国对"五服"的看法不尽一致。

2 写在阅读本书前半部分之前Ⅱ——原中国的制度与理念

数字秩序与历史认知

以上，我们用较大篇幅阐述了"天下正统"的含义。我们现在往往用征服王朝出现后的理念来描述历史。在专门阐释"五服"时，也常常使用宋代以后的主流含义（东汉时期已有此含义，但未成为主流）。在这之前，有一种天下观，把汉族居住区称作"八纮"，把其他地区称作"海"。外交关系也在此基础上展开。如果再上溯至战国时代，可以发现，还有一种天下观，其天下的范围小于汉武帝以后称作"八纮"的范围，把天下分为九个州，天子的州和其他各州之间存在外交关系（与今天的外交不同，只是一种以自己为中心的说法而已）。

战国时代，儒家经典已经产生。我们知道，东汉以后，人们为儒家经典标注了多种注解。经典中反映的战国时代的本义（《论语》的时代和《孟子》的时代）、汉至唐时期的注释所反映的见解，以及宋以后讨论的内容，三者的政治理论基础是完全不同的。

后代的注释与学者的见解，并不是儒家经典的内容本身。特别是有关"天下""中国""五服"等用语，如前所述，可发现多种阐释。

在本书前半部分，我们将讨论战国时代之前的历史，描述这段历史时，不能有对"事实"根本性的误解。如果我们看到政治理念基础完全不同的各时代，对"事实"的理解也会不同。这是必须避免的。

下面，我们将按顺序阐释，在展开战国时代以前的历史时首先需要了解的点。

从汉代《史记》到五代《旧唐书》的一千多年，以及从宋代《新唐书》到清朝的约一千年，中华帝国的历史分为两个部分。战国时代是中华帝国理念的准备时期，有个习惯说法叫"原中国"。有关"天下""中国""五服"的用语，在"原中国"与中华帝国两个时代，其意义明显不同。

最大的差异在于以下不同认识：（一）把"中国"（还有"夏"等相同意义的用词）作为汉字圈"天下"的九分之一，在"中国"宣扬王道，以德同化"天下"；（二）把"天下"等同于汉族居住地（郡县统治下的）"中国"（八纮），以德同化其他不同民族的地区（外交）；（三）在包括少数民族征服王朝故地的地区宣扬王道，以德同化这以外的地区。

三者的共同之处在于，设定宣扬王道的地区，并同化这以外的区域。这是自战国时代的"原中国"以来一直被继承的理念。与此同时，人们的思想也随着时间的推移发生巨大变化。

接下来，我们将以上述继承和变化为基础，探讨战国时代的制度及其理念。为了方便起见，也同时附带说明汉代的情况。

战国中期（公元前4世纪）以后，中国古代产生了独特的思考方式。人们推崇数字的秩序，把天、地、时间、季节的秩序用九、六、八这三个神圣的数字来描述。这三个数字来源于音乐理论（见下文）。西方虽然也出现了类似的毕达哥拉斯学派，但没有使用九、六、八这些特定的数字。

这三个神圣的数字被用来解释天子和皇帝的正统性。人们根据这个正统观来整理并叙述历史。历史叙事的选择须不违背正统观，并根据正统观加以增补。在此选择和增补的基础上进行的整理，不管人们是否意识到，都为正统的讨论留下了绝好的材料。但是，也在我们试图还原真实的历史时，留下诸多错误。

战国时代历史叙事的选择与增补是根据特定的正统观进行的。而正统观则由当时林立于世的诸侯王决定。因此，有多少诸侯王便有多少正统观。各诸侯王的不同理念也反映在了选择的标准和增补的方式上。另外，战国时代整理后的历史与整理前的历史之间出现了矛盾，从这些矛盾上可以看出，历史资料是如何按照正统观被整理的。

整合这些矛盾并仔细探寻其缘由可以看到战国时期各国关于正统的主张，并可复原整理前的历史资料及其整理过程。此类复原必须严格按照规则进行，不可笼统随意。

历史资料经过如此重新整理，再次构建出来的历史便与以往典籍中所描述的稍有不同。即便是大部分使用以往典籍，结论也是一样的历史事实，其结果也是如此。有句话叫"君子豹变"，但豹变之前不可能毫无征兆。必须知道，有时候表面看来只是稍有变化，其内里的变化却已翻天覆地。

伟大的预言书

"温故而知新"，是《论语》中的内容。据说，从《论语》

产生的时代来研究历史,是为了预测未来。

包括《论语》在内的经典,在战国时代已具雏形,其后经过整理慢慢演变为现在的体例。上古世界被当时的人视为理想。以此为规范,描述了当时的"现在"与历史。

他们的历史观是,上古时期有个理想的世界,其后慢慢衰退至今。若照此来说,则所有典籍都将是贬低当下的内容。但事实并非如此,这就是有意思的地方。

所谓经典,一般都描述理想的世界,但也有预言混迹其中,如《春秋》。据说,该书是孔子对鲁国的历史记录进行润色增减后写成。所谓增减,即在原来的记录基础上,孔子予以增加或删减,描述了未来的理想世界。

那么,如何解释这个理想?为此,有必要先了解战国时代的帝王理念。

战国时代的帝王理念

文、武的继承与武、文的继承

战国时代,与血统世袭制不同,有能者即可上台称王。王,本是尊贵血统的至高体现,这些有能者却无法夸耀其血统。因有此弱项,为了制造舆论支持其政权,需要提出新的"何为正统"的理论。

他们通过宣扬自身具备王的品德,来实现其称王的合法性及正统性。即把历史加上自己的解释,使之理想化,宣称经书上所描述的理想世界通过具备王德的人物得以实现。所谓的经书,即描述了战国时代诸侯王和汉代皇帝所认为的正统。

主要被利用的，有遥远的周王朝时期的成王与宣王。时不时有一些平淡无奇的事实被粉饰增补，被包装成彰显理想的事实。成王是在文王和武王之后继位的。周文王于殷朝灭亡前已然去世，武王灭殷并统一了各诸侯。成王在武王之后继位，其时年龄尚幼，辅佐摄政的是武王之弟周公旦。他没有自己称王，而是在成王成人后还政，成王正式即位。这段历史在战国时期被解释为，成王此时已具备王德，故以即位，而周公旦则是确认其具备王德的贤人。即不是直接由血缘关系继承，而是在武王去世后由贤人治世，待成王具备王德后即位。

宣王时期也是如此。在周王朝内部纷争中，周厉王被流放。位于权力中心的共伯和，代替幼小的宣王主政，并在宣王成人后令其即位。这样，共伯和被称为贤人，他确认了宣王已具备王德并可以即位。

在重新解释这些历史事实的过程中，贤人治世后改元即位的"形式"被重视起来。贤人治世的存在，以及一段时间后再改元，由此引发出对与此相应的谱系的重视。由于"文王→武王→成王"的继承顺序，"文→武→成"的王名顺序被重视。较《春秋》更早问世的《竹书纪年》（当时名称不详，后世如此称呼）中，巧妙地利用这个继承关系，把战国时期最初称王的有能者——魏国的惠成王描述为理想的君主。

如上所说，魏惠成王（惠王后称成王）上承传说中的五帝以及夏、殷、周三代的文（对应晋文公）、武（对应魏武侯），同时，虽说是发迹之后才成立的血统，也宣称自己是文（魏文侯）、武（魏武侯）的血脉。并且，惠成王治世之初以诸侯自称，中途改元称王。诸侯时代的治世因是称王之前，被视为贤人治世。如此一来，形式上几乎达到完美，无论在谁看来，都可作为继承了周文王、周武王之后的成王而存在。

与魏惠成王相对，齐（田齐，战国七雄之一）威王、宣王利用《春秋》"创造"了新的编年史。《春秋》是孔子在鲁国历史记录基础上润色增减而成。如何利用历史的偶然进行于我有利的操作，《竹书纪年》已可称完美，因此，齐必须另辟蹊径。于是略过成王，转而利用宣王，自誉为宣王。他注意到周公旦的号为文公，就把贤人治世都誉为"文"。在此基础上，他把孔子视为特别的贤人，与文公的"文"相匹配。

如果鲁隐公为"文"，那么如何解释本不该即位的鲁桓公最后即位，就成了问题。桓公的桓即桓武的桓，有武的意思。在孔子所编的《春秋》中，经文笔增减，暗示桓公即是"文"之后即位的"武"，并"预言"此桓公即是田齐的桓公。作为隐公后即位的鲁桓公本人，反而存在感淡薄，是因为真正的桓公只有田齐的桓公而已。

田齐的桓公后，即位为王的威王，初期还称为侯，这个时期被视为贤人辅佐时期。之后，他被两位继承了文武的贤人——孔子（文）和田齐桓公（武）确认已具备王德。威王、宣王的威是威武的威，有武的意味。所谓武承文，是指文王之后继位的周武王。而宣承文，则是指承继了贤人共伯和的文的周宣王。《春秋》的隐公为文，其后由武承继，就是其自身实现了孔子的预言。齐威王地位本应如周成王，但他称王后号为威，同时有武的意味。由此，文、武继承这种预言性的传承关系就排除了成王，从而否定了魏惠成王的正统性。

《春秋》是鲁国的编年史。鲁国是周公旦之子的封建（周王把地方君主册封为诸侯并建立政治关系，这种做法称为封建）国。如前所述，周公旦号文公，田齐桓公和威王皆有武的意思，意味着他们在周文王、共伯和（贤人政治）、《春秋》的隐公时期（相当于贤人政治时期）、孔子（贤人政治）之外，还承继了周公旦的贤人政治。贤人孔子在《春秋》中预言，周王的厚德由贤人周公旦的子孙所在的鲁国所继承。最终诞生了具备王德的齐王。

就如《春秋》被用来否定了《竹书纪年》一般，还有一部编年史同时否定了两者，即《春秋左氏传》。它巧妙地折中了《春秋》和《竹书纪年》的理念结构，并否定了两者。

《春秋左氏传》体例与《春秋》相似，但采用了不同的图式。

魏氏由他国入晋称王、田氏由他国入齐称王，与此相异的是，韩氏拥有可资骄傲的血统，即他作为晋国公族的一支代代为晋所用。因此，在《竹书纪年》的基础上，他把晋的谱系稍加修改，称晋的本宗为侯，由晋的分支即位成君主的曲沃一族则称为公。韩氏则被视为曲沃的分支。把战国中期形成的公、侯、伯、子、男的爵位顺序（五等爵位）运用到晋的一族中，构建出侯（本宗）、公（曲沃）、王（韩）的上升式结构。这个公、侯、伯、子、男的爵位顺序，与考古发现的春秋时代以前形成的爵位顺序，实际上并不相同，被有意识地进行了更改。这种更改给爵位相关史料造成了很大的混乱。

韩宣惠王称王时间略晚于魏惠成王和齐威王，其为侯时期号威侯，威即武的意思。一段时间曾有贤人辅佐，体现其"文"。威侯时期的武则是承继晋文公的文。王号又为宣王。因此根据这种解释，他一人就兼具了文、武、宣。

在上述《春秋》中，隐公的文被下一代桓公的武所承继，而在《春秋左氏传》中，则被曲沃武公的武所承继。曲沃武公在鲁隐公治世期间即位。他的这一做法被解释为承继本宗第一代"晋文侯"的文，并成为第一代公（晋武公）。

孔子"预言"了田齐桓公的出现，因此在编年史中必须弱化孔子的存在，在他死后，《春秋左氏传》继续编纂，于是，与郑国子产一样，孔子也不过是贤人中的一人而已。

《春秋》采用的体例是编年史，讲述了鲁国 12 位君主。这 12 位君主中也包含了隐公。而在《春秋左氏传》中明确记载隐公为摄政，在《春秋》最后的君主哀公之后，为了凑足 12 这一数字，又附加了悼公，也就是除去隐公，至悼公一共 12 人。

战国时期成型的《论语》中有一个叫左丘明的人物，孔子对他表示了敬意。韩国为了对抗《春秋》作者孔子而利用了这个左丘明，认为他整理的《左氏春秋》才是预言王的出现的正统编年史，其后被称作《春秋左氏传》至今（以下仍简称为《左传》）。

要说其他文、武承继和武、文承继的例子，秦称王后的惠文王→悼武王→昭襄王（襄意为成）是根据文→武→成的体例，而赵称王后的武灵王→惠文王→孝成王则是继承了武→文

→成的体例。

音乐理论与天、地的方位，时间、季节的方位

新登场的王需要整合天、地、时间和季节的秩序。

为了具体加以说明，人们灵活运用了十二方位。这种做法始于战国中期，用传统的十二支（子丑寅卯辰巳午未申酉戌亥）表示方位。关于地的方位，根据南北方向，以子为北，按顺时针方向依次为丑、寅……。而在表示天的方位的时候，因为天一刻不停地在移动，为了与地相比较，理念上有必要停止其移动。以十二方位的哪个位置为基准停止其移动，是由音乐理论决定的。因为音乐主要用于祭祀，故认为它是左右国家命运的重要理论依据，所以被自然地利用于此。

战国时代前期，绝对音高和相对音程已有相应的用语，一个八度内有十二个音，据说可上溯至春秋时代。以竖笛的长度为一个标准，然后是其三分之二长度，再是其三分之四长度，再是三分之二长度，以三分之二和三分之四的顺序反复排列（符合物理学法则），确定各个音阶。

十二个音正好对应十二个方位。当时正好（战国中期）出现了金木水火土的五行之说。因此，若以子为基准音制作出五个音阶，则对应第五个辰方位。这个方位若从地面看，是在冬至黎明时可看见的夜空中的处女座和天蝎座的方向。因此，以这个方位为起点，如切西瓜一样，使各个星座对应到十二支。一刻不停移动着的天就这样被赋予了方位，且与地上的方位重叠。

2/3倍
4/3倍

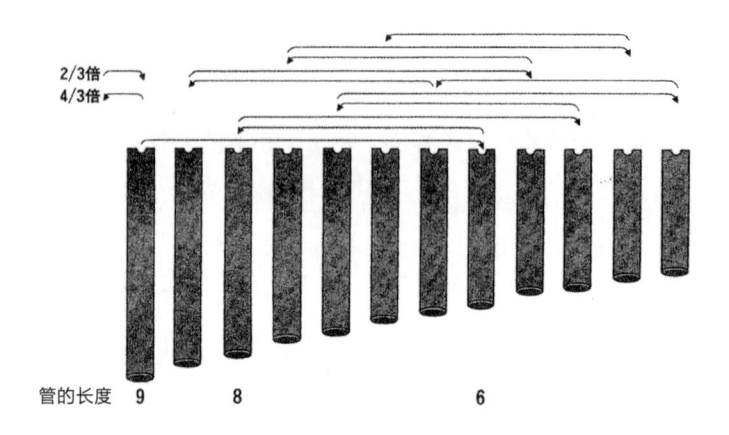

管的长度 9   8   6

　　天与地的方位相重叠的观点，是以度外的视角，把天看作一把伞（天盖），也就是从仰望天空变成了从高处俯视天空，这是战国中期宇宙观的巨大变化。

　　以辰为起点，从角宿（处女座的一部分，冬至黎明前可见）开始定位的天空方位中，冬至点（冬至时太阳所在的点）与丑的中心点相重合。俯视天盖的观点衍生了"天下"的概念。之后出现的帝王不仅在地面称王，而且成为从高位掌控全天下秩序的存在。

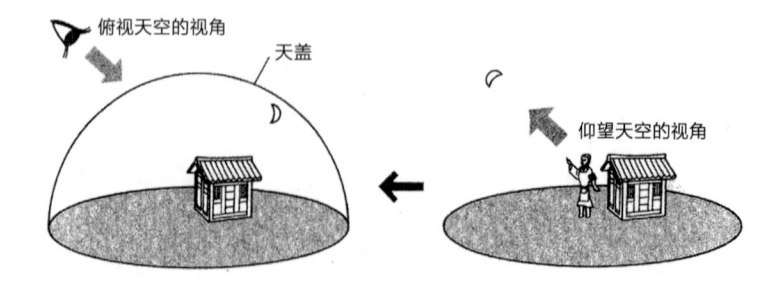

俯视天空的视角　　天盖　　　　　　　　　　　仰望天空的视角

结合日晷所示的太阳与时间的关系，地面的方位与时间的方位开始重叠（天盖一天绕行一周），也就是用太阳所在的方位表示时间。比如，太阳位于子的方位时（事实上在地面无法看到），其时间就用子来表示。而太阳位于午的方位时（从地面来看太阳位于最高点），时间就表示为午（正南为"正午"）。八个方位（东、南、西、北、东南、西南、东北、西北）分别对应不同的时刻。在此基础上，把地球绕行一周看作一年，就可以确定季节的方位。根据月亮的盈亏，一年约有12个月，分别以方位的十二支称之。在确定季节的方位时，把冬至作为起始，冬至所在的月份为子。但是，因为一年中月亮的盈亏并非正好12个月，作为调整，二至三年设一次闰月（多出的月份），闰月在各国不同的历法中都被放在年末。在方位的算法中不包含闰月，而是把它计算在前一月内。

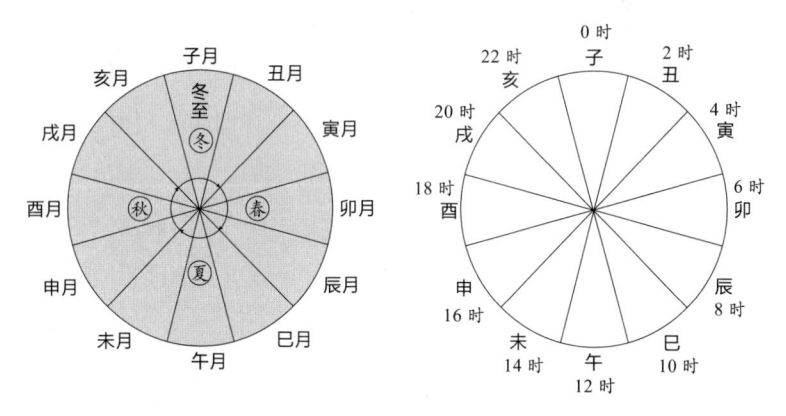

音乐理论在规定音的时候，把开始的管长设定为九，其三分之二即为六，六的三分之四即为八，再之后的音均为分数。因为只有这开始的三个音为整数，所以九、六、八被视为

神圣的数字。这便是本章开篇提到的数字。在方位的设定中，设十二支最初的子为九，未为六，寅为八。

这样，在天的方位设定中与冬至点相重合的丑，在季节设定中与地面方位相重合、冬至所在月的子，以及春天开始月份的寅，这三个方位被赋予了"起始"的意味。冬至时太阳最低，为新的开始（把天盖视为固定物，考察一年中太阳的方位和高度的变化），春则是冬至后的第二个开端。

与此同时，通过收集分析数据，人们发现太阳与月亮的位置变化周期正好是76年。将此周期进一步细分，确定了76年间30天的月份（大月）和29天的月份（小月）的排列顺序。这个历法可无限延伸至未来，王就成为永久掌控由日月变化带来的时间和季节秩序的人。

战国各国的历法和三正说，逾年称元法

由王掌握时间和季节顺序的新历法被认为是正统的历法。

此前的传统历法为基于天象的观测，亦即观象授时历法。因为这些历法基本没有流传下来，故而出现了无视这些历法而把新历法上溯至周朝初期，编造出子虚乌有的话的现象。也即认为在周王朝初期就已经存在与战国时代新历法原理相同的历法，这种原理被新的王历所继承。

三正说阐述了这种形式的由来。以冬至所在月为基准，把这个月即子月作为正月的历法称作周正，把丑月作为正月的历法称为殷正，把寅月作为正月的历法称作夏正。如音乐理论所说，把子（九）→未（六）→寅（八）视为最初的三个数

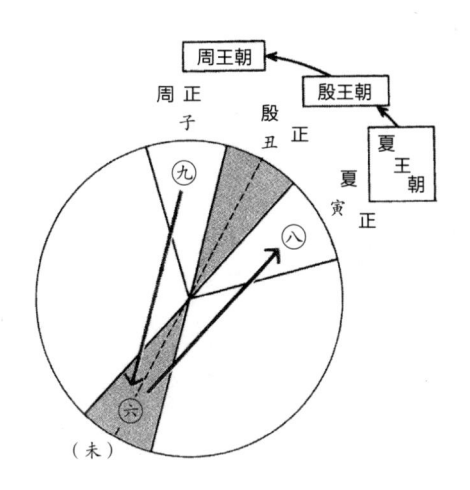

字。在经历了夏→殷→周的朝代更迭后，替周而起的新兴王朝又回到夏朝，夏正（以从子月衍生出来的寅月作为正月）被视为正统历法。

　　子到寅的演变过程中，中间隔着未方位（未也是丑的反向方位）。这种形式与前述周武王到成王的继承关系中间存在贤人周公旦一样。贤人确认了其具备王德，具体的形式就是重新实施了夏正。

　　战国时代的历代诸王不把上一代王去世的当年称为元年，而是在逾年（跨一年）的正月改元。夏正契合了这种逾年称元法。夏正把春天开始的月份作为正月。如前所述，在季节的方位设定中，另一个表示起始的是冬至（周的正月），间隔一段（未方位）时间后的起始为寅。如把冬至比作前君主的死去，那么第二年的夏正正月恰好是一段时间之后的新开始。《春秋》中的鲁国君主（实际上为战国中期改写的）、《左传》、

《竹书纪年》中惠成王改元以后的魏国历代诸王都采用了逾年称元法。从君主去世到逾年元年正月的这段时间，各代时间虽有长短，但都被视为贤人辅佐时期。就这样，作为一种理念，王位及后来的皇位并不仅仅以血缘关系来继承，而是代代在确认王德之后继承，以体现其正统。

《春秋》还把春夏秋冬对应到各月份中。夏正可以说是现行农历的祖先，其季节对应为：正月至三月为春，四至六月为夏，七至九月为秋，十至十二月为冬。若在周正中，则三至五月为春，六至八月为夏，九至十一月为秋，十二至二月为冬。尽管如此，《春秋》却故意把周正的季节对应稍加改变，正月至三月为春，四至六月为夏，七至九月为秋，十至十二月为冬。如此一来，从文字上看，月序（如一月、二月、三月）与季节的关系便与夏正相同。这可以解释为是在三正说出现以后，结合周正和夏正所做出的季节对应法。为了预示夏正将是今后的正统历法，孔子用夏正的月份与季节的对应关系来描述了周正的月份与季节。

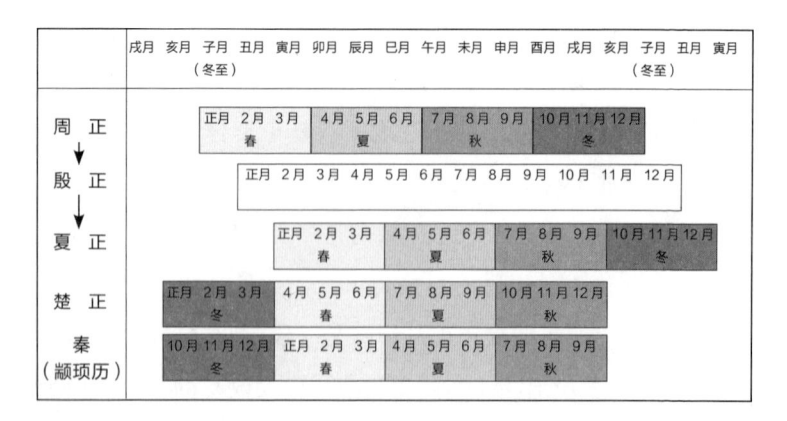

	戌月	亥月 (冬至)	子月	丑月	寅月	卯月	辰月	巳月	午月	未月	申月	酉月	戌月	亥月 (冬至)	子月	丑月	寅月
周正 ↓ 殷正 ↓ 夏正 楚正 秦 (颛顼历)			正月 春	2月 春	3月 春	4月 夏	5月 夏	6月 夏	7月 秋	8月 秋	9月 秋	10月 冬	11月 冬	12月 冬			
				正月	2月	3月	4月	5月	6月	7月	8月	9月	10月	11月	12月		
					正月 春	2月 春	3月 春	4月 夏	5月 夏	6月 夏	7月 秋	8月 秋	9月 秋	10月 冬	11月 冬	12月 冬
		正月 冬	2月 冬	3月 冬	4月 春	5月 春	6月 春	7月 夏	8月 夏	9月 夏	10月 秋	11月 秋	12月 秋				
	10月 冬	11月 冬	12月 冬	正月 春	2月 春	3月 春	4月 夏	5月 夏	6月 夏	7月 秋	8月 秋	9月 秋					

魏惠成王是有能者中第一个称王的人物，于公元前351年年末称夏王。他想举行典礼表示继承了周朝的权威，但败给了（后来称王的）齐威王。此后，虽没有了夏王的有关记录，但可知魏、齐、韩、赵、燕、中山等六国采用了夏正历法。

楚国抛开夏正另创了一种历法。与夏正正月为春的起始这一做法相对，楚把冬的起始作为正月（楚正），把冬至所在的月份固定为二月。并且没有采用与夏正密切相关的逾年称元法，而是使用立年称元法，也就是在前君主去世之时即改称元年。楚国通过采用楚正和立年称元法，显示楚王才是唯一的正统。在楚正的理论中，贤人辅佐没有被论及。

秦国则折中了楚正与夏正，创造了独特的历法。月份的顺序与夏正相同，而年头不是正月，改为相当于楚国正月的十月，年末为九月，闰月也包含其中。

因为采用夏正的六国君主均自视为正统，因此即便都是夏正，相互间也有差异。而这些差异才是讨论正统时的关键因素。差异在于，太阳与月亮的位置关系回复如初的76年周期的起点在何处（据此大月和小月的排列有所变化），以及闰月放在何处。起点有三种说法，置闰法有两种，其排列组合后共产生了六种不同的历法。

起点说的三种分别是：以公元前352年末冬至为朔（初一）并作为起点（①），以公元前352年末冬至为晦并作为起点（③），以及以公元前366年立春为朔并作为起点（②）。出现顺序为①→②→③（见下页）。当时，闰月虽无一例外均放在年末，但置闰法有两种，即把冬至所在月份固定为十一月和把冬至所在月份的下下个月固定为正月。前者的情况下，如遇闰月，则正月为冬至所在月份的三个月以后。后者的情况下，如遇闰月，其上一个月为冬至所在月份，冬至所在月份为十二月。

①公元前 352 年末冬至为朔
②公元前 366 年立春为朔
③公元前 352 年末冬至为晦

76 年周期的起点

	冬至月											
楚正（楚）	正月	2月	3月	4月	5月	6月	7月	8月	9月	10月	11月	12月
夏正Ⅰ（魏、齐、中山）	10月	11月	12月	正月	2月	3月	4月	5月	6月	7月	8月	9月
夏正Ⅱ（韩、赵、燕）	10月	11月	12月	正月	2月	3月	4月	5月	6月	7月	8月	9月
颛顼历（秦）	10月	11月	12月	正月	2月	3月	4月	5月	6月	7月	8月	9月
楚正（楚）	正月	2月	3月	4月	5月	6月	7月	8月	9月	10月	11月	12月	闰月
夏正Ⅰ（魏、齐、中山）	10月	11月	12月	闰月	正月	2月	3月	4月	5月	6月	7月	8月	9月
夏正Ⅱ（韩、赵、燕）	10月	11月	12月	正月	2月	3月	4月	5月	6月	7月	8月	9月
颛顼历（秦）	10月	11月	12月	正月	2月	3月	4月	5月	6月	7月	8月	9月	闰月
楚正（楚）	正月	2月	3月	4月	5月	6月	7月	8月	9月	10月	11月	12月
夏正Ⅰ（魏、齐、中山）	10月	11月	12月	正月	2月	3月	4月	5月	6月	7月	8月	9月
夏正Ⅱ（韩、赵、燕）	11月	12月	闰月	正月	2月	3月	4月	5月	6月	7月	8月	9月	10月
颛顼历（秦）	10月	11月	12月	正月	2月	3月	4月	5月	6月	7月	8月	9月

战国各国历法的月序，有下划线的是年初，有虚线的是年末的闰月

魏使用的是①Ⅰ组合，齐使用的是②Ⅰ组合，韩则使用①Ⅱ组合的历法。

上述 76 年周期的历法中，事实上其周期计算均有些许误

差，不管是向前追溯还是向后推算，都会与天象的实际运行产生出入。从战国时代向前追溯应是朔的日子，在《春秋》的时代实际记载的却并不是朔（越往前追溯误差越大，以至于全部出现了偏差），由此人们发现了这个误差的问题。《春秋》把对朔的记载巧妙地加以取舍，使之符合齐国历法（②Ⅰ）的追溯结果。如根据魏（①Ⅰ）和韩（①Ⅱ）的历法（以公元前352年年末冬至为朔，并作为起点）向前追溯，则基本都不符合。在文、武继承关系的结果之外，这成了另一个佐证，可知《春秋》是一部以齐国为正统的编年史。

顺便一提，《左传》站在否定《春秋》的立场上，指出了许多《春秋》中没有记为朔的日子实际应为"朔"，与齐国的历法并不相符，也是一种反例。

把公元前352年年末的冬至朔作为起点（①）和把公元前366年立春朔作为起点（②），在冬至为朔的年份也会产生差异。大小月的排列方式虽使用了同样的方法，但因为起点的不同，同样的冬至日，这边是朔，那边却是晦。《左传》所说的冬至是以公元前352年年末冬至为朔（①）向前追溯的，还有把这个冬至作为晦的算法（③）。关于置闰法，韩把魏、齐的做法（Ⅰ）批判为"非礼"，还把楚历的月序也视为"非礼"，理想的历法只剩下了韩历（①Ⅱ）。与上述文、武继承关系所得结果一样，《左传》中韩被视为正统。

再论伟大的预言书

《竹书纪年》《春秋》和《左传》分别把战国时代的魏、

齐和韩视为正统。《春秋》《左传》在各自记录的历史结束之后到战国中期成书之间，有较长一段时间。这也清楚地表明了它们预言书的定位。《竹书纪年》在魏惠成王时期成书时（这之后继续记录历史），通过历史事实来论述其正统性，也是相同的道理。

秦灭韩、齐，汉统一天下之后，《春秋》《左传》原本作为预言书的作用也就不复存在，但它们的使命却并不因此而结束。

《春秋》所用历法与齐相符合，历法起点与齐历相同（另有内容相异）的赵、秦也是如此。汉朝在武帝以前均使用秦历。因此，汉朝历法可直接追溯至《春秋》的历法。

武帝时期提出改历时，主张孔子预言需要证明汉王朝正统性的一派，即被长期压制的儒家占据上风。其理论指导者董仲舒利用五德终始，在《春秋》时期提出的夏正的基础上，加上了自己的主张。

所谓的五德终始，是指王朝具备五行（金木水火土）之德其中之一，随着王朝更迭而变换。在董仲舒看来，周为火德，继以水德的秦，随后继以土德的汉。水灭火，土防水，后朝之德可灭前朝（木→金→火→水→土→木）。因此，《春秋》中孔子所预言的夏正，到了土德王朝汉又得以采用。此时，原本夏正在战国时期就已出现的事实随着秦始皇焚书的影响日渐含糊，即使有人提出，也因证据不足被驳斥。到后来，人人都相信秦统一以前均是使用周正。

五行说的"五"在数字上与四方位和十二方位均不同，

把它与四方位和十二方位一一对应，同时与颜色结合起来的做法，于战国中期开始出现，并逐渐细化（甲骨文中记载了四方之风，没有五方位）。北为水、黑，东为木、蓝，南为火、红，西为金、白，土、黄则位于中央或散落于十二方位的丑、辰、未、戌等方位。

到了西汉末期，王莽与他的幕僚们开始利用其他言论为自己造势。他们利用的不是《春秋》，而是《左传》，把《左传》历法中冬至相关内容与武帝时代改历的内容巧妙地加以结合，创造出了三统历。木星因其十二年运行一周的周期性而被用于预言记事，因此，他们把《左传》中木星位置的记录与汉代的记录进行整合，计算出新的木星周期，并应用其中。这些阐述与现在可知的战国时代及西汉初期的木星相关记录相矛盾，因此他们可能是没有看到相关记录，又或者是故意忽略了。他们的着眼点只在于如何利用《左传》罢了。《左传》中只把孔子作为一个普通的贤人，由此就可以驳斥利用《春秋》来论证汉王朝正统的言论了。用《左传》来预言夏正的到来，本是表示周到汉的权威的继承，在此基础上展开五德终始说，即自己的王朝承继了夏正火德的汉王朝，是殷正土德的正统新王朝。

木星的位置用天的十二方位来表示，始于战国中期。《左传》清楚地显示了这一点。把木星绕天一周的周期计算为十二年整，从此书成书的战国中期时的木星位置向前追溯，与实际的木星位置有二至三年的误差，因为木星绕天一周的实际周期约为 11.86 年。西汉末期把《左传》中与实际有出入的木星位置当作了正确的位置。因此,《左传》与西汉末期的说法基本一致,但是春秋时代真实的木星位置及汉初木星位置的记录,与西汉末期的说法则是矛盾的。

在新的五德终始说中,若加上周、秦王朝,则周为木德,秦为闰位,被视为非正统而排除在外,汉是继承了木德的火德王朝。这种情况下,五德就是木生火,火生土(灰)的顺序,即从前王朝的内部自然成长出五行(木→火→土→金→水→木)之德。

东汉王朝一边利用王莽的新五德终始说(木→火→土→金→水→木),阐释汉为火德,一边通过编制一系列书籍强化孔子的预言——汉王朝是承继了周的正统王朝。这些书籍统称纬书,与以往儒家经典称为经书相对。经纬的经意味着竖线,纬意味着横线。为汉王朝提供了便利材料的纬书,在南北朝时代的晋以后被压制并消失。

现存史料的认知方式

以上,通过以预言书为中心追溯正统观的变换,我们可以了解到,王和皇帝为了强调自己为正统是如何整理史料、增补记事的。因此,如果不正确把握这种整理和增补,就会被战国以来各类历史认知所左右,陷入虚无的历史论述中去。

五行说特别是色彩的对应、三正说、逾年称元法、木星纪年法、十二方位等,提到这些内容的上古记录都不过是战国中期以后的产物,其特征是大多用于阐述上古时期的理想,如开篇所说,特别留意夏、殷两朝的记录。在这之前的五帝时代和之后的周（西周）王朝、春秋时代也是一样。

在史料整理过程中，也有被忽略不用的部分。如果认定前朝和敌对方不是正统，在战国时代根据地点的不同，统一以后根据时间的不同，不同的论者便会将无关的正统观排除在外。这也是不同史料间互相矛盾的原因之一。

与此相关，还必须要提到的是秦始皇焚书与项羽火烧咸阳这两件事。焚书使战国时代的各国史料都集中到了咸阳，民间的书籍大部分化为灰烬，而集中的史料又因项羽的烧城大部分被焚毁。因此，到了汉代，人们对战国时代各国的正统观已不甚了解，认为《春秋》和《左传》中所说的秩序结构是周代之事。

这当中提到的逾年称元法被认为是从上古沿用到了汉代，当时人们在整理零碎的史料时也以这个称元法的存在作为前提。但事实上，逾年称元法出现于战国中期，在这以前的君主卒年（去世时的在位年数）使用的是传统的立年称元法，因此在整理过程中引起了诸多混乱。因为立年称元法计算出来的在位年数比逾年称元法计算结果多一年（因为计算起点早一年），前者的卒年自然也就比后者多一年。这样一来，如果把前者的卒年误认作后者来计算君主的代数，其计算结果就相应地多了出来。

如前所述，《春秋》是根据齐历整理的，而齐历与秦、汉初的历法使用的是同一起点，因此用汉初的历法就可以推导出《春秋》的日期。而汉代记录中曾写到孔子死后的某年，正因此，孔子去世的年份得以准确得知。秦惠文王称王后秦国编年史使用的即是逾年称元法，所以原则上来说不会出现年代的偏差。（在使用逾年称元法以前去世的孝文王原本是不存在自己的王位纪年的，后来把庄襄王的纪年开端往后推一年，庄襄王元年改写为孝文王元年，创造出了孝文王的纪年。因此，改写前的记录与改写后的记录并存于《史记》中。所谓的"原则上"就是因为此事）这就导致，战国中期以后秦国编年史所提到的年份与孔子去世的年份之间，不断产生年份的误差。

针对这个问题，汉代的历史材料整理者认为是因为字形相似导致的错误（把五年写成元年，卅年写成廿年等），他们通过减少年份，试图消除矛盾。

以司马迁为首的历史材料整理者制作了诸如"《史记》十二诸侯年表""六国年表"这样可以俯瞰多国纪年的年表。其使用的标准就是《春秋》《左传》和秦国的编年史。多处也参照了赵国的编年史。如前所述，《春秋》《左传》中所记的孔子去世年代与汉代纪年的对照关系是正确的，如对照秦国编年史，则会产生误差，因为秦惠文王称王改元以前使用的是立年称元法。因此，汉代历史材料整理者就把一部分的年份删除，消除矛盾，使之与《春秋》相衔接。

使用这个标准年表，按照各国君主去世的记录，可以确定各国君主去世的年份，在此基础上以逾年称元法为前提可以计算出各国历代君主的在位年数。《春秋》各国的记录就被改写到了该年份中，因此制造出了大量原本无关的年份。这些年份与原来该年份发生的史实之间又产生了矛盾。

秦国编年史中，关于各国君主去世的记载并不详细，于是就用留存下来的谱系形式的史料与各国相对照，一一补充完整。这里的卒年被误认为是根据逾年称元法计算而来，于是处处为了消除矛盾而进行了年份的删减。经过这些操作，就产生了与事实完全不同，与原本的年份差别巨大的年表。与《春秋》的内容一样，整理者使用这些年表又改写了记录，产生了很多原本与记录无关的年份，这些年份与原来该年份留下的史实之间产生了矛盾。

《史记》的共和（共伯和治世）至秦始皇统一期间的记录中，有年份的史实记录中三成有多个年份。这是因为《史记》的十二诸侯年表和六国年表本身有诸多矛盾。但是，我们通过复原其设想的整理过程，逐个进行修正，年份上的矛盾全部得以消除。在复原过程中也发现了新的错误，包括把战国时代的诸侯（各国君主分封的封君）纪年误认为王的纪年。另外，历法的月序，诸国也有差异，一国的年末在另一国变为次年年初，也就是说年份不同其实是正确的。

本书前半部分就是以上述方法得到的年份展开论述的，这种操作过程中所用的方法本身与曾被称为疑古派的方法颇有共通之处，疑古派的人们从细节处质疑先秦时期的文献。但是，与疑古派不同的是，本书使用了称元法的转换以及各国历法有差异、战国时代存在多个正统观等知识和观点。因此，仅从战国中期以后来看，其整理结果本身与疑古派的人们有相当大的差别。

另外，在疑古派活跃时期，许多从没见过的考古文物出土，证明了他们很多时候是过度质疑。但是，由于对疑古派的过度批判，把战国时代的认知误认为事实，用于解释考古文物，这种情况也不少见。这类错误也必须修正。

以上论述一般不为人所熟知，但为了阐明笔者在史料批判方面的立场，还是希望引起大家的注意。

我想强调的是，战国以后（孔子去世后）的叙事因修正了年份前后矛盾的问题而有了新的阐释，但关于春秋以前的叙事多少被投射了战国时代以后的释义，对上古时期的赞美最为危险。因为从战国时代开始有正统观的主张以来，产生了许多论述过去的书籍。如本书后面将要讲到的，春秋后期到战国时代经历了前所未有的社会变动，从社会结构及其衍生的文化环境都已发生变化的时期向上古混沌时期追溯，就会出现类似江户时代就有了汽车这种荒谬的历史认知。战国时代的历史认知中有不少这样危险的一面。

但是，在历史记录中，也存在着从前朝到战国时代真正被继承的东西。与战国时代的正统观无关的东西，因为没有利用价值而未被处理，如禹的传说、《山海经》中的诸神故事、《左传》引用的神话等。（讲述五行说、宇宙观、礼等内容的贤人对话除外。《易经》本身是古老的，对正统观的解释却是新的。这些新的解释可见于各种对话中。诗篇有不少十分古老，但如同在《诗经》中所见，将蕴含有正统观的诗赋予新的意义这一行为是新的。这些新的意义也可见于对话中）

分析战国中期以后史料整理的实际情况，我们发现了令人惊讶的事实。年份整理出现了错误，却以此来增加背后蕴含正统观的叙事，用错误的观点追溯春秋以前的历史，但另一方面，史官作为整理者，并没有篡改史料所说事件的结果和过程。整理者用正统观来上溯爵位显然也是一种篡改，但除了这种在正统观相关字句上的细微调整，对史料并没有加以篡改。《史记》的编者司马迁，连这种细微的篡改都没有。如上所述，《史记》中实际存在着许多的年份矛盾，这也是司马迁没有改写史料中的年份，放任其与用自己整理的年表计算出来的年份相矛盾的结果（他做了重新编排），他对历史充满了敬畏。战国中期以来的整理者们多少都心怀这种敬畏而费尽心力。

另加一点，在探索真实的历史方面，经书中所说的正统观经常带来负面的作用；但是另一方面，它展示了各个时期的理想，因而维持了悠久的生命。正统观的理念在用于说明王和皇帝的正统性之外，还拥有更高的普遍价值。在讨论它与各时期历史的关系的同时，这一点有必要作进一步的探讨。

3　新石器时代

符号与"物品"所讲述的社会

考古学与现存史料

考古学是一门缜密的学问，同时也是一门大胆的学问。这两种相反的评价体现了考古学研究的两个方面。

之所以说考古学是一门缜密的学问，是因为它以"物品"研究为基础，尤以编年研究为代表。通过整理鼎、钟这些器物，从器物表面的花纹变化可知各时代的特征及其前后关系。

不同器物间的年代关系可由同一墓穴出土的文物群等来判断。在对文物群的研究过程中，需要缜密的结构调查。缜密的结构调查和严谨的"物品"研究正是考古学的根基。

但是，仅靠这类调查和研究，编年体系将逐渐增厚，却无法确知留下这些"物品"的人类的生活方式及其群体的状态。于是，参照与出土器具相同的物品在现今的使用情况，考古学家们构建出了全新的结构。使用的材料包括现存史料中的神话、传说等。这里就隐约可见考古学的大胆之处。

如前所述，整理这类神话、传说之时，中国经历了前所未有的社会变动。在这个时代做整理工作的编纂者本身并没有意识到时代已经变化。因此，如果原样照搬，用这些史料向前追溯时代是存在不足的。

中国的上述变动在公元前六七世纪左右逐渐显著。其结果就是公元前4世纪中叶以后，思想、制度方面的变革不断出现。宇宙观发生了巨大变化，对天盖从仰望变成了俯视。君主在位的称元法（哪一年称元年）也发生了改变，同时出现了能计算未来的历法。

通过探讨战国中期以后各种变动的具体体现，我们可以推断出《左传》成书于公元前4世纪后期的战国中期。《左传》中木星位置与实际情况有2到3年误差，这是因为战国中期以后人们把木星绕天一周的时间计算为12年。如果把木星周期计算为12年，那么84年后木星将回到原位置。而实际上木星周期是11.86年，所以约83年就可以回到原位置。这种误差的累积就成为判断的标准。

通过探讨此类误差以及十二方位的有关表述可知，木星纪年法出现于战国中期。另外，通过比较以《左传》为代表的战国中期以后的现存史料，可以得知战国时代出现的五行说在与阴阳说结合以后得到迅速传播。因此，对这类叙述，即包含五行说和木星纪年法的神话，需要予以充分留意。用这些有误差的内容来判断西周和春秋的实际情形是不可取的。依笔者所见，在评判五行说和木星纪年法相关的内容时，必须注意在战国中期被迅速整合，之后逐渐精细化的古代帝王的理念背景。在涉及与宇宙观有关的种种，即在上述五行说和木星纪年法以外，包括天的十二方位，太岁（太阳系中与木星相对的行星）说，三正说，对圣数九、六、八的重视，为方位、国家、地区赋予相应颜色等等的时候，必须特别分析。所谓的金属货币也在这个时期出现。在此以前，贝壳的交换被认为与货币相关，但其实可以理解为物物交换的延伸。贝壳常在宗教仪式上被赐予，这是贝壳的直接用途，它的使用范围非常有限。金属货币从铜的物物交换开始，发展为以少量的铜作为交换中介，金属货币由此出现。伴随着领域国家的发展，直接交易网逐渐形成，货币经济随之出现。金属货币出现不久，到了战国中期，九、六、八及其倍数单位增长，各国重量单位之间的换算都已形成。

有些历史叙事经过此类分析操作后证实是虚假的。这也表明，这些叙事不过是战国中期以后人们想象的产物而已。

在参照民俗事例时，也必须意识到整理者是受各自时代影响的。另外，当然还必须考虑到参照事例不绝对是古代发生的。

因此，在使用现存史料中的神话、传说及民俗事例时，需要进行一定程度的辨别。在确认了这一点后，下面展开的叙述中为何一般不直接提及传说自然也就可以理解了。

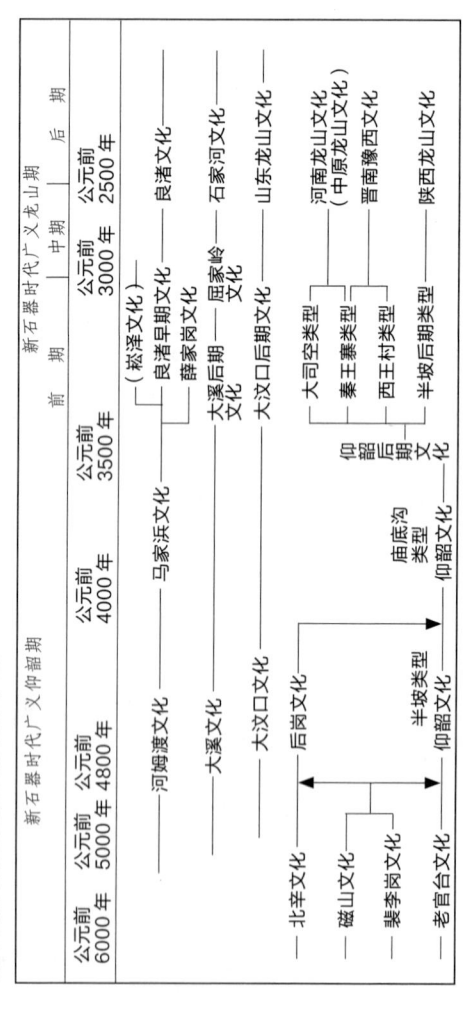

新石器时代诸文化关系年表

	新石器时代广义仰韶期			新石器时代广义龙山期	
			前期	中期	后期
公元前6000年	公元前5000年 4800年	公元前4000年	公元前3500年	公元前3000年	公元前2500年
	河姆渡文化	马家浜文化	（崧泽文化）良渚早期 薛家岗文化	良渚文化	
	大溪文化		大溪后期—屈家岭文化		石家河文化
	大汶口文化		大汶口后期文化		山东龙山文化
北辛文化	后岗类型		大司空类型		河南龙山文化（中原龙山文化）
磁山文化			秦王寨类型		晋南豫西文化
裴李岗文化	半坡类型 庙底沟类型		西王村类型		
老官台文化	仰韶文化		半坡后期类型 仰韶后期文化		陕西龙山文化

新石器时代诸文化

上页图所示，是由陶器的考古编年所得的各文化关系表。中国的考古学把日本所说的土器称作陶器，若涂上天然釉，就成了原始瓷器，上釉后就成了瓷器。

为方便起见，对新石器时代我们一般以公元前 3500 年到公元前 2600 年左右为界进行研究。以著名遗迹命名，把稍早的称作仰韶期，稍晚的称作龙山期，再分别加以细分。

到目前为止，学界一般认为农耕开始于公元前 6000 年左右，但随着更早的遗迹被发现，也有观点认为开始于公元前 10000 年左右。越往前推，"仰韶"这一遗迹名就越不适用，因此改为"新石器时代"，把龙山期稍微推前，改称为"铜石并用期"。广义的"龙山期"（公元前 3500 年—公元前 2000 年左右），即铜石并用期可再分为前、中、后三期。在前期（公元前 3500—公元前 3000 年）、中期（公元前 3000 年—公元前 2500 年）、后期（公元前 2500 年—公元前 2000 年）之中，中期和后期的特征是居住地周围出现了城墙并出土了为数不少的铜器。

从地图可见，新石器文化集中在长江中下游地区、黄河中游地区、渭水流域、山东等区域。总体来说，长江流域为水稻区域，黄河流域为栽种粟、黍的旱地区域。两个地区的分界线因气候变化而南北移动。

气候对人类生活有很大影响，特别是主要作物的差异，与季节变化息息相关，因此水田和旱地分别孕育了不同的思维方式，对于水的看法也就自然有了差异。

新石器时代以农业为共同要素。农业出现以后社会是如何发展的，从大型墓葬、大型建筑、居住地周围城墙的建设、铜器的出现、符号到文字的演变等可以得知。另外，因水田遗址的发现，人们提出了水田与社会发展相关的可能性。

大型墓葬

大汶口墓地属于广义的龙山期，在小型墓穴中夹杂着少数大型墓穴。小型墓穴有零星的随葬品，中型墓穴则有十几到几十件不等，而大型墓穴的随葬品则有100到200件，甚至有289件的。随葬陶器的造型也趋于精致。

江苏省新沂花厅发掘了十座良渚文化时期的大型墓穴，随葬品达到了百余件。值得注意的是，这十座墓穴中有八座发现了殉葬者，殉葬者性别不一，有的男女皆有，或只有女性，但均年少。

这类大型墓穴的随葬品中，可见中小墓穴中所没有的特别物件，如玉、象牙、鳄鱼皮制物品等。这些物品的原材料似乎来自其他地区。由此可知，拥有大型墓葬的群落在该地区处于中心地位。因此，大型墓穴的随葬品才会具有中小墓穴无法比拟的规模。

龙山文化的大型墓穴，较典型的有山西省襄汾陶寺3015号墓和山东省临朐西朱封的三座大型墓穴。西朱封大墓受到关注的是，其中一座的棺木为双层构造。

龙山文化陶寺墓地于1978年开始发掘的200多万平方米的1000余座墓葬中，根据报告，大型、中型、小型墓葬的所占比例分别为 0.9%、11.8% 和 87.3%。

大型建筑

广义龙山期的遗迹有以下典型代表：

淅川下王岗发现的长屋，被认为是储藏粮食的仓库。秦安大地湾发现的大型建筑则被认为是举行宗教仪式的场所。

龙山文化普遍可见版筑地基。与此同时，包围群落的城墙也在这个时期出现。

另外，虽然不是一般意义上的建筑物，浙江省瑶山还发现了良渚文化的祭坛。

聚落群落与城墙

上述大型墓葬和大型建筑并不普遍存在于每个聚落群落，这意味着处于中心地位的聚落群落已经出现。

作为拥有此类大型墓葬、大型建筑的聚落群落与其他地区相分隔的标志，广义龙山期的中后期出现了城墙。仰韶期即已发现环濠聚落群落，同时发现了几乎同一时期的城墙。不仅仅是用城墙包围这一形式，而且其所围住的空间被赋予了特别的意义。山东章丘城子崖、寿光边线王、河南登封王城岗、淮阳平粮台、内蒙古包头阿善、凉城老虎山、湖北石首走马岭、湖南澧县南岳（城头山）等，均发现了广义龙山期中后期的城墙。

以平粮台遗迹为例，它具有以下特征：

（一）城墙呈正方形，南面有正门。

（二）城墙本身是保护群落免受敌人攻击的设施，门内还设有守卫的哨所，东西各一。

（三）设有排水设施。水从井中供应。

（四）城内的一般房屋建设均较为坚固，以版筑地基和土墙分隔，似乎是富裕人家的住所。

（五）城内有手工业设备，可知有铜的冶炼和陶器的烧制。

（六）有宗教仪式的痕迹，似乎是用牛骨做成的祭坛。

下文论述殷和商时，会有专论宗教礼仪网络的部分。此类网络的形成，其渊源大致可追溯到广义龙山期，用城墙包围的群落即处于其中心地位。

铜器

铜器分为含锡的青铜和不含锡的红铜。后者出现在先。较早的青铜文物发现于甘肃省林家村，年代约为公元前 2500 年。

到了二里头文化时期，青铜成为主流。红铜器虽然依旧存在，但这个时期开始被称为青铜器时代。

符号与文字

因或刻或写在陶器的边缘部分，此类符号被统称为陶器符号。此处之所以讨论符号，是因为它被视为丰富人类精神世界的文字的先驱。

中国的文字无疑是汉字。人们根据汉字的构成提出了六书的分类，即象形、指事、会意、形声、转注和假借。象形起源于图形文字，模拟"物品"。指事表示"一""二"或"上""下"等事物的状态。会意是把两个或以上的字的意义相组合。形声是把表示意义的偏旁和表示读音的偏旁相组合。转注是不同汉字表示相同的意义，假借是借其读音而表示其他的意义。通常，一个汉字可有多个相互关联的释义。

此六书之中，最原始的是象形和指事。象形起源于图形文字，指事则起源于符号。

右图所示的各个符号多为指事符号，也有部分象形符号。暂且不论它们是否是文字的直接祖先，这些符号的一部分最终与汉字的产生相关联。

这些符号还不能称为汉字的祖先，因为它们还不能作成文章。埃及的象形文字和美索不达米亚的楔形文字都可作成文章。一个一个零散使用的文字虽然确实表达了一定的意义，但其内容是受限的。

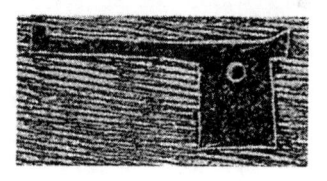

跳出一步来说，最初作成的表达思想的文章，有确切考据的，是出现于殷文化圈的甲骨文。但是，也有报告称在甲骨文之前已有文章于广义龙山期后期出现。目前尚存在几个问题，即它们与甲骨文并不直接相关，至今依然没有被解读出来，而且出土情况不明。不过，目前关于良渚文化陶器的多个报告，也让我们更加期待发现与甲骨文直接相关的文字。

水田遗址与稻作向日本的传播

日本的藤原宏志将中国首次发现的新石器时代水田遗址，与日本历来的水田遗迹相比较，发现它们本质上处于不同的原始阶段。日本的水田遗址在各地均有发现，虽说具有起于扇状地等相对较高的土地并向低洼地扩展这一时代特征，但都是以平面扩展的。因此，水田遗址就是平面扩展的，这曾经成为一种常识。

但是，中国江苏省草鞋山遗迹发现的马家浜文化水田遗址，在高差1至2米的低地部分已经呈列状排列。而在附近的微高地中则发现了狩猎遗迹和兽骨。很有可能马家浜文化的水田耕作尚未使生活安定，与狩猎采集同时存在。与此相对，在同一个地方，在马家浜文化水田遗址上方发现的东周时代（春秋战国时代）水田遗址则是平面扩展的。

马家浜文化水田遗址那样的原始稻作技术即使传到了日本，大概也没有给处于狩猎采集阶段（虽然处在狩猎采集阶级，但受益于丰富的自然馈赠，在近年的绳文遗迹发掘中，发现了用树木建造的房屋）的绳文人带来革命性的变化。如此一来，似乎就可以回答这个问题了，即在公元前6000年这远古得令人窒息的时代即已开始的水稻耕作，为何在绳文晚期尚未传到日本？或者说，并不是没有传来，而是没有生根。由此必须讨论的是，日本的绳文文化可能非常富裕，以至于无法感受到原始水田的魅力。

这个问题又与中国的平面水田出现时间相关。目前尚未发现连接东周时代与马家浜文化时期的水田遗址。平面水田若出现在新石器时代广义龙山期的中后期，则与城墙包围的特殊空间为同一时期；若出现在春秋末期以后，则与铁器的出现和普及为同一时期。

如为后者，则平面水田出现不久，其技术就传播到了日本并得以生根，而且长江下游地区吴、越兴起的原因也可以归功于水田的质变。

与此相关的是，公元前486年吴国开凿了连接淮水和长江的运河，次年，吴国的船队绕过山东半岛从北部海域攻击了齐国都城临淄（《左传》）。此时，长江下游与山东已由水路直接相连，而山东被认为是向日本直接输出稻作技术的地方，因此对日本来说，长江下游地区忽然变成了很邻近的存在。在讨论稻作的波状传播时，除了从山东半岛的直接传播，从长江下游经由山东的间接传播也必须考虑在内。

通常认为，水稻可分为籼稻和粳稻两个种类，前者谷粒长，口感清爽，后者谷粒短，口感有黏性。两者的起源地均被认为是中国云南和印度阿萨姆。但是，根据佐藤洋一郎的研究，从基因层面的调查研究来看，谷粒的长短本身与上述两个种类无关，口感也无法做出明确区分，并且，粳稻还可分为温带粳稻和热带粳稻，其起源地均为长江中下游地区。根据藤原宏志的研究，若考察稻科植物特有的植物蛋白，可发现日本古时候即已种植热带粳稻和温带粳稻。热带粳稻目前主要种植于东南亚等南方地区，因此水稻由南方传来这一事实不容忽视。

如果温带粳稻、热带粳稻均起源于长江中下游，则此类研究必须考虑稻作由长江中下游地区直接传播而来的可能性。中国的平面水田出现于何时，这个问题就成了与日本历史直接相关的热点话题。

传说中的帝王

《史记》记载了五个传说中的帝王，即黄帝、颛顼、帝喾、尧、舜。唐代在其基础上增加了三皇，即伏羲、女娲、神农，其实在汉代已有记述。秦始皇时代把天皇、地皇、泰皇称为三皇。上述帝王（泰皇替换为人皇）均记载于《十八史略》中。

但是，这些帝王的名称只能追溯到战国时代，而且并非全部，似乎说明均为战国时代以后的产物。

可以确认的最早的例子，是齐威王（公元前356—前320年在位，前338年正月改元称王。年份依平势年表）以侯即位时（公元前356年）的器物"陈（田）侯因资敦"。该器物上把其父桓公称为"孝武桓公"，把先祖称作"高祖黄帝"。古本《竹书纪年》记载了直到公元前299年历史的战国时期魏国的编年史，在北宋到南宋期间散佚，后根据注本恢复了架构和一部分记事。根据此书，除了帝喾以外，《史记·五帝本纪》所载的其余四帝均得以确认。

《史记·封禅书》中记载："秦襄公……造西畤（公元前774年）祭祀白帝……文公造鄜畤（公元前760年）……祭祀白帝。在鄜畤建造之前，雍旁有原吴阳的武畤，东边有好畤，均已废弃不作祭祀……于渭南建密畤（公元前675年）祭祀青帝……于吴阳建上畤（公元前425年）祭祀黄帝，建下畤（同上）祭祀炎帝……于栎阳建畦畤（公元前381年）祭祀白帝。"这是有关秦畤（特殊的宗教祭祀场所）的记录。从一些关于五行出现和发展的书籍记载来看，此处出现的白帝、黄帝为战国时代中期以后的产物。但是，"畤"这个词也见于春秋时代的出土文物《侯马盟书》中，因此其年代和诸畤建造本身是周代以后的制度，这一点毋庸置疑。诸畤建造的原因本来不是为了祭祀白帝和黄帝，大概有其他的祭祀对象。这些旧有的诸畤被改造成了用于祭祀白帝和黄帝的畤。秦不祭祀黑帝的原因，是一种新思想的盛行，即北方与水德相关，并进一步与秦君主之德相关。

公元前381年是后来的秦孝公出生的年份，此时建造的畤也可能与其出生相关。畤用于祭祀黄帝和白帝，大概是畤的制度发生改变的时候，从五行说中色彩的对应来看，当为战国后期以后。但根据此封禅书的记事，五帝之说还须进一步往上追溯。

4 殷王朝与周王朝

"夏王朝"时期的王朝

夏王朝真实存在吗？

阅读中国古代史的人，大概都对同一个问题感兴趣，被殷所灭的夏王朝真实存在过吗？殷王朝已被证明真实存在，因此势必有很多人认为夏王朝也是真实存在的。

但是，提到该王朝的文献，如前文和后文所述，都与战国以后古代帝王的理念密切相关。

首先，设定了夏→殷→周→战国王朝（夏）这一图式后，战国时代的王被比喻成夏王。战国时代最初成功称王的是魏惠成王，于公元前351年称"夏王"。他还将周王纳入仪式化，称是继承了周王朝的权威。其他的战国诸王也举行同样的仪式，或者出现类似的构想。说夏朝，实际是在说战国诸王。而且，夏墟与中原的战国诸王的都城相重合。

"夏"通"华"，意味着中华。中华的概念也是在战国时期形成的。

另一方面，战国时代的（战国时代成型）历史认知是，殷王朝之前毫无疑问是夏王朝。《左传》等书中所记载的杞国，被认为是夏王朝的后裔。与此形成对比的是，同书中记载的宋是殷王朝的后裔。杞等姒姓诸国（各国的君主都有姓）都以夏王朝为祖先。古本《竹书纪年》记载了夏王朝的谱系和各代君主的去世年份。但是，从夏王谱系到周初的姒姓诸侯之间的具体谱系却没有留存下来。

后文还会提到，殷王朝直接统治的区域，即便到了殷王朝后期也是很有限的，如果向前追溯，很明显多个地区存在过更早期的王朝。这些地区的早期王朝是否就是夏王朝，目前还处于探讨阶段。

本书为了避免与文献中所述的传说中的夏王朝相混淆，不把这些早期王朝直接称为夏王朝。

有关夏王朝的记述，除了战国中期以后的记载，还有禹的传说和姒姓诸侯是夏朝后裔等说法流传下来。禹的传说似乎是战国诸王利用了民间传说记载下来的。工藤元男试图从战国时代禹的传说出发，利用民俗调查来了解传说的传播和各族的迁移，此类研究今后的发展值得关注。而关于姒姓诸侯的问题，战国诸王是如何确定其祖先的传说的，也是一个研究课题。

先商王朝时期和殷王朝初期的都城

在叙述与"夏王朝"相当时期的王朝时，有必要讨论殷王朝是何时开始的。与"夏王朝"相当时期的王朝到殷王朝时期的大都城，有河南省偃师二里头遗迹和郑州二里岗遗迹。两者均是处于河南龙山文化和殷墟遗迹之间的时代的遗迹。

近年来，偃师二里头遗迹被视为"夏王朝"的一个都城，而偃师尸乡沟遗迹和郑州二里岗遗迹则被视为殷代前期都城。根据古本《竹书纪年》的记载，殷朝初代汤（唐、大乙）到九代太戊之间的都城为亳，十代仲丁迁都嚣，十二代河亶甲迁都相，十五代开甲（沃甲）迁都庇，十七代南庚迁都奄，十九代盘庚迁都殷直至三十代帝辛。上述设定把相对较长时间设为都城的亳对应尸乡沟遗迹或二里岗遗迹。尸乡沟遗迹为亳，这种说法目前较受重视。

笔者将古本《竹书纪年》记载的殷朝诸王的在位年限综合计算后得出，殷王朝开始于公元前1501年。这是基于立年称元法进行计算的。另一方面，利用放射性碳元素 ^{14}C 计算出考古材料的年份，尸乡沟遗迹的出土文物为公元前1640±100

年［树轮校正法（比较多个树木的年轮来计算出土文物的木材砍伐年份）为公元前 1940±120 年］至公元前 1385 年 ±85 年（树轮校正法为公元前 1625±130 年）。同样，二里岗遗迹为公元前 1380±95 年（树轮校正法为公元前 1620±140 年）至公元前 1360±95 年（树轮校正法为公元前 1595±140 年），与公元前 1501 年这一数字基本一致。因此把偃师尸乡沟遗迹、郑州二里岗遗迹当作殷代前期的都城是较为妥当的。

以往周灭殷的年份有多种说法。而如果把殷代灭亡的年份取较早一说，就产生了把二里头遗迹对应殷代前期，把二里岗遗迹对应殷代中期的观点。

本书统计周王在位年份的依据是古本《竹书纪年》的记载。古本《竹书纪年》记载了总计西周十二代 257 年（从周灭殷开始，到周幽王三年晋国文侯即位为止。因为使用了立年称元法，因此实际上是公元前 1023 至公元前 778 年共 246 年。一代平均 20.5 年）。殷朝共 29 人 496 年（同上换算，468 年，平均 16.1 年）。

平均来看，殷王的在位年数较短。

因此，为谨慎起见，再举出另一种可能性。

假如把周王的平均在位年数乘以殷王的代数，其结果是"夏"的灭亡时间在公元前 1627 年左右，这与上面的推论基本没有变化。

进一步说，殷王的在位年数较短是有其原因的。下面将要提到，殷王朝的王位由多个家族集团相互推举出来的王来继承，史料记载以"兄终弟及"为主。与此相对的是，史料记载西周的王位更重视由直系子孙继承。这也反映出，推举出王的家族集团各自存在有王位继承资格的血统，这在殷代存在多个，而周代则只存在一个或近似一个。再假设殷王多在高龄即王位，那么殷王的平均在位年数自然就短了。

作为先于殷王朝时期的王朝都城，我们来谈一下偃师二里头遗迹。该遗迹可以看作公元前20世纪至公元前16世纪王朝的都城。古本《竹书纪年》记载的夏王共十七王471年。（用立年称元法加以辅正则共计455年，平均26.8年）。这种情况下，年份虽然吻合，在位年数的总和则比西周更长。但是，如前所述，夏王朝相关的记述还存在疑问，因此这些数值只能作为参考。

青铜器时代

从殷前王朝时代（公元前20世纪至公元前16世纪）起，到春秋时代后期（公元前6世纪至公元前5世纪）铁器开始普及之前，这段时期统称青铜器时代。处于广义新石器时代龙山文化即铜石并用期之后。

相较于铁器，青铜器没有供大众普遍使用，因其数量非常有限，属于贵重物品，主要为祭祀用品或奢侈品。青铜器品种多样，可分为酒器、食器、煮沸器、乐器、兵器、车马器及其他生活用品等。平常使用的农具和工具依然是石器，因此青铜器并没有改变一般社会生活。

但是，在作为杀戮工具方面，青铜器因富于延展性，更胜铁器一筹。其后出现的铁器，在钢普及之前，也没有成为武器的主流。

青铜器出现于广义龙山文化中后期，该时期以较原始的红铜器为主。可以说，青铜器时代开始于相当于"夏王朝"的王朝时代（二里头文化），发展于殷代前期，成熟于殷代后期和西周前期。

青铜器时代的代表作，要数殷代后期的后母戊方鼎。该方鼎使用特制的可制造出12.5千克溶解铜的陶制坩埚，其总重量达875千克，需要70口坩埚。如果一口坩埚需要三至四名人力，则一气铸成方鼎就需要200人以上。制造坩埚和搬运青铜还另需人力。由此可知，当时已存在能使用如此规模人力的制铜工坊了。

进入铁器时代之后，铜器的需求并没有消失。到战国时代，随着国家对各领域统治的推进，金属货币开始出现。大部分货币由铜制成。镜子等亦为铜制，日本也出土了古坟时代后由中国船运来的古镜。

殷——甲骨文、祖先祭祀

甲骨文的发现

殷王朝曾经是一个传说中的王朝，因为当时没有证明其真实存在的考古文物。与此相对，青铜器上的多个铭文表示了西周王朝的真实存在，在宋代以来的众多著述中都有论及。

实际上，其中还包含了殷代的青铜器。但近代研究无法证明这些是殷代的物品。而使这种情况为之一变的，是19世纪末甲骨文的发现。

甲骨文发现的经过，有如下故事。

1899年，住在北京的国子监祭酒王懿荣的食客、金石学造诣颇深的刘铁云，购入了一块兽骨模样的物品用作药物，细看之下顿感惊愕。上面刻着比金文（青铜器上的文字）还要古老的文字。与王懿荣一样对此类收藏倾注了大量心血的他，立即从其字体的古老程度、出现的人名中使用"十干"这一点与《史记》等材料相一致等方面，预感此物为殷代文物。

虽然有研究人员认为故事有夸张之处，但是，甲骨文的发现，力证了《史记》中的部分内容确切无误。因其内容的一致，可知殷王的谱系由《史记》几乎完全无误地传承了下来。

除了判定传承下来的殷王朝谱系是正确的这一点外，通过对甲骨文的研究，祖先祭祀的具体做法也得以明确。下面，我们根据岛邦男的研究来归纳祖先祭祀的做法，并进一步加以探讨。

占旬

殷代已有十干十二支。十干即甲→乙→丙→丁→戊→己→庚→辛→壬→癸，十二支即子→丑→寅→卯→辰→巳→午→未→申→酉→戌→亥。把十干和十二支相组合，可得60组。

以60天为周期，用以上组合来命名日子，则一年约六个轮回。这其中，在癸日里，要对未来的十天（旬）进行占卜（贞），称作贞旬（占旬）。贞旬的卜辞中，有"祭""壹""劦""彡""翌"五种祭祀（五祀）和"工典"祭祀，五祀的祭祀对象是戋甲和祖甲等名字中带甲的先王（甲名先王）。作为与甲有关的王，他们在甲日里受到祭祀。

五祀与先王的组合有一定的顺序，以36旬即36次卜旬为一个轮回。36旬略短于一年的约365.25日。也许正因为如此，在36旬的最后，多次不规则地出现完全不进行祭祀的"闰"日。

利用该轮回还原当时的历法（与天象相合的历法即观象授时历，冬至过后迎来正月。不是可计算未来的历法）可以把殷王朝最后两代王——帝乙和帝辛的纪年和实际历法一一对应。董作宾最先开展此项工作并取得一定成果。但推进此项工作时，观象授时历还没有为大众所接受，因此导致其以战国以后的历法为基础进行计算，与实际结果产生了矛盾。笔者认为，公元前1065年至公元前1044年为帝乙、公元前1044年至公元前1023年为帝辛的在位年份。与昭和、平成一样，前代君主去世后即称元年（立年称元法），用这个方法可以得到确切的结果。

如上所述，贞旬时甲日的祭祀对象为甲名先王，这是固定不变的。贞旬以外的先王祭祀，则在上述甲名先王于甲日受到祭祀之外，乙名先王于乙日、丙名先王于丙日受到祭祀，以此类推。根据甲骨文的研究可知：

（一）先王在其名字之日受到祭祀。

（二）先王按照其世系序列受到祭祀。

因此，通过与《殷本纪》中记载的殷王朝世系相对比，我们可以了解甲骨文的王名如何与《史记》中的王相对应，以及《殷本纪》的世系应如何被甲骨文修正。

对先王的祭祀有完整的定制，同样，对直系先王的配妣

（后）也进行同样的祭祀。先王的父母也是祭祀的对象。

上帝降下祸福

甲骨文中记载的祭祀对象，除上述的先王及其王后之外，还有以下三类：

①支配自然现象的人，以及自然物神格化后的自然神。

②被认为是殷室先祖的高祖神。

③把先臣神格化后的先臣神。

让我们就其中与后代政治思想关系最为密切的①继续展开讨论，来看一下作为支配自然现象的人以及自然物神格化后的自然神——"上帝"。上帝有：（一）支配自然的力量；（二）给人事降下祸福的能力。

（一）的力量的具体表现，有例"帝可下雨，可停雨"（前三、十八、五[①]）。另有"帝授予我果实"（天二四）的记载。帝命令雨、风、雷，降下旱魃或灾害，支配谷物的收成。

（二）的力量的具体表现，有例"我伐马方（异族），帝祐（福，战胜之意）我"（乙五四零八）。帝不仅降下福祉，也降下灾难。有"帝成其王灾"（乙四八六）的记载。

对于这样展示力量的上帝，人们占卜以知其许诺。有例"贞舞（祈雨舞）之雨有降乎？帝诺以祐乎？"（乙一九三七）

对上帝的祭祀（帝事）主要是用来求雨，求长雨的停歇，求谷物的丰收，求风灾和蝗灾的停止、疾病灾祸的去除等。如

[①] 甲骨文著录的略号，下同。

同"东方为帝""南方为帝"（均为乙四五四八）所记的一样，其特点是在各地方进行，被认为与后来的"郊祀"相关。中央祭祀上帝，称为"丁祀"，是因为把父亲视作受尊崇的存在而举行（金文的帝祀、后世的禘祀）。

帝事在祭祀主神上帝之外，还在社中举行燎祀，用于祭祀河、岳以及王亥、上甲、祖乙等祖神。

与后世"天""帝"的关联

甲骨文中，"天"字意为"大"，没有一例是上天、天神的含义。"天"作为"帝"的别称和具有天神等意义，始现于西周金文。

如此，殷代的上帝到了周代就用天来表示了。

上述的上帝以及有上帝含义的天，是由仰望天盖（把天看作伞一样的形状）而来。但是，如第2章所述，战国中期产生了从上面俯视天盖的视角：从极上的视角，把旋转的天分成十二方位，并与地面的方位相关联。

这个视角大转换之后，公元前288年秦王称西帝，齐王称东帝。不久又起了赵王将称北帝之类的议论。公元前221年秦统一天下，皇帝这一称号产生了。皇帝意味着"煌煌上帝"。从战国中期开始，上帝从仰望的存在变成了与自己连成一体的存在。

甲骨文的特色

如前所述，新石器时代已出现陶器符号，包括象形的要素和指事的要素。良渚文化遗物和山东龙山文化遗物等在都城变为围成的特殊空间后出现的遗物中，一部分刻有文章，但其特点尚不明确。

甲骨文不仅作成了文章，而且大量存在，从这个意义上来说，它是空前的文字史料。其制作时期为殷代后期，并可以进一步细分为五期。

殷代的甲骨文刻于龟甲、兽骨上，这个条件决定了文字的书写风格，因此简略体较多。同一时期，也已存在刻于青铜器上的铭文——金文。

周——金文与国际关系

殷的灭亡

甲骨文是通过殷的祭祀来研究其社会形态和国家结构的史料。然而关于殷的灭亡，尚无确切的史料记载。

实际上，这种史料记载可以说大量存在于流传下来的文献史料中，而且可以通过反复、细致的史料甄别，进行有效的分析运用。在重新编纂祀谱时，人们就曾有效运用上述《竹书纪年》中的史料，在这里它也将发挥作用。如上所述，该史料罗列了从周灭殷到周幽王为止，西周历代君王的在位时间。另一方面，我们还可以将日益推进的金文铭文日历研究与留存史料《逸周书》《尚书》中有关的日历相结合。从其研究结果可知，公元前1024年周伐殷，翌年破牧野，灭殷。也就是说，伐殷为公元前1024年，灭殷为公元前1023年。

在可知的范围内，我们来详细看一下前后经过。

笔者的整理如果正确，则殷王帝辛直到公元前1023年3月还在举行祭祀活动，周军到达殷郊则在一年以前。另据《逸周书·世俘解》记载，此后牧野之战起，周大破殷。此战的俘虏被强制用于周的燎祭，殷王帝辛及其妻的首级被用于祭祀。《世俘解》记载，帝辛自投火中。虽然没有确切年份，但牧野之战当发生于公元前1024年末到公元前1023年初期间。据《世俘解》记载，殷王帝辛（纣）投身火中时，身上所佩的玉达4000枚，后动用了1000人进行捡拾。

殷周交替的真相与假象

《史记·殷本纪》和《周本纪》对殷王朝最后的王纣及其灭亡有如下记载：

殷王纣敏而善辩，对所见所闻可迅速准确地加以判断，才能与力量均超群。他可徒手打败猛兽，有批驳谏言的智慧，有文己之过的口才；极好女色，宠爱妲己；耽于酒池肉林的生活，诸侯背叛则施以炮烙之刑（烧炭火，其上架起涂满油的铜柱，让罪人从上面走过，落入炭火中烧死）。其时，周季历死后，西伯（文王）即位。西伯与殷王侧近向王纣进谏，西伯被囚，周送上财物才得以释放回国。西伯施以善政，归附的诸侯越来越多。诸侯们认为西伯是"受天命的君主"。虞、芮的君主来周希望周帮助解决他们的纷争，见到周安宁大治，反省之后，罢诉而回。虞、芮的君主回国后第七年（《周本纪》误作与"七"字体相近的"十"）西伯死去，武王即位。王纣不改其行，武王起兵伐殷，灭之。

此处加入了对文王和武王的盛赞以及对殷王纣的非难。对王纣的非难主要是酒池肉林的生活和对妲己的宠爱，以及刑罚之事。这些非难必须分开来讨论。因为由周作成，亡国的王纣必然更加成为非难的对象。

酒在殷的祭祀中发挥着重要作用，这从出土青铜器中有诸多酒器便可想象。周把不同于此类祭祀的其他祭祀作为其传统，在他们看来，酒大概是一种使人堕落的东西。

但是，在青铜器文化上，周完全继承了殷。殷末的金文铭文中已有长句，这一点也被继承了下来。周把青铜器用作诸侯封建时的赏赐，这也是模仿了殷的做法。在青铜器上刻铭文的技术本是保密的，周继承并独占了下来，把成品分送给诸侯。这个政策对建立周王朝的权威发挥了一定作用。

可以说，周对殷的祭祀一边予以否定，一边却忠实地继承了它的技术。前面所说的非难，既是现实情况的反映，也体现了把自己置身事外的态度。

殷周王朝与诸侯的关系

殷与周直接统治的范围很有限，仅确保线性延伸的军事据点，与从属诸国则保持着政治关系。殷、周的从属各国，其直接统治的范围也十分有限。这种直接统治，以大城市为中心，并支配多个小城市和农村，因为人类集中居住的地区一般称为"邑"，因此有"邑制国家"的说法，这是相对于春秋后期以后成长起来的"领域国家"而言。

"国家"是"邦家"的转称，为了避讳汉高祖刘邦的

"邦"字，汉代将它替换为"国"。战国时代的青铜器铭文中把宰相称作"相邦"，而现存史料均称之为"相国"，这也是在汉代作了替换。"相邦"意为负有协助治理国家职责的人。

"邦家"这一说法出现于战国时代中期，可见于战国中山王厝墓出土的青铜器铭文中。这个时期也是领域国家的发展期。由于领域国家以郡县制和官僚制度为基础，因此"国家"一词主要在叙述郡县制和官僚制度相关内容时出现。这种情况下，邑制国家不宜称作国家。为避免概念的差异造成叙述的偏差，上述内容需要事先了解。本书采用一般性用法，即"国家"也包括邑制国家在内，如无必要，史料中的"邦"均替换为"国"。

作为体现殷与诸国关系的史料，甲骨文"田猎"的记述值得关注。田猎是狩猎的意思，既作为军事演习，又能获得祭祀用的牺牲。关于田猎的举行地区，松丸道雄考虑到田猎本身所需时间以及移动到其他地方所需的时间，根据甲骨文整理出了移动的日程，推论出田猎地区散落在以殷墟为中心，半径20千米以内的范围。在此之前的做法是，在殷文化圈中心设定多个殷的统治区域，并在其中寻找田猎地区，目前还有不少研究者采用这种说法。但是，这种说法的依据，即需要多日完成田猎的例子极少，即使把半径扩大一倍，也不能推翻松丸的结论。而且，正如松丸指出的那样，田猎也曾发生于君王亲征敌国的时候。

提到田猎时，甲骨文常用"省"这个词，如"省田"。"省"有视察的意味，比较其甲骨文、金文的字形，与"德"

的一部分非常相似，意义也相关。小仓芳彦指出，"德"的本义似乎是"反省之心"，到战国中期以后变成了"省"，并用于田猎的时候。"王"是讨论其他相关事物时用到的词汇，与"霸"形成对照。

整理西周金文中"省"的用法，有很多周王派遣臣下"省"地方的例子。这也说明，周直接统治的范围限于今天以陕西省西安（镐京）和河南省洛阳（洛邑）为中心的地区，其他地区则委任于诸侯统治。

这里需要再度关注的，还是松丸所指出的，在有限的田猎地区中包含了以族名命名的地区，可以认为这些是纳入殷王朝秩序构建的氏族。即用这些诸侯名命名殷周边地区，并在该地举行田猎，进行"省"，以巩固其统治，也就是以精神威压巩固其秩序。

这里需要进一步关注的，是西周青铜器"散氏盘"（矢人盘）上的铭文。该铭文有如下所示的文章构成：

用矢践散邑，乃即散用田

眉，自灒涉以南……以西……

以东……以南……

眉，井邑田……

矢人有司，眉田，……虞丂

……右眚，刑丂，凡十

又五夫，正眉矢舍散田

……眉田，……从鬲，凡散有

司十夫

唯王九月，辰才乙卯

矢卑鲜且"舅"旅誓曰，……，鲜

且"舅"旅誓

乃卑西宫襄武父誓曰，……，

西宫襄武父则誓

凡盟诅……

厥受图矢王于豆新宫东廷

厥左执"要"史正中农

派官员矢来到散氏的城邑，这里就是敕封散氏的土地。首先按照以下步骤进行"眉"的行为。跨过灅江一直向南走……，向西走……，向东走……，向南走……。

"眉"的行为也涉及井邑之田，即……。

虽然矢的司仪是来"眉"田的……，……实施"虞"，……帮助实施"眚"（省）的行为，……开展"刑"的行为。上述累计15人对矢决定提供的"散"之田地，进行核对并实施"眉"的行为。

……进行"眉"田，……随后进行"鬲"。从事上述工作的散氏一方的司仪共10人。

时在周王九月，东边地平线上黎明的月光透出纤细光线的日子（第二天为无法看到月光的日子），干支为乙卯日（笔者推算为公元前977年）。

官员"矢"令鲜、且、"舅"、旅发誓。"……"，鲜、且、"舅"、旅按照协定立下誓言。进而又令西宫襄和武父发誓。

西宫襄和武父也按协定立下誓言。

为固定上述内容，举行……的仪式。官员"矢"将上述内容报请新宫东廷的王，并获得批准。

担当执行角色的官员为史正中农。

据推测，矢是位于周的首都镐京以西约50千米的一座城市。关于矢王，从历法记载的年代来看，笔者认为他可能是昭王南征失踪后犹豫是否即位的穆王。古本《竹书纪年》记载，穆王在南郑修筑祇宫，也居于郑宫（与祇宫的关系不详）和春宫。此处的春宫可能就是上文中提到的矢的新宫东廷。其他金文中也可见"郑井叔"这个名字，此处的"井"在上述铭文中也可看作地名，可能与郑宫有关。对于把300千米以东的洛邑作为陪都的周来说，矢距离镐京非常之近。以往的观点认为，矢位于西周故地周原和镐京之间，矢王作为异族王存在，这个说法把周王朝直接统治的范围极度压缩，无法解释其与洛邑的关系。

另外，诸侯们会定期前往周的都城。青铜器上刻铸铭文的工序本是极为保密的，无法简单模仿，但是西周王朝独占了这个技术，把刻有铭文的青铜器分赠予诸侯以提升其权威。这个做法殷代即已出现。青铜器由西周的工坊制造，铭文内容却是颂扬诸侯与周的关系。镐京（宗周）和洛邑（成周）均设有工坊。

赠送青铜器的地点为西周王都之地，诸侯有义务定期前往朝见。诸侯及其族人若出仕中央，其在王都的生活必须得到保障，需要供给粮食等生活必需品。供给的方法是给予一定的土地，其产出可以与此相当。"散氏盘"中记载的散用田，可能就是散出仕周时为保障其生活而受赐的土地。因此，它记载的应发生于周的王都附近（以往的说法认为"散氏盘"记载的是与异族王夨王的关系）。

到了春秋时代，《左传·隐公八年》记载了郑与鲁交换边远城邑的故事，郑国南面许国内的田（许田）与鲁国附近的祊相交换。祊是郑祭泰山时的汤沐邑，许田则是鲁的先祖周公旦的别庙所在地，鲁得到这块土地是为了在许地祭祀周公。这些土地中，特别是许田，其是否直接用于保障出仕王都时的生活还有待商榷，但明确显示，诸侯国的近旁存在其他诸侯的城邑。这也从侧面证明了，"散氏盘"提到的散用田是位于夨近旁的散的城邑。

这里需要讨论的是设定这个散用田时的行为——"眉"。所谓的"眉"具体是一种怎样的行为不得而知，但"眉"与"省""德"一样，字形上有"目"这个组成要素。这些可能都是王的代行人所做的宗教性（精神威压）行为。

甲骨文中所见的田猎地，以殷统治秩序下的诸侯名命名的部分，事实上很大可能是为诸侯出仕提供物资的近旁之地。也就是说，殷王在此地田猎行"省"，以图维持统治。这个设定解释了殷、周王朝与诸侯所构成的政治秩序。殷、周直接统治所及是极为有限的范围，与线性延伸的如洛邑一样的军事据点的建设不同，通过对都城近旁所设的诸侯食邑进行精神威压行动，观念上达到维持诸侯在其统治之下的目的。对照上述探讨过程中提到的泰山祭祀和周公庙的营建，可见此类宗教仪式网络在维持以殷或周为中心的联合国家方面发挥了重要作用。此前已经提到，早在新石器时代广义龙山期中后期开始的围以城墙的群落中，此类网络便已产生。殷王朝和周王朝利用此类网络，以军事威慑为基础，加上宗教仪式的精神威压，来维持与诸侯的关系。

周曾是殷的诸侯之一。甲骨文中称"周侯"，根据古本《竹书纪年》也可简单追溯其与殷的关系。从殷王武乙时期周季历（后追尊为王季）来朝的记录开始，殷文丁、帝乙、帝辛等各王在位期间，相继留下了周季历、（后来的）文王、武王的记录。

殷周王朝的家族结构

殷王朝的家族结构包括诸侯一族的从属关系。在这一方面，青铜器铭文中的图像符号和甲骨文中的子某、妇某，以及殷王的世系和君主称号值得注意。岛邦男的研究指出，甲骨文一百一十多个子某之中，有三十多个是地名。从属于殷的家族集团与殷王之间定下了亲属关系，族长称为"子"，而与殷缔结婚姻关系的家族名大概就是妇某的某了。

张光直对殷王谱系图的研究引人注目。甲、乙组与丁组这两大家族和若干小氏族之间不断重复父系交叉的从兄弟婚，王位通常由叔父传给侄子。持井康孝分析了1937年第15次殷墟发掘所发现的200余片特殊的甲骨群，该甲骨群中男性物品均带有"丁"字，女性物品则带有不同的十干之名，由此推断其为王室的其中一个分支——"丁族"的族内所制物品。由此衍生出：①殷王室共由10个父系血缘集团组成；②这10个集团实行王族内通婚，并互为外婚单位。

松丸道雄注意到《山海经·海外东经》和《淮南子》中"十个太阳一同出现"的神话。殷的王族可能认为自己是太阳的后裔，必须由相当于十个太阳的十个分支组成，因此特意制造了10个血缘集团。事实上，这些集团之间有明显的强弱之分，可分为产生直系王（有王妣[王后]的王）的乙、丁二族和甲族，以及几乎只产生旁系王（没有王妣的王）和王妣的戊至癸六族，丙族则夹在乙和丁两大分支之间，事实上已经消失。

参照上述殷王朝相关的推论，作为其延伸，也可部分理解周和战国七雄之一——楚的王室结构。

周代有个人叫周公旦，是武王之弟，经营洛邑之地并施行王事。其子孙代代为周公。周公旦没有当过周王。楚有屈氏家族，代代世袭莫敖之职。莫敖的"敖"是楚国君主中没有被追尊为王的君主代号，从这一点我们可以想象该官职与王族有着很深的关联。世袭莫敖的屈氏，相当于殷王室中没有产生直系王的戊族到癸族的支系家族集团，虽然无法确认其是否与殷的支系一样出过王妣，但其职责应该是参加推举君王的宗教活动等。之所以得出推举君王这一推论，首先"敖"与王号相关，春秋时代多个豪门氏族都从中央政坛消失了，仅有屈氏与莫敖之职一起存续了下来。而且，莫敖这一官名在战国时代广泛用于主管审判的官职中。湖北省荆门包山二号墓出土的楚简中可见与审判有关的官名，除了继承春秋以来莫敖之职的大莫敖，另有安陵莫敖、正阳莫敖等。

周公的职位可能也与楚国的莫敖相当。即使到了战国时代，周公的职位依然很受重视。战国时代的君王，利用周王来确立自己的权威，周公旦也被赋予圣人的地位，还出现了周王之外有东周公、西周公两个周公的局面。

屈氏家族在战国时代诞生了屈原这个人物，被认为是长江流域诗歌集——《楚辞》的作者，传说故事也很多。传说他在秦军攻陷楚国（现在的湖北、湖南等地）时，于失意中投入汨罗江自杀。端午节是在此之前就已存在的民间习俗，与屈原的传说结合在一起后，传承至今。粽子是为了防止屈原的尸身被鱼吞吃而献上的供品。

5　春秋战国时代

春秋、战国前期——都市的变迁与贤人

关于《史记》的年代矛盾

研究中国古代的基础文献，首先当数公元前 2 世纪由西汉司马迁编著的《史记》。本书也引用了《史记》的多个事例。但是，《史记》所记的纪年，多为君主在位纪年，对照《史记》年表会发现，同样的记事有多个不同的年代。

《史记》有春秋时代的"十二诸侯年表"和战国时代的"六国年表"。这些年表可以总览多国君主的在位纪年。用各国君主的纪年，把各个事件转换成西历，则随处都会产生矛盾。从公元前 9 世纪的共和时期，到公元前 221 年秦始皇统一为止的记事当中，近三成的记事有多个纪年。从这个数值可以看出，矛盾背后存在结构性的错误。

据笔者的研究，这其中主要有以下几个问题：

（一）错误地判断了君主纪年的元年从何时开始。

中国早期，与日本的昭和、平成一样，前君主死后新君主立刻即位，同时称元年。但在战国中期，前君主去世的当年依旧使用前君主的纪年，而到次年正月称元年，即开始使用逾年称元法，并逐渐普及。《春秋》和《左传》根据逾年称元法转换和总结了鲁国君主的年代。其后，到了《史记》编纂的年代，此前汉文帝时期的纪年整理误把逾年称元法当作自古有之的做法来加以整理。立年称元法的纪年比逾年称元法的纪年在数值上要多出一年，因此如统计君主死去的年份，其结果是每一代的偏差都被叠加。《史记》编纂在孔子死后哪一年，可以从《春秋》日食历记录的研究中得知。而君主去世年份的统计结果比孔子去世到秦始皇统一期间的年份要多，故必须削减各国的纪年数。后世一般采用的方法是减去十年，也有把五年看作是三年、二年的误记（五与三、二字形相似）的做法。

（二）不了解各国历法上的正月并不相同。

前面我们说过，春秋以前的记事多数是在战国时代整理的，又经过了汉文帝时期的整理，后编纂《史记》。此时，皇帝的历法是统一的。由此产生了"上古的周代历法也是统一的"这一误解。在战国时代以来记述的基础上讨论周王朝及其政治结构，时人主观认为春秋战国时代都使用了周的历法。即使有矛盾，也被当作特例。事实上，从战国中期以前观象授时历（肉眼观察星星的位置来确定时间）的时代开始，正月放在哪个位置，因各国而异。某国的十二月在别国已是新年正月的例子并不少见。从战国中期开始使用能计算至未来的新历法后，根据冬至月是何月这个标准，还产生了三种历法。例如，西历公元前322年年末的冬至，楚（冬至月固定为二月）已是新年二月，魏（冬至月固定为十一月）是旧年十一月，赵（冬至月的下下个月固定为正月）则是旧年十二月。因此该冬至日的记事在楚、魏、赵的记事中就有一年的出入。如果认为他们使用的是同样的历法，就会误认为这些不是同一年份的记事了。整理年表时，此类误解产生了纪年编排的错误。

（三）错误的对照年表创造了错误的纪年。

首先是春秋时代。参照《春秋》《左传》的记述，把各国君主死去的记事添加到可以统揽各国纪年的年表中，根据上述的逾年称元法计算出纪年，便"创造"出了与原本立年称元法的纪年不同的结果。这就是十二诸侯年表。

考古发掘出的文字史料中记载的年代，战国中期以前均以立年称元法纪年，这就产生了现行《史记》年表无法解释的矛盾。

但是，十二诸侯年表中事实上也有部分纪年是按照立年称元法进行编排的。这是因为，《史记》编纂时，有较为丰富的原来立年称元法的纪年记事，在与《春秋》《左传》比较后，司马迁采取了这种编排形式。因仅占其中一小部分，大概是作为特例处理的。

作为参照的《春秋》《左传》虽然使用的是鲁国的君主纪

年,但因为整理于战国中期,所以鲁国君主的在位纪年被整齐地转换成了逾年称元法纪年。以此作为参照,《史记》也就自然地创造出了逾年称元法纪年。公元前4世纪《春秋》《左传》编纂之时,逾年称元法这种新的称元法刚刚兴起,因此其编排没有打乱年代关系。

(四)同样关于战国时期,以完成统一的秦国编年史和免于战火的赵国编年史为参照,司马迁首先如(二)中所说的进行纪年削减,确定了孔子死后的年代关系。但是,这其中并不一定有各国所有君主去世的记录,因此,又利用《世本》等当时留存的谱系中有关君主去世的记载进行增补。基本方法虽然与春秋时代一样,但其糟糕的史料情况与春秋时代却不可同日而语。作为参照的年代编排经过纪年削减已经错乱,其他国家又因为单独的操作出现混乱,因此最后结果与十二诸侯年表相比似是而非。这就是六国年表。

《春秋》《左传》中的年代矛盾多数相差一年,而战国时代的年代矛盾则相差很大。产生这种较大差异的主要原因,跟六国年表的编纂过程息息相关。

举一个例子,卫国君主去世的年份在由现存注本复原而来的《世本》佚本中没有记载。但是从为了解决纪年矛盾而重新编排的结果来看,《史记·卫康叔世家》中所记载的卫国君主去世的年份应是根据立年称元法得出的。在六国年表中,卫的纪年如魏表中所示。其君主去世的年份很有可能原本与《世本》谱系中所示的一样。使用这个年份,再用逾年称元法进行编排,因其起点设定为孔子去世之时,卫的灭亡年份就由原来的公元前221年大幅延后了。整理者把《卫康叔世家》中卫君主的去世年份增加了一些数值，卫的灭亡时间调整到了二世皇帝元年。以上就是困扰历代学者的问题——秦始皇统一天下后为何卫国还没有灭亡——的答案。事实上是已经灭亡，在后来的纪年整理中变成了还没灭亡。最初出现这个错误的整理者是汉文帝时期的人物。该时期成书的《史记短长说》中，有二世灭卫的记载。成书于同一时期的《国语》中，也有把立年法年份误作逾年法年份，在制作各国比较年表时创造出纪年的例子。

（五）把战国时代的封君纪年误作王的纪年。

封君是指王之下的国内诸侯。他们有单独的纪年。而且，王的纪年采用逾年称元法（楚王重视传统而用立年称元法），诸侯的纪年采用的却是立年称元法。这个情况在《史记》编纂的时候完全不为人所知。因此，出现了很多把封君纪年误当作王的纪年而产生矛盾的例子。

从被称为战国四君子的孟尝君、平原君、信陵君、春申君等的记述中，可知封君纪年的实际情况。

（六）把同一人物误认为不同的人。

《史记》编纂时所知的各国君主的王号、侯号，多数冠以单字，如文王、武王等。也有冠以二字的君主号夹杂其中。此类二字号在战国中期以后成为主流，如武灵王、惠文王等。另外，战国各国之中，先期使用王号的魏、齐和秦在称王时会改元。改元前为侯，改元后为王。因为不了解这个情况，也有把原本同一人物误认为是不同人物的情况。

《史记》中，魏惠成王称王改元前的纪年、称王改元后的纪年和襄哀王的在位纪年被分别误作惠成王、襄王、哀王的在位纪年。

（七）把不同的人误认作同一人物。

与（六）大同小异，因为惠成王是惠王，惠文王也是惠王，因此把两者误认作同一个惠王。

《史记》中，把魏惠成王"逢泽之会"（公元前351年）和秦惠文王"逢泽之会"（公元前318年，齐、韩、魏的历法为公元前319年）混淆，认为是同一件事。因此，魏惠成王举行的盛大庆典被记成了秦惠文王庆典的内容，以致前者的伟业被埋没在历史中无法辨认。

以上总结的几点是《史记》中纪年矛盾产生的原因，现代通过不断试错后的整理和研究而逐渐清晰。在此基础上进行再整理，可以解决所有的纪年矛盾并得知其原本纪年。当然，因为是一种假设，本着将来可能需要再修正的态度，需要继续开展整理工作。

本书由笔者执笔的部分中提到的年代，均为此类工作后得到的原本的年代。但是关于教科书和以往的概论书中涉及的有年代的记事，也不能完全忽略。为了明确与这类年代的异同，本书尽可能予以兼顾。

春秋时代和战国时代

从公元前770年周平王即位到公元前221年秦始皇统一天下为止，这个时期被称为春秋战国时代，并可进一步分为春秋时代和战国时代。前者根据编年史《春秋》命名。《春秋》记录了公元前722年至公元前479年（现行《左传》的经文部分，《公羊传》《谷梁传》的经文缺少最后两年）的历史。战国时代，古时用《史记》的说法称为"六国之世"，后来使用《战国策》书名中的"战国"，并沿用至今。

关于战国时代的起始，有几种说法：与《春秋》结束并行的公元前481年；或为公元前479年（《公羊传》《谷梁传》经文所述的历史到公元前481年为止，《左传》所述的历史到公元前479年为止）；以及如《史记》六国年表所示的公元前476年；同表中晋国赵、魏、韩三氏灭智氏的年代——公元前453年（笔者修正为公元前451年）；以及同表中赵、魏、韩三氏正式成为诸侯的年代——公元前403年。

如果把春秋和战国时代各分为前、中、后三个时期，最好的方案是把《春秋》的结束作为战国时代的起始，这可以使春秋、战国各时期年数差异较少。因此，本书采用《春秋》结束的年份（《左传》中的春秋），把孔子去世的年份，即公元前479年作为春秋时代的终结（战国时代的起始）。

即便如此，以下论述还是会在春秋、战国之间摇摆，因为春秋的事情和战国以后才出现的事情常会混杂在一起。

周的东迁

《史记·周本纪》中，关于西周的灭亡及其东迁有以下记载：

幽王宠夫人褒姒，褒姒产子伯服，幽王欲废太子。太子之母是申侯（申国君主）之女，为王后，幽王欲改立褒姒，并把其子伯服立为太子。

褒姒久不笑。幽王用烽火和大鼓通报敌人的入侵，他毫无理由地点起了烽火，诸侯纷纷前来，事实上却并无来寇。此状可笑，褒姒大笑之。幽王大喜，为了取悦褒姒频繁点起烽火，诸侯们不再相信，无人前去。

幽王以虢石父为卿（大臣）处理政事。虢石父善谄好利，无人望。申侯怒起，联合缯国和西夷、西戎攻打幽王。幽王点起烽火而诸侯不来。申侯杀幽王于骊山之麓，虏褒姒，尽夺周的宝物而回。

诸侯们追随申侯，拥立幽王原太子宜臼，即平王。平王即位后迁都到东边的洛邑以躲避戎寇。

上述故事非常有名，并被认为是历史事实。但是，与此史实相矛盾的其他"史实"也同时存在并广为所知，在古本《竹书纪年》中可以见到记载。在上述史实之外，古本《竹书纪年》还留下了很多不同于《史记》的记载，因此到了宋代，《史记》受到绝对推崇时，《竹书纪年》就散佚了。但是唐以前的注本中记载了《史记》和《竹书纪年》的许多矛盾之处。通过这些注本，我们可以了解《竹书纪年》的大纲及其叙述概要。

《竹书纪年》散佚后，人们通过注本对该书的引用部分，并以后世其他文献加以补充，复原出了完全不同的编年史，称为今本《竹书纪年》，区别于上述由引用文复原而来的古本《竹书纪年》。本书讨论的是古本。

把《竹书纪年》中记载的史实进行整合,可得如下结果:

伯盘(伯服,盘的省略字形为服)与幽王同死于戏。在此之前,申侯与鲁侯联合许文公一同在申拥立原太子平王,称天王。幽王死后,虢公翰在携另立王子余臣,形成二王并立之势。(晋文侯)二十一年,携王为晋文侯所杀。因其本不是正统的君王,故称其为"携王"。

以上内容引用自《左传·昭公二十六年》的注本。在《竹书纪年》的内容以外,似乎还添加了注者的演绎。

把金文的日历史料以笔者之见进行编排,加到上述内容中,可以明确《竹书纪年》所记载事件的年代,其背后的事件也可更详细地追寻。同时,《史记》记载的东迁之事,如果除去褒姒不笑这个传说,可知其缺少部分信息。褒姒的传说,据研究,似乎是其他传说与褒姒和幽王相结合的产物。

首先让我们抛开戎和猃狁问题。周王朝的诸侯内乱,最后发展为首都镐京的幽王和太子伯盘(伯服)被杀。以虢为中心的势力在镐京拥立了携王。另一方面,以申为中心的势力拥立平王,于公元前720年定都洛阳,令平王即位。

如此一来,正如《竹书纪年》所记载的,出现了携王和平王东西并存的局面。

要考察在此前后各诸侯的政治斗争演变,必须关注的是虢、秦、晋三国。首先是公元前759年晋杀携王。《竹书纪年》已经失传,根据注本而得知其内容,该时期的记录使用的是晋文侯纪年。即便注者仅标注"杀携王",其主语也必然是"晋文侯"。但是,原本《竹书纪年》上该记事是否以"文侯"为主语，我们还需要重新考察。不仅如此，虢也在斗争中发挥了重要作用。

"虢季子白盘"中记载的凯旋发生在正月，以此推断，"杀携王"与前面省略的狁犹征伐有着密不可分的关系。

虢在公元前762年由虢季氏子组制造了使用周王纪年的盘。但是，记录公元前759年凯旋的"虢季子白盘"使用了平王纪年。虢季氏子组与虢季子白无疑是同族，其为父子的可能性也很大。有可能，在东西斗争的过程中，原本支持西周的虢反叛而为东周的领头人，最终导致携王被杀。"虢季"特别标记了"季"，他们可能是虢一族中的分支。他手下于公元前757年开展了征伐。因为曾拥立携王的虢已反叛，故支持携王的应是其他势力。

公元前757年征伐军行进到了何地，因西俞的位置不详而尚不明确。公元前754年秦、周的边界为岐。公元前719年秦迁都至此地附近的平阳。

平阳以西有虢之故地，称为小虢。有一种说法认为它于公元前688年灭亡，另一种更可信的说法则认为小虢位于当时设县的杜、郑附近。此地与西周王都镐京离得很近。大概在东迁的混乱中被放弃，而虢季一族又将其夺回。我们倾向于认为小虢指的是虢季一族。

因此，如果小虢的位置在平阳以西，以东部为据点的虢族就进入秦国都城的背后，即使他们与东部发生纷争，平阳在战略上也构成一种屏障。

小虢灭亡后，西周故地大部纳入秦的版图。秦告别了甘肃西垂的故地，向东拓展势力。西周宣王时期，公元前823年宣王下令讨伐"戎"，秦仲战死。其子庄公即位，率7000兵士破戎（《竹书纪年》）。公元前780年庄公去世，襄公即位，嫁妹作"丰王"之妻（《史记·秦本纪》）。丰曾是西周都城所在地，因此"丰王"当指西周幽王。公元前779年，"戎"伐犬丘，秦应战，世父被俘。如此，秦与西周交好而多次与"戎"交战。对秦来说，"戎"被视为异族。此处的"戎"大概就是金文中所说的猃狁。

戎，即猃狁，与秦和西周对立，也是东周的外敌。戎、西周、东周各有纷争，秦与西周为伍并伐戎。对西周而言，戎和东周均为敌；对东周而言，戎、西周和秦均为敌。因此，东周所作的金文铭文中提到的"猃狁"，并不能立刻断定其为戎。因为必须考虑到，以秦和西周携王的立场编纂的史料，与东周平王的立场编纂的史料，两者间异族所意味的范围不同。东周势力有可能把西周势力也蔑称为猃狁。

楚的北上与中原的霸主

东迁以后，周便无法维持其往日的势力了。支持周王朝的各诸侯，自立倾向日益明显。

这一时期同时出现了代周而统诸侯者。最初殷作为大国统领诸侯。邻近地区（今陕西）的大国周进入殷的领地（今河南），并成为诸侯的统领者。与此类似，山西大国晋，山东大国齐，湖北大国楚，江南大国吴、越等，次第进入中原以图成为霸主。但是，此类成为霸主的诸侯有一个边界。这个边界就是他们不能代周而自称为王。

把周王奉为特殊的存在，这种意识在周仅仅统治洛邑周边的战国时代也顽强地存在。后面将会提到，魏、赵、韩于公元前451年（以往认为是公元前453年）实质上三分晋国之后，均表现出尊奉晋公及其上面的周王的姿态。其后，三国于公元前403年正式受周王承认为诸侯。魏于公元前351年称夏王，公元前343年周王赐特殊的祭肉——文武胙，表示了周王的权力禅让，再到公元前334年改元，代周称王。需要如此繁杂的程序，可知周王权威的根深蒂固。

支撑周王朝的诸侯以周一族为主，这也是周王威权强盛的原因之一。在王都镐京和副都洛阳周边赐予诸侯出仕用的土地，并前去举行宗教仪式，也是原因之一。利用泰山和周公庙等祭祀促进团结也是原因之一。除此之外，还必须提到的是利用了刻有铭文的青铜器。青铜器上刻铭文的技术在西周时代为周王朝所独有，诸侯很难模仿。

青铜器铭文中有称颂诸侯与周王关系的文章，此类文章带回国后，对诸侯自身权威的建立发挥了作用。以青铜器铭文为纽带的关系，后被统称为"礼"。战国时代以后的文献中提到的周礼，是指为了使其时当权的君王正统化而虚构的周王朝的礼（为了论述此事还编了《周礼》一书）。但作为此种议论的原型，西周时代以来确实存在过真正的礼。由青铜器铭文所示的关系被代代确认，从而提高了周王的权威。

春秋时代成为统领者的诸侯，在形式上拥立周王，并在其下发号施令。战国时代的思想家们称其为"霸主"。《孟子》

把"霸（道）"和"王（道）"相对比。其背景是战国时代的现实，即如果天子"理论上"君临天下，就可以参与"方千里"内王道的实践和周边的教化，而在霸道的挟制下仅能对"方千里"进行统治管辖。将天下的一部分成功变为自己统治区域的战国时代诸王为了在理论上宣示其权威遍天下，搬出春秋时代周王与统领者诸侯的例子，论述后者作为霸主，其霸道的边界，以此明示战国时代的君王与霸主不同，是继承了周王的权威。战国时代思想家对霸主的论述，因其立场不一而不同，但对其边界的看法是一致的。

从战国时代诸王对权威的继承来看，霸主虽被排除在外，但诸王对国家的实际统治明显继承了霸主的特点。为此还出现了一种议论，认为至少表面上应该有所继承，同时否定霸道之不可取。于是有了同时任用王道的称颂者和霸道的实施者——一边否定霸道，一边却在现实中实行的局面。

战国时代思想家所关注的霸主包括齐桓公、晋文公、楚庄王、吴王阖闾、吴王夫差、越王勾践、秦穆公等。他们是中原的霸主和长江流域诸国的君王。当时的局势根据中原诸国和长江流域诸国的对抗关系而演变。把长江流域诸国的王（楚、越、吴）归入霸主中，体现了战国时代中原君王的立场，即对他们称王予以否认，认为其不过是霸主而已。楚和吴、越的君主则自称为王，并不认为自己是霸主。

公元前710年，郑与蔡的君主举行了会面，对此《左传》认为"是因为第一次感到了楚的威胁"。公元前658年，楚终于入侵郑。对此，齐桓公召集诸侯于翌年成功击退了楚。公元前651年，桓公与诸侯在葵丘举行会盟。《孟子》记载了此次会盟的内容。

齐桓公死后，齐国内乱，国力衰微。此后试图一统中原的是宋襄公，他迎击楚军落败受伤，最后因伤去世。在此战中，宋襄公重仁义，待楚军全部渡河后才决定交战，最终落败，由此产生了俗语"宋襄公之仁"，意思是对敌人讲仁义的可笑行为。

此后崛起的是晋文公。他于公元前634年据南阳之地作为进军中原的跳板，并于公元前632年在城濮大破楚军。在归途中，于践土请周王，与诸侯会盟。

公元前597年，楚围郑，晋救之，与楚交战，世称邲之战。此战楚庄王大破晋，其地位超越了中原霸主。在此之前，原先周的诸侯多有归附于楚，此次胜利后，楚对内外宣称其为代周统领诸侯的君王。与中原霸主不同，楚并没有尊周王。

邲之战前，公元前606年，楚庄王讨伐伊水上游的陆浑戎，后于洛河之畔即周国境内举行了盛大的阅兵式。此时周定王派使者慰劳楚庄王，庄王询问了周王室传承的"鼎"的大小轻重。《左传》记载的这个故事中，与战国时代以后的用语"德"一同出现的，还有"九牧"这一说法。"九"作为天的数字，这一用法也出现于战国中期以后。同时，《左传》记载的这个故事也见于《史记·周本纪》，记作"九鼎"。与这些词汇一起，这个故事成为后世有名的"问鼎轻重"的典故。

吴的登场——吴、越、楚的地理位置

楚的势力从河南扩大到了长江中游,与之相对,吴以长江下游为据点,越则位于吴国以南。

在他们成为中原诸侯的威胁之前,对周王朝来说,淮河流域才是来自南方的威胁。在赵的祖先造父的传说中,有徐偃王的故事(《史记》)。据记载,周穆王(亦作缪王。公元前985年—前940年在位)时期,徐偃王叛乱,穆王命造父讨伐偃王。穆王之父昭王即出巡南方不归的人,此事可能也与淮夷(淮水地区的异族)有关。昭王时期也有伐楚的记录(《竹书纪年》),但楚的位置不详。

春秋时代,楚成为中原诸国在南面的主要威胁后,一段时间内淮河流域和长江下游地区的动向不明。到了公元前6世纪,吴王望寿之名出现在史料中,吴与楚一样成为南面的威胁。但是,有一个说法叫远交近攻,指的是根据各国不同的处境,相互间不断离合集散。如果当前的敌人是楚国,那么吴国反倒成了牵制楚国的伙伴国。

例如,蔡这个小国在楚、晋、吴之间表现出有趣的动向。楚昭王即位后,吴连年伐楚。蔡打算趁机攻楚,于是向晋送去人质请求出动军队。翌年夏,晋召集多个诸侯出军,会盟于召陵,并令蔡消灭了未参加此次会盟的沈。因此,楚出军围蔡。此时,蔡把之前送去晋国的人质送去吴国,请求吴军救援。虽没有明确记载,但此次吴的卷入应与晋有很大关系。到了冬天,以吴军为主力,加上蔡、唐,一同攻楚,楚国首都郢陷落。

楚王逃至云梦泽，寄身于随国，此时秦国援军到来击退了吴军。楚说服秦国出兵的理由是，不能坐视吴国壮大实力。

带领吴军攻入楚都的，是曾为楚臣却逃亡到吴国的伍子胥。其父为楚平王所杀，自己也奔波亡命。而促使吴伐楚的真正主谋蔡昭侯，则是出于对楚国的怨恨，因为他没有向楚国令尹子常行贿而被楚国扣留了三年。当时同样被扣留三年的唐成公，与蔡一起参与了对楚的讨伐。可知此次纷争把国之内外都卷入其中。

郢都陷落后，楚的势力一度衰微，吴成为中原的主要威胁。有意思的是，此后各国关系立刻发生了变化。秦出兵救楚已如上所述。还有一件事必须一提。在东部，位于吴国南面的越国，趁吴军伐楚之际攻打吴国。此后，吴必须时刻警惕越国的动向。

蔡国之钟

上述小国蔡的动向已由考古文物得到验证。安徽省寿县发现的蔡昭侯墓中，出土了刻有铭文的珍贵青铜器。

蔡侯盘以"元年正月初吉辛亥"开头。辛亥为日的干支，初吉是指月初到月中（至八日）这段时期。当时根据月亮的圆缺，把月亮可见的28天分为四等份，各7天，分别叫初吉、既生、既望、既死。月亮不可见的时期称为朔。因为是观象授时，严格来说与现代观测结果可能略有出入。经过调查，此处所说的时间是吴王阖闾（史料中也称"吴王光"）元年。如前所述，当时的元年是指前君主去世后当年的剩余部分。另外，当时也把即位之初的月份称为正月，因此此处的正月不是指一月。从太阳历来说，是指公元前515年4月9日。同一墓中还出土了写有吴王光即吴王阖闾之名的镜子。吴王阖闾元年相当于蔡昭侯五年，楚昭王二年。

同时，同一墓中还出土了刻有铭文的钟，以"正五月（即位之年第一个五月）初吉孟庚"开头。这个时间是指楚平王元年。平王是昭王的上代君王。孟意为开始，孟庚是指从甲子开始的第一个庚日，即庚午之日。从太阳历来说即公元前529年5月11日。这一年，蔡平侯把一度为楚所灭的蔡国从平王手中光复。因此是一个有纪念意义的器物。

有意思的是，此钟的铭文中没有蔡平侯之名。对此，研究现存史料可知，楚在平王时期曾扶蔡平侯复国，蔡成为楚的属国。蔡昭侯在上述公元前506年郢都陷落时协助了吴国，公元前493年被楚讨伐，投靠吴国迁移到了寿县。大概此时正值奔吴时期，所以把平侯之名从称颂与楚旧交的器物中去除了。蔡昭侯于两年后的公元前491年计划前往吴国，在当时发生的内乱中被杀。据《左传·哀公四年》（公元前491年），此事是忧惧国家就此灭亡的人所为。平侯墓应该位于迁移前的国都（虽称国都，对于蔡国这样的小国来说也就是国家的全部了）新蔡，公元前493年迁徙（移动）时墓可能也被迁葬了。

"迁墓"不是一件小事。楚都郢陷落之际，吴人曾挖开楚平王之墓鞭尸。蔡昭侯担心其父遗体受到报复也有充分的理由。蔡平侯为昭侯之叔祖，是三代以前的蔡侯了。平侯后继位的蔡侯朱（公元前522年—前521年在位）、之后继位的蔡悼侯（公元前521年—前519年在位），在位时间均很短暂。公元前506年吴攻陷楚都郢时，为蔡昭侯十四年。

然而，春秋时代楚都郢的位置并不是一般认为的现江陵纪南城。根据近年来的考古调查，该都城遗址的出土以战国时代文物为主，都城以西连片的巨大坟墓也极有可能以战国时代为主。从目前的调查结果来看，以往认为是郢都所在地的纪南城，其成为楚国都城最早也是在春秋晚期以后。楚都的遗址另有他处。石泉认为，位于现襄阳市宜城的楚皇城，为春秋时期楚国都城。首先要关注的一点是，吴军必定是沿着淮河进军至此。此外，"江陵"这一地名曾迁徙多处，汉代江陵县城位于今天的宜城市周边，六朝时代迁移到附近，其后又迁到今天的江陵城。但以往的历史地理研究，其前提多是把今天的江陵城当作楚国都城。围绕着楚都，产生了与日本的邪马台国论争相似的情况。

要讨论现江陵纪南城在当时的政治地位，有必要了解楚文化对今天湖南方向的渗透过程。根据考古调查，春秋后期到战国前期，这种文化渗透留下了印迹。可以说，春秋时代，江陵纪南城是楚国在湖南方向的前线基地。

吴越争霸及其后

越的灭亡

吴越是邻国。越出现于史料之中时，已经成为吴的对抗势力。对于书写史料的中原势力来说，就像吴与楚对抗时

"敌人的敌人是朋友"一样,当吴成为中原势力的主要对抗者时,越就成为牵制它的伙伴国。

如上所述,吴军攻入楚国时,吴的都城守卫薄弱,公元前505年越伐吴。与此同时,秦派援军赴楚。中原和吴楚的纷争,最后把秦和越都卷入其中。

《史记·越王勾践世家》和《史记·六国年表》一同记载了楚于公元前334年灭越。与此相关的其他史料中记载的楚国讨伐却发生于公元前329年,此后的记录中也零散可见越国动向。

这个矛盾引起了不少研究者的注意。解决这个矛盾的关键,在于对描述越国动向的《越绝书》的理解。该书所记的越国故事,原本就存在矛盾,一边与《史记》契合,一边又与其相矛盾。如前所述,《史记》的纪年整理存在问题,以至于《史记》对公元前221年秦始皇统一以前的叙述中近三成都有矛盾。根据这个经验,我们来讨论一下《越绝书》中与《史记》相矛盾的记事,经过整理是否可以准确地纳入新的编年体系中。

整理相关记录后,可得以下情况。越的灭亡不早于公元前278年,当时是楚考烈王(公元前261年—前237年在位)时期,越的国都位于琅琊。公元前380年越迁都至吴的故地,此时为越王翳的时期。根据与公元前278年记事相关的《战国策·楚策一》的记述,楚与吴地之越五度交战,可知自越王翳迁都以来,越国都城一直位于吴国故地。较为恰当的推测是,后来因为吴地被攻破,越只能迁至北部的琅琊。如果没有齐国的援助，此次迁都不可能实现。

但是，一直以来都存在一个问题，就是《越绝书》中的记述与《史记》不同。因此，尽管《竹书纪年》中有越国迁都的记载，但在将其与《越绝书》中的记述联系起来之前，我们还是先看一下《史记》的说法：越国向楚挑起了战争，其实力便足可讨伐北方的齐国，因此从没有人认为越国是需要齐国援助的弱小势力。历代注释家在参考了《竹书纪年》的记载后，依然主观认为越国迁都琅琊是宣扬国威的全盛时期，之后势力衰微而迁都吴国故地。

查看《越绝书》中越国与琅琊相关的记载，有两类不同记述：其一明确记载了迁都琅琊的是越王勾践，另一个则只有勾践建造瞭望台的记录。琅琊与齐国南部相连，与越国原本的据点及新获的吴国故地都相距遥远。无论有多想在中原设立据点，也很难想象把都城迁到军事上如此不安全的地方。而且，如上所述，越于公元前380年迁都至吴的故地，从相关记述来看，此地被楚攻破后才迁都琅琊较为合理。《越绝书》的两类不同记述中，在琅琊建造瞭望台可能是最开始的记录，后来在对《史记》（的原史料）掺入合适的记述时，把建造瞭望台的记录重新阐释，从而产生了琅琊迁都的记载。笔者从称元法和木星纪年法相关研究得出《国语》最终成书于汉初的文帝时期，《越绝书》的编纂大约也在该时期。编者在编纂过程中，对《史记》（的原史料）所记载的内容作了增补。

以往的解释都把《史记》放在最优先的地位，《越绝书》的记载可以被全部否定，但可能因为勾践太过有名，故只留下了勾践迁都琅琊的记载。但是琅琊→吴→琅琊这样的迁都过程毕竟令人生疑，故只留下了勾践迁都琅琊、公元前380年迁都吴的记载，而错误地删除了考烈王攻灭琅琊越国的记事。

越王勾践之剑

这里介绍一个与上述问题相关的插曲。湖北省荆州望山一号墓中出土越王勾践剑时，根据出土文物判断，该墓的时期很可能是战国后期公元前3世纪左右，这与《史记》的记载相矛盾。也就是说，记载显示公元前334年楚灭越国（事实上只是在公元前329年大破越国），为何相隔一段时间后，楚国墓中才埋下越王勾践剑呢？上述《越绝书》的解释，是此类研究的衍生产物。综合纪年结果来看，公元前329年及其后，在吴国故地的越国据点被攻破，作为战利品，此剑被带到楚国，出土于据此军功的人物墓中。关于此墓的详细年代，根据曾宪通的研究，同一墓中出土的竹简上所记的时间，为公元前285年。据笔者重新考证，公元前295年或公元前285年均有可能。

卧薪尝胆

让我们的讨论回到春秋时期。关于吴越争霸的经过，具体年代事实上一直存在矛盾，下面是根据与战国时代同样的原理进行修正后的结果。

公元前494年至公元前473年，是吴王夫差和越王勾践争霸的时代，还产生了卧薪尝胆的故事。《史记·吴太伯世家》

和《越王勾践世家》都记载了同样的故事,故而非常有名。

公元前496年,吴王阖闾听闻越王允常去世,出兵攻越,因勾践而负伤,最终去世,临终前对其子夫差说:"你会忘记勾践杀我吗?"夫差回答:"绝不敢忘。三年将报仇。"如其言,吴王夫差于其后三年的公元前494年大破越王勾践。勾践躲入会稽山,派大夫文种为使者前往议和,提出甘愿为奴。吴王要答应,吴臣伍子胥谏吴王:"勾践不可轻视,此人耐得辛苦,今若不除,将来必会后悔。"作为使者的大夫文种带回该情报,越王立下决心,杀其妻,烧宝物,打算决一死战。大夫文种谏越王:"吴太宰伯嚭为贪欲之人,可以利诱之。"勾践派大夫文种向伯嚭进献美女宝器,此举奏效,太宰伯嚭说服吴王答应议和。越王勾践其后卧于薪上苦其身体,饮食时常常尝胆,立誓复仇:"何时能忘会稽之耻!"(卧薪尝胆)。伍子胥听说勾践如此朴素的生活状况,多次向吴王夫差谏言,不可轻视勾践,夫差不听。不仅如此,吴王夫差还听信太宰伯嚭谗言,赐予伍子胥一把宝剑,令其自杀。伍子胥死前说:"请在我墓前植梓树,待其成材后做吴王的棺材,请挖出我的眼睛挂在吴的东门,我要看越国灭吴。"公元前482年,夫差北上与诸侯在黄池会盟,与晋定公争做霸主。趁此机会,越攻入吴国。夫差回国与越议和被拒。越于公元前478年大破吴于笠泽,翌年围吴。公元前473年越灭吴。越王勾践欲将夫差带至甬东,夫差拒绝,自杀。

这就是越王勾践"卧薪尝胆"(最初的说法是,坐卧都要仰胆,饮食都要尝胆)的故事。同样的故事在后来的《十八史略》中,"卧薪"被认为是夫差,"尝胆"被认为是勾践。大概是在传承的过程中,把"卧薪"和"尝胆"分开了吧。

这样,越王勾践、吴王夫差的个人事迹就浮现于众人眼前了。但是更详细地阅读《左传》后可知,公元前486年吴开凿了运河邗沟,连接淮河与长江。翌年吴军由海路讨伐齐国,无疑是利用了前一年开通的邗沟。此运河把淮河与长江相连接,带来了极大的经济效应。这是因为,淮河可以经由支流到达中原,吴通过这个渠道可以直接用船与中原进行物资交换。此运河后来被修缮,进一步向北方开凿,成为隋唐大运河的一部分。

与运河的经济效应带给后世的福祉相反,推进该工程的吴、隋均在不久后灭亡,一方面是对外战争的原因,同时也说明了该工程十分劳民伤财。这是历史的讽刺。

公元前473年越灭吴国后,越王勾践进军中原,并被后世列入霸主行列。在他之后的越王治世时,越也是威胁北方中原诸国的存在。一般来说,战国时代的历史地图多把长江流域全都划为楚国称霸之地,但事实上,楚与越在东部上演着生死搏斗。公元前278年秦攻陷郢都时,楚国商议要向东迁都,并考虑了此前楚与居于吴地的越五度交战,三胜之后才平定的事。讽刺的是,灭琅琊之越,发生于往东方迁都后的楚考烈王时期。也许可以认为,秦攻下楚的大本营(今湖北、湖南)时,越发挥了重要作用。

东帝与西帝

以上经纬如果对照战国时代齐、宋的关系来看,将会更容易理解。

有一件事被认为发生于齐夏正历的公元前289年,秦颛顼历的公元前288年(因为当时各国历法的一年之始各不相同,于是产生了一件事在某国的记载是旧年末,在另一国的记载中已是第二年初的情况。由于这些历法与西历的年始也有出入,因此此处称"被认为"。但如果不涉及年末年初,则不特意使用此说法),大约是前者的年末,后者的年初吧。此时,齐、秦均称帝(后世称齐为东帝,秦为西帝)。此事表明,在秦始皇称皇帝以前,帝已经作为君主称号出现。不久,双方又均放弃了称帝。

公元前288年,齐进军宋国。此后各国围绕齐、秦开展了猛烈的外交攻势。根据公元前278年苏代说燕昭王的记载,齐不仅伐宋,还进攻了楚国淮北地区。如果加上宋和淮北地区,则齐国领土扩大了两倍。如果齐国的军事行动取得成功,则其国力达到了之前三倍。《战国策》中,苏代建议尊称秦为西帝,燕为北帝,赵为中帝,呼吁其号令天下共同讨伐齐国。此时,楚国对越和齐都展开了军事行动。

公元前285年秦伐赵。赵采取了睦秦攻齐的策略。齐惧,赠秦十城议和。现今尚存齐国致赵国的外交文书,试图说服赵国与秦国一道不伐齐国。但是,赵、魏夏正历公元前285年(年末)、秦颛顼历公元前284年(年初),秦、楚、魏、赵、韩联合伐齐。此时,齐国孟尝君离开齐国去帮助联军。齐湣王惧孟尝君，一边希望他能助己一臂之力，一边对他存有不寻常的戒心。如果孟尝君助齐，齐国的军事行动或许可以取得成功。无法驾驭这个杰出人才，也可见齐湣王的不足之处。

当时，齐军主力正在攻宋，同时以外交攻势联赵，与楚、魏、燕相对抗。在齐国战线四处扩大的间隙，燕国乘虚而入。最终于公元前284年攻破齐国防御，致其都城陷落。齐国大乱，断了后援的齐湣王狼狈逃到莒地，在逃亡之地被楚国臣下所杀，臣下又为齐兵所杀，齐湣王去世的事实被掩盖。其时齐国未陷落之地仅有莒和即墨。到了公元前280年，在齐国将军田单的努力下，齐国故地得以恢复，襄王即位时确认了齐湣王去世的事实，于是把襄王即位的时间算到了公元前284年。

楚国据点的陷落

秦已于公元前316年灭四川的蜀国，公元前301年平定叛乱巩固了统治。在此基础上，秦从蜀地南下，于公元前280年从今天的湖南长沙西部进军，次年由大将白起从北部攻入，夺取了楚国大本营湖北、湖南之地。此前秦均从北部进军，此次可以说是出其不意。此时楚国都城位于现江陵县纪南城。

楚国不得不与秦、韩、魏、齐、越分别作战，为了对抗齐国南进精锐尽出，结果不仅败于越国，又在意料之外的方向遭袭，大本营被秦所夺。秦国利用楚国地势上的弱点攻城拔寨，取得了一系列军事成果。

山林薮泽——强国的兴起和下克上的基础

上述吴、越的兴起,楚的壮大,以及齐伐宋,各国的反击,均可以从当时军需物资出产地的视角来解释。

《盐铁论·刺权篇》介绍了春秋战国时代有代表性的山林薮泽,称它们"有国之富而霸王之资"。如能收入手中则会强大,如不能则会灭亡。例如,齐国权臣田氏把山林薮泽收入手中,独占巨海之富,经济上用人甚众,最终替代了君主,动摇了国之根本。该书介绍的山林薮泽有越的具区、楚的云梦、宋的巨野、齐的孟诸。

《尔雅·释地》介绍了十个薮泽:鲁的大野、晋的大陆、秦的杨陓、宋的孟诸、楚的云梦、吴越的具区、齐的海隅、燕的昭余祁、郑的圃田和周的焦护。《淮南子·地形训》提到九薮:越的具区、楚的云梦、秦的阳纡、晋的大陆、郑的圃田、宋的孟诸、齐的海隅、赵的巨鹿和燕的昭余。《周礼·夏官职方氏》也介绍了具区、云梦、圃田、望诸、大野、弦蒲、貕养、杨纡和昭余祁。

史料记载的山林薮泽之富包括金、木、竹箭、龟、珠、角、齿、皮、革、羽、毛等(云梦,见《国语·楚语下》)。其用途,《管子·乘马》记载,蔓山之木用作材、轴,森林之木用作棺、车等。增渊龙夫归纳了军事物资,即粮秣、甲兵、皮革等。他把出产军事物资的山林薮泽理解为过渡性的物资,重点着眼于铜山、铁山、海盐等隶属于君权的特权机构上缴的税收。随着货币经济的发展,这些变成了可见的财富。

但是,很难说拥有山林薮泽的国家在领域扩张和军事征服的过程中，货币经济就随之发展了。战国中期，人们用九、六、八这些音乐理论上的数字，对货币经济进行了极其理念性的整顿，货币单位的进位和国家间的单位换算，由此得以真正实施。在讨论军事问题时，我们必须从出产军事物资的山林薮泽着手。

《盐铁论·刺权篇》提到了宋的巨野、齐的孟诸，《尔雅·释地》则有鲁的大野、宋的孟诸，《淮南子·地形训》也提到了宋的孟诸。一般认为大野就是巨野。由此联想到的是，这些山林薮泽的拥有国是否不断变换？在此变换中值得注意的是各书对宋的灭亡的记载。从这些史料中可知，虽然公元前288年齐攻入宋（秦昭襄王十九年），宋王偃于公元前286年死亡，在此之后宋国却依然存在。

前面已经提到，《战国策·楚策一》记载"张仪为秦破纵（合纵）连横，说楚王"，分析了当时的形势。此时，秦攻楚西并已夺取黔中、巫郡，因此楚国都城郢已处于险境。这段议论当作于公元前280年秦攻下黔中之后，翌年夺取楚郢之前。此时，楚意图东方，正在平定（攻取）宋国。《秦策四》"顷襄王二十年"条目下也提到了此事，该条目描述了楚都城郢被攻陷，楚王逃亡后第二年即公元前277年的事。其中说道，春申君作为使者赴秦国说秦王：如果秦国再向东攻讨楚国，则战线将陷入胶着状态，魏国将会平定宋国。可见此时宋国尚未被平定。

为何平定宋国之事如此频繁地被提及？大概是因为宋国拥有少数珍稀的山林薮泽。《燕策一》"齐伐宋宋急"条目中也提到如前所述的内容，宋国如加上淮北地区，将成为战车万乘的强国，如被齐国占领，那么齐国国力将会倍增。

公元前284年齐都陷落后，宋地的结局还未定。而如前所述，公元前278年楚都陷落时，宋依旧存在。考察诸国围绕宋地、淮北地区的动向可知，齐在公元前288年伐宋时其实力可压倒诸国，对此深感危机的各势力招徕秦国加以阻止，此后，齐国战败后，争夺还在继续，楚都郢为秦攻陷。秦在公元前292年已经进军至宛（《秦本纪》），扩张了大片领土。而且，需要重新注意的一点是，楚国的军事物资出产地云梦此时已在秦国之手。前面讨论的齐国国力增加两倍、三倍的事，换到湖北、湖南之地，秦国国力由此得以加倍提高。此后，没有国家能以一己之力对抗秦国了。此时的秦国领土与高祖（刘邦）时期汉的直辖领地加上湖南（长沙国）基本相同。

公元前284年齐湣王逃亡后，齐襄王即位并于公元前280年复国。此后一段时间内宋国尚无定局，因此宋的巨野还没有明确归属于哪个国家。但是，长期以来人们似乎都认为齐国拥有此地。

以上可知，拥有大规模的山林薮泽，是国家军事发展的基础。我们来看一下，上溯到春秋时期，什么样的势力拥有这些山林薮泽呢？

我们可以从零散的史料中了解到，支撑春秋时代晋国权力的诸氏（世族）是如何领有都市的。

提到领有都市的史料如下：

（一）设县的记述，县的管理者（领主）的记述中，以县名为一族的姓氏。

（二）从（一）出发来研究一下诸氏的"氏"，发现其为地名的不在少数。"县"在战国时代以后成为官僚统治的地方行政单位，但在春秋时期设置之初却不一定如此，与此前的封邑一样有世袭的倾向。这种做法被逐渐否定，诸氏之中，魏、赵、韩三氏与范氏、中行氏、智氏（以上六氏称六卿）逐渐扩大自己的权力，并以新型统治方式即派遣不以世袭为前提的官员来管理下设各县。其他诸氏则逐渐被淘汰并最终消亡。范氏、中行氏、智氏之中，前二者在公元前497至公元前490年的斗争中，宗主逃亡国外，智氏也在公元前453至公元前451年的斗争中灭亡。

关于他们的据点，史料没有留下详细记载。但是，由此形成的魏、赵、韩三国（以氏名为国名。根据都城的名字也分别称为梁、邯郸、郑）的领域内，包括了上述少数珍稀的山林薮泽。

与晋相似，有关县的统治和山林薮泽，留下较为丰富史料的，是春秋时代的楚国。

但与晋国不同，在楚国，县的世袭统治在设县之初就已被逐渐否定。

王族被不断派到各县，在否定县的世袭时，多用诛杀等手段，这与晋派遣官僚到县的做法不同。

楚国的豪门氏族也可分为消亡的和延续的。史料与晋国一样零散，但延续下来的氏族中，如屈氏就世袭了莫敖的官职。该官职在王即位之时，因为家族秩序的存在，担任着确认君王正统性的职责。

与其他氏族逐渐消亡不同，楚的王子、王孙常常占据着官僚系统的中枢。其背景是前面所述的山林薮泽——云梦。春秋时代楚在其北面和西面设都城，战国时代在其西面设都城，虽然有此差异，但均表明王族把云梦的经营握在手中。另一方面，在晋国，把山林薮泽的经营握于手中的是魏、赵、韩三族，君主晋侯则与其经营无关，仅留下形式而已。

齐国与晋国一样，臣下田氏掌握了权力。《盐铁论》认为原因是他拥有巨海之富。齐国君主在田氏面前也变成了形式上的存在。

秦国与楚国一样，君主一族掌握了王权。燕国也是如此。但是，这些国家的情况没有留下像《盐铁论》的论述或者像楚、晋一样具体的相关史料。

以上可知，首先，在这个时代，多被认为下克上的晋国魏、赵、韩三氏和齐国田氏拥有出产军事物资的山林薮泽。另外，没有被下克上夺取权力的楚、秦，如楚国的例子所示，（似乎是）王族把大规模的山林薮泽握于手中并发展经营。

齐国田氏和晋国魏、赵、韩三氏

让我们简要叙述一下齐国田氏和晋国魏、赵、韩三氏掌权的过程。在这几个氏族的发展过程中出现的"下克上"，对理解春秋战国时代的图景具有重要作用。教科书中经常采用的战国时代的起始，是公元前453年或公元前403年。前者是晋国魏、赵、韩三氏实质上三分晋国的年代，后者则是三氏正式被周承认为诸侯的年代。前者的年代有必要修正为公元前451年，后者则不必修正（前后记事还是有较大程度出入）。

首先来看齐国田氏。

田氏为陈厉公的后代。公元前672年，陈厉公之子陈完逃往齐国入仕，为避姓改为田氏。公元前5世纪，田乞与鲍氏一同拥立齐悼公阳生（公元前489年—前485年在位）。齐国豪门氏族国氏和高氏宗主出逃鲁国。公元前484年，国氏的国书将中军（宰相），高氏的高无㔻将上军（位列副宰相之后），两氏的势力虽没有削弱，但在某种层面上，田氏等新兴势力已经开始进入中枢，出任重要角色。

公元前485年，吴联合鲁、邾、郯攻打齐国之时，悼公被杀。《史记》认为是鲍氏所为。悼公后继位的简公（公元前485年—前481年在位）为与田氏抗衡，起用阚止执政。田成子与阚止的对立于公元前481年以田成子的胜利告终，阚止及简公先后在逃亡地被杀。

此后田氏的地位似乎均极为稳固，但史料并没有留下该时期的情况。根据《竹书纪年》可以计算出田氏的谱系。《竹书纪年》中的悼子在《史记》中并不存在。威王、宣王之间的代次误解导致出现虚构的年代，与称元法的误解相叠加，悼子的一代就被抹杀了。

田氏势力在齐国扩张时，晋国的六卿开始互相倾轧。公元前497年，赵氏的内部纷争爆发。旁系的赵午占据邯郸，赵简子为维护其宗主地位，对赵午擅自行动发出诘难并杀害了他，纷争由此开始。赵午之子赵稷以邯郸为根据地谋反，范、中行二氏追随。赵简子逃往晋阳。智氏、韩氏、魏氏支持范氏支系范皋夷，欲除去范氏、中行氏，获得成功后，范氏、中行氏逃往朝歌。在韩氏、魏氏的要求下，赵简子得以回归政权。次年，赵简子与智文子结盟，稳固了其地位。晋军攻打朝歌但没有攻下，只是破范氏、中行氏之军于潞。公元前494年，齐、鲁、卫、中山（鲜虞）对范氏、中行氏施以救援。起于晋国赵氏内乱的纷争，至此把齐国等其他国家也卷入进来。

支援范、中行氏的卫国灵公于公元前493年去世。赵简子没有放过此次机会，为了提高自己的影响力，进军卫国，把流亡在外的卫太子蒯聩送到戚。另一方面，齐国为了支援范氏，令郑国运送谷物，赵简子拦截，于是晋军与郑军开战。公元前492年，齐与郑攻打卫太子蒯聩于戚，赵简子包围了范氏、中行氏据地朝歌。范氏、中行氏前往邯郸投奔赵稷。此时，范皋夷为赵简子所杀。公元前491年，齐国田乞等为救范氏包围了五鹿。但赵简子包围了邯郸使其降服。中行文子逃往中山，赵稷逃往临地。齐国弦施支持赵稷，而齐国的国夏则攻入晋国，把中行文子和中山人一道送到了柏人。公元前490年，晋军包围柏人，中行文子和范昭逃往齐国。从此范氏、中行氏从晋国的中央政界中消失。田乞和鲍氏一道拥立齐国悼公一事，发生在次年的公元前489年。

与田氏入仕齐国后的动向没有明确记载不同，韩、魏、赵三氏的活动则有较为详细的记述。从《左传》的初出年代来看，魏的毕万见于公元前661年、赵的赵夙见于公元前661年、韩的韩万见于公元前709年。此后，各人的轨迹皆可详细追寻。在此期间，赵氏于公元前583年因家族内乱陷于灭亡的边缘，并不一直安泰。但韩与魏大都占据要职，分别为六卿之一把持国政。

范、中行氏逃亡国外后，晋国最强势的要数智氏。公元前453年，智氏为灭赵氏，与魏、韩两氏围赵氏于晋阳，并决河水攻城，城内的赵氏为此陷于灭亡的境地。但此时赵氏手下劝说魏、韩两氏，赵氏如果灭亡，接下来就轮到魏、韩两氏了。因此公元前451年魏、韩两氏反过来攻打智氏，与赵氏一道灭了智氏。因为这是魏、赵、韩三氏实质上三分晋国的标志性事件，因此不少人将此作为战国时代的起始。公元前451年这一时间，利用《史记》的年表换算，实际为公元前453年。因为前后存在大量的年代出入，其累积结果便是在这个部分产生了两年的误差，有必要进行修正。

魏、赵、韩三氏于公元前403年正式受周封建，至此三氏在名和实上均已三分晋国。因此，此三氏也称作三晋。此处的公元前403年与《史记》年表计算出的年代相同。前后存在大量的年代出入积累起来的误差，这一点与公元前451年一样，但该记事的年代却正好相同。

前面提到，三氏三分了晋国，但晋国的公室依旧存在。虽然仅是名义上的存在，却是由周封建的诸侯。齐国也是同样的情况。田氏于公元前393年把仅具名义的齐康公迁往海上，以一城养之。公元前388年，田侯（田和）得到魏国相助，正式受封于周，但此后齐国公室依旧存在。《史记》记载三晋和田氏的部分认为此后的晋、齐公室等同于无。然而，仔细收集史料会发现,《史记》还记载了晋国公室此后的消息。如果加上《竹书纪年》的记事,则会发现,晋、齐两国公室在三晋、田氏称王前一直存在。

三晋、田氏壮大,到将位于他们之上的、以西周以来的血统为荣的诸侯完全消灭,还需要很长时间。以家族传统为纽带的国家基本消失,领域国家开始建立的时期,显示了传统的家族秩序所树立的名义上尊重君主的姿态。考虑到如果没有社会的要求,似乎就没有必要采取这种姿态,因此虽然涉及范围有限,但传统的家族秩序由此得以保持。这也清晰地显示了下克上的底线。

都市的变迁和统治领域

春秋时代县的特征

关于"县"字,有一种观点认为,金文中的"还"字意味着县,具有军事据点的特征。

然而,把史书记载的诸侯国标记到地图上,再与后来的《汉书·地理志》中的县相比较,会发现各国的领域大小基本相同且地域非常有限,是可以直接统治的。"还"虽然也设置在相当于后来的都城周边范围内,但与"县"的"悬"于中央的意义不同。

根据松丸氏的研究,殷王的田猎地是在四日行程以内的范围。该范围与上述各国平均大小并无太大差别。王的行动限于该范围内,而且田猎地中包含的地名与王直接统治区域外的方国有密切的关系,对它们进行"省"的行为,意味着对这些方国展示其威严。

然而,"还"所表示的军事据点,无论是出于殷都的防卫还是物资的纳贡,都是非常必要的。如参考西周时期洛邑的作用,在直接统治的范围外设置据点,并以本国人员进行统治,这种方式极有可能自古就已存在。但此类据点的经营,形成了与后世的县相互连结、连片存在所不同的情形。

从这个意义上来说,春秋时代设置的县确实始于军事据点的形成。

问题是,此类军事据点是如何演变为相互连结的县域统治的呢?史料留下其具体做法的,是楚国的县。

关于楚国的县,史料中可见"县公"一词,记载了几个在地名后加"公"以及在地名后加"尹"(注释称"县尹")的官职。

早期设置的楚县有权、申、息等。从地图上来看,权位于云梦附近,申、息则处于中原方向出口,均为军事要塞。因此,这些县的设置本身,可以理解为上代以来军事据点形成中的一环。

此后又设置了多个县,在此过程中,县与县之间开始有连结点。这种状况是前所未有的。而且在这期间,这个时代特有的统治方式开始出现。

我们可以从许国清晰地理解这一点。该国虽然是周的封建国,但在与郑的纷争中逐渐依赖于楚,在晋、楚之间频繁迁都。虽说是迁都,但都城即是国家,因此可以说是"迁国"。在迁移过程中,它在多个都城设立了大本营,其中包括叶。它起初是作为县设立的，后来变成了国都。

首先可以想见，许国还保持着家族秩序，拥戴国君并参与楚国的军事行动。但因为迁国频繁，很容易想到其家族组织出现了一些变化。《左传·昭公九年》记载："二月庚申，楚公子弃疾迁许至夷。其实就是城父。把属于州来（今安徽寿县）的淮北田地匀给许国。然丹把城父人迁到陈，把属于夷的濮水以西田地匀给陈地。把方城外的人迁到许。"

濮水以西的田地随着城父人的迁移割让给了陈。这块田地原来似是与陈相邻，在城父的管理之下。因此，迁移的人们构成了陈县新的组成部分，而且仅是城父人的其中一部分而已。这就是陈县相关的人口迁移。接着，在城父人迁移之后，许人迁到城父，迁移的人们所属的田地割让给了陈，而州来的淮北田地则被划归许人，因此，这大概也成了城父社会的一个组成部分。许国人的组成结构发生了变化。可以想见，迁移到许的方城外的人们，来自多个都市。

综上所述，我们不难发现，许国的人口组成与陈县的人口组成可以在同一层面上进行讨论。重新梳理一下人与田地的关系，首先在田地方面，陈、城父和州来这几个相邻的城市之中，陈所管辖的田地增加，州来所管辖的田地减少，城父的田地则增减不明。而在人的方面，由方城外迁入许（的故地）的人口虽是补充了许迁到城父的人口，但这部分人是新增的。人是都市的居住者，为了解决人口移动所产生的产粮不均衡，把相邻田地的管辖权作了变更。这种不均衡在田地减少的州来应当最为显著。而且，因为人是从方城外迁入的，方城外的人口也必须进行补充。史料上虽无记载，但大概是州来人口的直接迁移或其他联动的人口迁移促使了方城外人口新的迁入。

此类迁移还可追溯至西周时代。青铜器宜侯夨簋提到了宜的封建次序，记录了周王赐予其物品、土地、人。必须注意的是，这里不仅有宜人，还加上了郑人。其中的郑七伯及其千又五十夫是作为赏赐物从其他地方迁移而来，因此很有可能是居住于城市的工人。在鲁国故城曲阜，就发现了工人的作坊和居住地。七伯大概是七个部族各自的首领。受到这些赏赐后，原为虎侯的夨成为宜侯（宜、虎位于现在何地不明），从虎迁徙至宜。

但是，人口迁移此后并没有继续。比如根据鲁国故城的调查报告，西周时期的墓葬明显可分为两个族系，两者到战国时代也没有融合，继续保持着独立性。这意味着，周初封建时一起居住在该都城内的家族，此后也一直保持着自己的传统。不仅如此，各家族也没有进行融合。可以认为，一方是封建时迁移到当地的家族，另一方则是原来居住于此的家族。

然而，上述许国这样的小国在春秋中期以后的迁移非常频繁。这样不断地迁移，意味着都市中人的社会结构很难得以维持。但也可以发现，一方面国家显著改变了人的社会结构，另一方面，县则保持了这种变化后的社会秩序。

春秋中期以后楚王下辖的县，就这样从军事据点开始，数量逐渐增加，在此过程中利用迁徙原来周王朝的诸侯等方式不断推进。这个趋势与前述豪门氏族通过下克上发展壮大，同时又无法抛开以往辅佐的君主一族，共同存在。这是春秋时代到战国前期的特征,也是推测此前社会秩序的线索,同时也具体表明了当时的县与后来的县相异的特征。

封君的出现

战国时代存在叫作封君的诸侯。他们虽有诸侯的身份,但并不是受周王朝封建、春秋时代尚存的诸侯后裔。战国时代的诸侯身份由战国时代的各君王授予。封君是随着上述封建诸侯的消失而出现的。这意味着支持封建诸侯存续的社会观念已经消失,新的统治理念抬头。

军队组成结构的实质性改变对这种变化有极大影响。步兵成为主力,农民开始参军。农民要参加战斗,农耕就必须省力化。农忙时期减少战争这一大前提虽然还存在,但这种省力化对兵力产生了影响。

省力化之所以比前代有所提高,是因为铁器的普及。铁制农具、工具以及耕牛的使用减少了人类的劳动。铁器的出现和普及提高了切割木材的效率。制造农具的木材生产也效率化,产量飞速提高。丰饶的山林薮泽提供了丰富的物资。

春秋时代以前,战争的兵员都由居住于都市的人们构成。要有效地使用他们,利用原有的秩序是最便利的方法。但是,军队的构成中,步兵的作用逐渐增加,另一方面,各都市间的人口频繁迁移,原有的秩序逐渐废弛。在此情况下,小国的君主逐渐消失。取而代之的封君,承担了原来由小国诸侯担任的军事据点的守卫工作。

例如,战国四君子(孟尝君、平原君、信陵君、春申君)

就是有名的封君，举其中一人孟尝君作为例子。他经营着从齐国国都来看位于泰山反方向的薛地。薛的位置，西可牵制宋和魏，南则临接楚国和越国淮北。没有把他用作股肱之臣，反而把他当作敌人，是齐湣王死去的直接原因。

同为四君子之一的楚国春申君，被委任经营为楚所灭的越国故地。在它西边的楚国大本营将被秦国攻取的危急时刻，越国故地提供了用于对抗的物质基础。

这些封君的封地与前代诸侯国不同的，是规模的逐渐扩大以及郡县制的统治方式。在战国时代的诸王，即秦、楚、齐、魏、赵、韩、燕、中山、宋等国君主之下获得诸侯身份，与春秋时代周王之下分封诸侯、楚王之下也有类似秩序这一点非常相似。但是，社会的结构和统治的方式都已经发生了变化。

这些封君需要做的，包括军事上的贡献，以及对君王政治上的辅佐。他们得到贤人一般的对待。贤人是与君王一道维护宇宙秩序的存在，因此被赋予了辅佐君王理政的资格。向君主进谏也不会被嫌恶，《战国策》中记载了许多国君被贤人劝谏后强忍不快而"顺（天）命"的故事。贤人的话语可以匹敌天命。

封君在制度上得到独立诸侯的待遇。战国时代的君王除了楚国以外都采用逾年称元法纪年，与之相对，封君却可以使用立年称元法纪年。

在称元年以前如果新君主去世，原则上来说就没有该君主的纪年。秦国孝文王即位三天后去世。因此，起初没有他的纪年。但是，下一代君主庄襄王的纪年被去掉一年，其元年作为了孝文王的元年。因此，史料中同时出现了改写前的庄襄王纪年和改写后的庄襄王纪年。一看似乎有矛盾，但通过对照记事，即可发现是哪个纪年。

在采用逾年称元法的国家，前君主死后新君也立刻即位为王，但这个即位的君王称作嗣王。由辅佐嗣王的贤人来判断新王有无德行，现实中无一例外均为有德，顺利地在逾年后称元年。元年表明了新君王新的开始。

贤人除了政治上的辅佐，也是可以证明新王有王德即位的存在。逾年称元法是通过下克上上位的人，为了称王而苦心创造出来的制度。

但是封君的出现早于逾年称元法的出现，起初并不担任贤人的职责。重视家族秩序的社会变成重视能力的社会后，封君由此出现。为了构建新的社会秩序，已经壮大并希望未来保持权力不旁落的君主们，为了除去不再需要的小国君主一族，需要设立封君。当逾年称元法的理论坐实后，血缘即位外包裹上了非血缘即位理论的外衣，从而逐渐除去了春秋以前的诸侯的后裔。

楚国则存续着春秋以来的君王传统，与中原出现的诸王相对峙。中原各国采用逾年称元法，是为了否定此前称王的周王和楚王的存在。因此，楚国没有采用否定自己过去的逾年称元法，而是继续沿用了立年称元法。楚国的封君也采用立年称元法，从这个意义上来说，与中原诸国不同，楚王和封君在称元法上并没有不同。

如果要追溯封君的先驱，除了春秋时代的小国君主之外，称号上还可以追溯到楚国的县公、县尹（君）等。

不仅是楚国的县君，县的统领者在利用前代以来的秩序这一点上，也与小国君主有相通之处。随着郡县制的发展，地方行政制度中管理县的官僚与郡县制上存在的封君逐渐分离，封君之中也出现了管辖多个县的人物。

众所周知，在统一天下后，秦始皇设置了三十六个郡。郡也是战国时代各国统治的单位。在其下设置多个县，也可以说是战国时代封君的延续。

战国中后期——诸子的出现

诸子百家

有一个众所周知的说法叫诸子百家，一般是指春秋战国时代的多种学术派别，产生了思想的争鸣。但这个含义实际上产生于近代。如果考察典籍，会发现它其实与当下众所周知的含义并不相同。

战国时代的《韩非子·显学》、西汉的《史记·太史公自序》、东汉的《汉书·艺文志》都讲述了诸子的故事。从中可知，诸子所论述的是治理天下的理念及其治理之术。因此诸子的意义有传统的解释（Ⅰ）、传承发展后的解释（Ⅱ），以及主要在近代以后与西欧哲学相比较后所阐释的内容（Ⅲ）。而为大家所熟知的含义为（Ⅲ）。

这其中，现代人尤为感兴趣的称作名家的学派，一般理解是指讨论白马非马等理论的学派。但这种理解也是由于希望从名家中发现逻辑学的奥妙，属于（Ⅲ）。传统意义上的名家，论述的是治理之术；也有批判认为它像法家一样囿于名而失人情（《史记·太史公自序》）。现在墨家的和平主义也非常有名，但其实这也是（Ⅲ）对墨子进行的新的阐释。

（Ⅰ）的集大成者是《汉书·艺文志》。后世的显学——朱子学属于（Ⅱ）。朱子学被认为是融合了"儒、佛、道"三教，也有融合了诸子思想的一面。

诸子的子是指学者。在《汉书·艺文志》以前，均用"家"来称诸子，一本著作称一家。在此基础上，《汉书·艺文志》把诸家总结为以下①②③④。

① 儒家经典"六艺"103家，是在编著《汉书》的东汉时代被特殊对待的儒家经典和教养之书。

② 包括儒家在内的诸学派共189家，按大类统称为"十家者流"。

③ 把"十家者流"称作"十家"，这是大分类，另一种是把它分为292家（103＋189）的小分类。后世常见的"诸子百家"的说法，是引用后者，在一定程度上进行概数化的产物。但与"诸子百家"这一说法相反，一般来说人们想到的诸子反而是指"十家"（十家者流）。

④ 除了①以外的其他教养之书。

教养之书可以分为①类特殊对待的儒家经典和④类儒家以外的部分。①④（之中除去汉代成书的典籍）在战国时代均广有教养之书的意义。②③的"诸子"各自论述治理理念和治理之术，成就了①④的教养之书。战国时代儒家并没有被特殊区别对待，到了汉代特别是东汉时代，才形成了独尊儒家的态势。因此，东汉时代的教养之书分为了①④两类。

追溯孔子时代的关键

在本书前半部分的开头，我们提到，论述天下的正统之时，其历史基础因时代而不同。与天下的正统密切相关的，是孔子。

如今，孔子被祭祀于山东曲阜的孔庙。历朝历代有多位皇帝在即位后前往孔庙拜谒。从历史上看，世界各地均存在权力的中枢和宗教的中枢。在中国，前者是皇帝，孔子及其子孙则类似后者。皇帝的性质随着时代的不同而变化，孔子的性质自然也发生着变化。

到了汉代，儒教被国教化。西汉武帝时期，在以董仲舒为代表的学者的努力下，中央政府中儒教占据优势地位。然而，体现战国时代国家领域的"方千里"，其独立性却一直没有消失，到处都出现了与中央政府意向相反的舆论形势。直到东汉时代，才形成了天下统一的教义。

此后，在六朝时代，佛教和道教大行其道之时，儒教的影响虽然稍有淡化，但依然保持了其国家政治理念的地位，到了朱子学抬头后，其宗教性影响力也逐渐增强，几乎唯我独尊，直到近代。

另外，究竟应该称之儒教还是儒家，这一点不时成为话题。前者含有包括国家祭祀在内的教义之意，后者主要在讨论其治理理念合理与否、经典文本的异同等细微之处时使用；从史料上来说,应该是来自上述诸子的"家"。二者很大程度上是相互包容的关系,因此很难说哪种说法是对的。但在历史上因为无法避免与皇权不即不离的关系,因此前者的用词似乎更为妥当。

在汉代得到绝对地位以前,儒教的地位如何?由汉代追溯至战国时代,可以发现《韩非子》关于显学(风靡于世的学问)的记事。其批判的显学包括儒家和墨家。并且,儒家有八家(而非一家),还具体记录了始称"家"的人名。也就是说,儒家并非我们一直认为的只有一家,而是有八家。而且,作为八家各自议论之根本的文本各异,互相主张自己才是孔子原本的教义。墨家也是如此,有三家,并且作为议论之根本的文本各异,均主张自己才是墨子本来的教义。但是,儒家和墨家均提到了尧舜,并主张自己一家才是传承了尧舜的正确之道。韩非子的舌锋非常尖锐。他嘲讽道,如今已无法让孔子复生,谁又能评判哪个才是孔子的正确教义?墨子无法复生,谁能评判哪个才是墨子的正确教义?尧舜无法复生,谁又能评判哪个才是正确的尧舜之道?

韩非子不明白的,如今的我们也不明白。

孔子的时代

即便如此,并不是没有方法追溯孔子的时代。

至今已有多个学者尝试探索,代表性的方法是使用《论语》。传承至今的汉代《论语》,据说综合了战国时代的多个文本。

进一步而言，在《韩非子》的时代"不明白"的事物，到了汉代却不知为何有了明晰的记载。从本书前半部分所述的各时代间的差异来看，后世所谓的"明白"并不正确。即便如此，作为汉代的见解，郑玄认为，《论语》是孔子的多代弟子把他的教义记录下来并加以整理之后的产物。程颐也引用了该论述并在其后对朱子产生较大影响。日本江户时代的伊藤仁斋也引用了郑玄和程颐等人的论述。在此基础上，还有研究对《论语》进行了逐篇分析，并讨论其新旧。

但是，这种方法最终要追溯到战国时代。战国时代《论语》有多个文本，只有其中一部分留存到了汉代，用以探讨。因此，无论怎样剖析汉代的《论语》，也不过是分析了战国时代的一部分文本而已。《韩非子》所说的"不明白"的现实依旧存在。

另一种方法是利用战国时代的传说故事来追溯过去。战国时代涌现了诸多传说并传承到了汉代。汉代以后并非不再出现新的传说，但从数量上来看，战国时代占压倒性多数。同时，各地还出现了各自的英雄传说。

传说故事出现以后，内容被不断增补，并根据后世的需要进行更改。仔细还原这个过程，可以了解传说故事最初的形态及其后的变化轨迹。传说故事的源起，是春秋时代以前留存下来的简要记录。以此为基础的说书逐渐流行起来，还加入了对手戏，以及身体语言和手势。战国时代，此前的都市国家秩序逐渐瓦解，新型人际关系开始构建。这个时代出现了抚慰人们不安情绪的各种方式，因此便有了此类说书的流行，并且似是特指讲述当地英雄传说的文本。

　　这类传说被引用于战国时代中期的书籍中，传承至汉代并为书中所引用。因此，如果对引用的内容加以追溯，就可知战国前期，并进一步接近春秋时代的实际情况。

　　我们从文体形式上也可以窥见端倪。春秋时代的文体继承了西周以来的传统，较为古老。而说书中加入了大量的口语表达，文体较新。新文体讲述的内容与旧文体讲述的内容会出现部分的不同。

　　例如，从旧文本中可知，孔子时代一种特别的乐器及其乐团表现十分活跃。新文体虽然继承了该内容，但对于乐团的活跃表现，则加入了一定的批判性。

　　这种特别的乐器，叫作编钟，由多个钟排列而成。若用考古学方法来研究，可了解其复杂旋律的变化轨迹。这可分为两个时期，一是排列大小不同的钟，但不注重其大小变化且数量不多，另一时期则注重其大小并增加了钟的数量。前者中还没有出现的事物在后者中出现了，即配合音乐赋诗的行为。赋诗与旋律的复杂化有着密切关系。

　　进一步来说，诗的出现，缘于汉字在各都市的生根。虽然尚有不明确之处，但可知的是，汉字在某个都市出现，为殷所继承，进一步传承至周代，并不断传播到属下小国以及周围大国的势力圈中。

　　旋律的复杂化，是因为多个都市国家被消灭，领域国家逐渐成长了起来。周朝的相对音程传播到各地的都市国家后，经历了各自的发展。为了把这些相对音程统合到领域国家的中央，需要制定标准，于是便产生了绝对音高。音被研究得越细致，旋律就越复杂。

从考古学了解的情况来看，在孔子的时代，虽不是所有地区都是如此，但乐器主要由女子演奏。《论语》记载了女子和乐器（女乐）被当作礼物赠予他国高官的故事，该高官沉溺其中以至于三天没有出门。孔子因此愤而离开鲁国，踏上周游列国之旅。参照《论语》的其他部分，可知孔子对女乐本身并不持批判态度，大概是对高官的自甘堕落感到不可原谅吧。

但后代的论者却对女乐颇有忌嫌。

比如，郑国的音乐被认为是"淫乐"，实际上，这一批判的矛头是指向郑人，而非音乐本身。战国时代的韩国消灭了郑，并将其地设为首都，假借批判郑国文化的形式以贬低其过去。

了解了此类"贬低"的意图，那么去掉该意图，就可以探知其原本的内容了。

如上所述，孔子生活的时代即春秋末期，是编钟盛行的时代。记录该时代的书籍，如引用了多个传说故事的《左传》，撰写于编钟开始衰落的时代。粗略一看《论语》，有编钟盛行时代的记载，也有批判该时代的记载。这些不同的记载，并非出于各篇章之间的差异。战国时代末期的《韩非子》中"不明白"的世界，由此可见一斑。

随着铁器的普及，编钟的时代产生了急遽变化。特别是拥有古老传统的小国被消灭成为县，多个县由一个中央直接管辖。小国的秩序被破坏，人心也动摇了。在这样的时代，人们讨论用什么方法来抑制这种动摇，建立起新的秩序。孔子提出了"礼"。"礼"在统治理念的完善中占有重要地位。关于人心的问题，"仁"占据了重要位置。到了战国时代，根据新时代的要求，这些理念包含了更加丰富的内容。这就是源于孔子，由孔子弟子们建立的体系的内容。

弟子们建立体系以前，"仁"等词语的含义以及不同词语之间的相互关系不断变化。在体系化以后，虽然定义仍稍显含糊，其基本的形式与内容却得以传承。与此传承不同，我们之前论述的原中国到中华帝国时期的"天下""中国""五服"等都有较大的意义变化。

"游侠"的世界

在追溯孔子时代的过程中，另一个关键词是"游侠"。《史记》有《游侠列传》，《汉书》有《游侠传》，均描述了游侠。自汉代起，游侠的"侠"主要在批判前代时使用。战国时代的传说中游侠尚未被批判，但到了引用此类传说的《史记》，就被贴了"侠"的标签。到了《汉书》，"侠"的范围进一步扩大，批判之势也更为严峻。

被称为游侠的人们，在汉代各个地区主导了当地的舆论。这些地区继承了新石器时代以来文化区域的传统。在遥远后世的清代，这些地区成了盐商的活动范围，与近代的军阀割据地也有关联。同时也是历代叛乱勃发之地。因此，这些地区可以说在中国历史上占据重要地位。

在这些地区主导舆论的人们,《史记》《汉书》将其统称为游侠。在汉代中央集权的背景下,追求地方独立性的游侠就显得不合时宜,成为批判的对象。

游侠们的先驱,在战国时代即是引导各种各样中央舆论形成的人士,当时对各国来说,并非不合时宜的存在。这种意义下的"游侠"(不以批判性目光来论述的"游侠")的特点,可见于孔子相关的记录中。

孔子协助鲁国定公,与齐国景公会于夹谷,扬鲁国国威(公元前500年)。彼时孔子的态度刚毅,甚至有武人之风。这是被后世评价为教育家、思想家的孔子的另一个侧面,与被后世称为圣人的孔子有所不同。

鲁国君主一族中,桓公的子孙孟(孟孙)、叔(叔孙)、季(季孙)为三个有力家族。与他们相对抗的,有一个叫阳虎的人,于公元前505年监禁了季氏宗主季桓子,并流放了自己的政敌仲梁怀。季桓子的家臣山公不狃与季氏不睦,借阳虎发动叛乱。阳虎流放了三桓的宗主,为季氏、叔氏改立新宗主,自己则要取代孟氏宗主。但是,计划失败,阳虎由齐国逃往晋国,归于赵氏之下。

《左传》记载,对于接纳阳虎一事,孔子认为"赵氏代代都将有乱象"。《论语》称阳虎为"阳货"。据记载,他在势力鼎盛时期曾招揽孔子,孔子对出仕感到踌躇,不想相见,于是趁其不在家时前去拜访,不想却在途中与他遭遇。在遭到阳货诘问后,孔子回答说"愿为你所用"。

对于山公不狃,孔子却有不一样的应对。据记载,他占据了一个名叫费的小城,要招揽孔子,大约是在上述叛乱的时期。孔子欲往出仕,被弟子子路劝谏。对此,孔子说,"如有用我者,何不'成东周'(复兴文王、武王、周公之道)"。

阳虎、山公不狃出身不明,特别是后者,应不是鲁国传统望族。山公不狃不过是季桓子的臣下,且发动了叛乱。孔子要入其门下,历代注释家都不得其解,甚至有人认为该故事纯属虚构。然而,春秋末期的都市在逐渐向郡县转变,如上所述,人们的迁移变得频繁起来。就孔子本人而言,他的曾祖父是宋人孔防叔。孔子是在当时的都市气息中成长起来的。"出仕"是在对自我和对方作出判断后得出的结论,不是对传统君主鲁公的效忠,而是更看重于对自己的认可。从这个意义上来说,这种思想是新兴势力的代表。

孔子一族身份并不低下。其先祖是殷朝后代封地宋国的豪族。孔子身上流淌着殷族的血液。他对鲁国政治感到失望而外出周游列国时,其实足迹也仅限于殷朝曾经势力所及的范围。而这些地方正是舆论形成之地。这些舆论制造者,制造了孔子时代的舆论,到战国时代又制造了战国时代的舆论,到汉代又制造了汉代的舆论。在汉代,有些特定的舆论对中央来说较为刺耳,于是他们被贴上了"游侠"的标签。以上,我们在谈论孔子的武人性格过程中,叙述了孔子时代的舆论主导者就是汉代"游侠"的先驱。

墨子

记录墨子言行的《墨子》，与《论语》一样，是在墨子死后由其弟子们整理的言行录，又经后来的继承者们整理后成书。《墨子》有如下片段："大国攻小国，大家乱小家，强者威胁弱者，有势压迫无势，欺诈者欺骗愚民，高贵者轻视卑贱者，皆为天下之害。……以利己主义（讨论其他事物）将生天下大害。……如果对他国所做的事，与对本国所做的事一样，就不会产生举国攻打他国之事。"（《兼爱篇》）这里的"天下"一词，似乎是在公元前4世纪天盖相关视角诞生以后的产物。在大国与小国的强弱已有明显区分的时代，《墨子》拥护了小国的立场，为此提出和平主义。

领域国家不断壮大，最终出现了统一国家秦，其体制一度瓦解，最终到了汉武帝时期，全国置于中央官僚的集权管理之下。在这样的时代潮流下，拥护小国的主张逐渐被舍弃。但是《墨子》中提到的"尚贤"（重视贤人）思想与战国中期以后贤人辅佐天子的天子观相一致，得到众多人的信奉。《墨子》的思想中还有提高工人地位的主张。都市中，在维系前代以来的家族秩序的同时，掌握技术的工人作为都市人要取得话语权，这种思想与战国时代因货币出现、普及所带来的家族秩序废弛和瓦解有着密切的关联。

都市社会结构的变化是春秋晚期以后人们频繁迁徙的结果，因此《墨子》思想的萌芽也许可以追溯至春秋后期。但是萌芽的成长壮大还要归功于他的后继者们。

《墨子》中提到的思想是战国时代的产物，是都市社会结构变化后出现的新阶层的思想，最终在帝国统一后逐渐失去了市场。

诸子之书的成书时期

要理解诸子百家，有几个需要注意的地方。如前所述，记载了诸子百家思想的书籍，很多都是将新旧交织的内容进行整合后的成果，因此需要把诸子的活跃时期和各书的成书时期区别开来。

第一个需要注意的，是孔子后继者们各自的活跃年代，史料中存在较多的线索。这与儒教在汉武帝以后被中央政权所重视有很大相关。孟子、荀子，以及荀子的弟子法家韩非子的活跃年代都非常清晰。以此为线索，可以进一步推算出其他诸子的活跃年代。如果除去政治、外交上活跃的人物，年代清晰的史料就极为有限，因此上述三人的年代，在了解诸子思想的历史发展过程时，成为重要的年代标识。

第二，通过探讨天文和历法，可以了解到典籍中相关内容发生时期的确立标准。例如，前面已经说过，《左传》中的木星记事，并不知道木星大约11.86年绕一周，而以12年为一周来计算，是以公元前353至公元前271年的木星位置（以冬至时木星位于丑方位的年份为基准，可以推知该年份）为基准向前追溯的结果，与实际的天象有二到三年的偏差。同时，该书中冬至日的干支以公元前352年年末的冬至为起点，用战国中期以后历法的定数进行追溯，即一年正好为365.25天，回到相同天象的周期正好为76年。根据上述木星位置和冬至日干支的描述，可以推断出，该书的成书时期为公元前4世纪后半叶至公元前3世纪开端。另外，各国历法以各自的基准来定正月，因此从表面上看各国的年份会产生一定的偏差，如一国的年末有可能是别国的年初，这一点前面已经提到。

第三，通过探讨君主在位称元法的转换，可以得知纪年整理的时期。废止立年称元法而改用逾年称元法的国家，在公元前4世纪中叶以后相继出现，如魏、齐、韩、赵、燕、中山等国。其他诸侯国和封君，以及楚和周等王国，则依旧使用立年称元法。《春秋》和《左传》把立年称元法的年份统一转换成了逾年称元法的年份，可知其成书于出现逾年称元法的公元前4世纪中叶以后。而《国语》把立年称元法误解成了逾年称元法，其计算出来的年份有矛盾。因此，在逾年称元法得到普及，立年称元法逐渐废弃的汉代，综合考虑其他情况，可推知《国语》大约成书于西汉文帝时期。

第四，阴阳五行说的发展，可以通过探讨三正说（根据天、地、人和日、月、星辰的出现来讨论历法和王朝的交替）、三分损益法（在一个八度音阶内制定出十二个音的方法，以管和弦的长度来说明）以及天的十二方位等，来追溯其历史。如果使用该标准，像《管子》等在战国中期到汉代成书的书籍，其新旧内容也可在一定程度上得以明确。天的十二方位是随着历法计算的开始和逾年称元法的开始，从上方俯视天盖的视角出现以后随之成立的。上述的木星纪年法根据天的十二方位来记录木星位置，是战国中期以后的事。

第五，在探索宇宙的方式上，有专注于天、地、人三者

（称为三正）的方法和日、月、星辰（星辰指星宿，也就是星座）三者的方法，针对这些方法的研究也对成书时期的确定有所帮助。前者把天地从西地平线或南地平线开始分配十二方位，天为子，地为未，人为寅，用三分损益法这一简单的音乐理论，形成了天（子）→地（未）→人（寅）的思想。后者用相同的视角，把冬至时的太阳（日）、月、星辰对应到十二方位中，用三分损益法形成了日（午）→月（亥）→星辰（辰）的思想。把星辰对应到辰的方位，是因为当视角转换为从上面俯视时，以辰为起点——对应二十八宿（宿即星座），冬至点则定在丑方位的中央。另外，历法的十二个月以冬至月为子对应十二支，冬至这一开头（也是结尾）为子，春这一开头为寅。从另一个视角来说，位于子和寅之间，在与地对应的未的反方向上的丑，可以对应冬至点这一开头。通过上述多个视角以及把历法的十二个月对应到十二方位，可以把争议统一到地上的十二方位进行说明。

天、地、人的三正与日、月、星辰的三正［战国后期星辰分为星（即心宿）和辰（即参宿），为四正］的生成图与第四点所述的阴阳五行说的发展相结合，有助于确定时期。

上述第五点与以下所示的诸子将目光集中于社会的某个阶层来论述其思想有密切关联。此为第六。

从上方俯视天盖的视角，参与者包括王、君子和贤人。其下为官僚，再以下是有着很大区别的民。在爵位可以授予民的秦朝爵制中，官爵和民爵的界限也极为分明。儒家论述了君子，官僚大概是有成为君子的资格的。法家则仅把王作为例外，而把官僚和民都置于法下，不注重君子、贤人的作用。对这两者的轻视是源于道家的影响，道家主张无为自然，嘲弄君子、贤人的作为。要无为自然，换言之，即不要做任何多余的事，这首先是针对官僚阶层而言的。在实践中有法家的补充，官僚阶层和民都受法的统治。重视天、地、人三正的是儒家，重视日、月、星辰三正的是道家和法家，与各自的学说都关系密切。墨家瞄准的是包括下层民众在内的都市阶层，有着儒家、法家两家的特点，其中法家的特点逐渐增强，最终墨家被法家吸收。

第七是在第六基础上的延伸。即把王置于特别的位置。无论哪个派别，王都是被特别对待的。墨家因为轻视王受到嘲讽："先生所言极是，但即便可以对贱民实行，对作为天下大王的国君却并不合适，难以采用。"(《墨子·贵义篇》)儒家论述的是辅佐王的贤人和君子，道家则认为辅佐无用，主张无为自然。无为自然用宇宙的秩序进行解释，强调了"道"。如果超出了这个秩序，就要被法惩罚。正因为只有王是例外，所以王可以以社稷之学的名义对各种思想予以保护。因为把实践依托于法家且以不忤逆王为前提，道家也获得了政治上活跃的空间。

道家的主张与贤人、君子的辅佐有一定的距离，甚至有所对立，这与一些人的主张相重合，他们肯定辅佐的作用而又从不断出现的政治斗争中逃离。它作为隐士的思想被后世传承，就是出于这个原因。而被民间信仰所吸收成为道教，也是这个原因。

《老子》主张无为自然。它只嘲讽贤人和君子，不谈实践。这个立场可以说是战国时代所特有。它的成书时期与战国中期的《庄子》相近，也有研究认为它成书于汉初，但最近在湖北的一个战国中后期墓葬中发现了《老子》的异本。

《史记》的老子列传中，关于老子本人的年代，既记载了他与孔子对话的故事，又把孔子死后129年（公元前351年）周太史儋预言霸主出现的故事与老子相关联，可以说，《史记》编纂时对于老子的年代缺少决定性依据。但流传下来的他与孔子处于同时期的说法，又有着重要的意义。此为第八。

《论语》继承了孔子的思想，《墨子》继承了墨子的思想，但都整理于战国以后。《春秋》假托于孔子，作于战国中期。《左传》假托于孔子推崇的左丘明，同样作于战国中期。与《春秋》《左传》一样，《老子》的情形也类似。早于孔子的春秋时代的人物晏子的言行录《晏子春秋》、同属春秋时代的孙武的言行录《孙子》、以管仲和桓公对话为体裁的《管子》，都是如此。诸子年代的史料本身，也可以说是由各论者的对抗关系带来的虚假追溯的产物。实际的成书时期都是在战国中期以后。

与此相关的，还有关于货币经济的叙述。货币经济是随着领域国家的发展而产生的，通常认为与货币经济相关的青铜货币、金币，使用的单位是基于上述天、地、人三正和日、月、星辰三正的九、六（后者为十二）、八及其倍数。单位的进阶以及国家间单位的相互换算，由九、六（后者为十二）、八及其倍数所规定。中国的青铜货币和金币的特色在于，作为称量货币位于重量单位的末端。重量单位以适当的数值在国家间相互换算，因此事实上货币的统一在逐步推进。不仅限于与货币经济相关的叙述，上述追溯至春秋时代的各书籍中，常可见以货币经济为前提的一些议论。

第九是关于天下的讨论。天下存在多个国家，多个王。除了春秋以来称王的周和楚以外，公元前351年魏称王以后，齐、秦、韩、赵、燕、中山、宋也都纷纷称王。但是，每个王均称自己才是唯一正统的王，其他的王仅是称王，并非正统。具体的例证是历法与称元法。称元法前面已经论述。当时诸王的历法把365.25天作为一年，76年后元旦等起点的天象回到原点。但根据起点设置（冬至朔还是冬至晦）的不同可分三种，根据冬至月置于哪月可分三种（夏正两种，另一种为楚正），根据年初设于哪月可分两种（夏正与楚正为正月，颛顼历为十月），上述王历均不相同。各王历在各自的国家是唯一绝对的，以显示本国的正统性。正统的王在实际统治各自国家的同时，理念上是君临天下的唯一天子。天子这一说法古已有之，天下的说法则出现于战国中期。因此，谈论天下的相关史料绝不可以追溯至战国前期以前。另一方面，如果将理念上的君临天下误认为实际统治，则有可能把战国时代的观点误认为是秦国统一以后的观点。为了不把诸子书籍的出现及成书年代过于推后，这一点必须加以留意。

第十，与诸子书籍的出现及成书年代过于推后的风险相关。在以往的讨论中，人们认为《左传》是汉代的伪篇，以此为前提的议论不在少数。此类议论修正了某些将诸子过度追溯至春秋以前的错误议论，但因为把《左传》中的叙述作为汉代的描述，因此其描述年代的基准又矫枉过正了。

诸子百家的本质

以上是笔者在近年来的纪年整理及其理念背景的探讨结果基础上，提出的一点个人观点。

但上述个人观点的一部分，只是把前面已介绍梗概的《汉书·艺文志》的观点转换了一下而已。该观点最初是基于西汉末期刘向、刘歆父子编纂的宫中藏书目录《七略》，其将诸子称为"十家者流"，进一步细分后总计为"诸子百八十九家"。"十家者流"分别是儒家（司徒官）、道家（史官）、阴阳家（羲和官）、法家（理官）、名家（礼官）、墨家（清庙守）、纵横家（行人官）、杂家（议官）、农家（农稷官）和小说家（稗官）。

儒家被称作司徒官，是因为司徒是相国、丞相（宰相）的别称，是统管官吏的官职。它讨论的是官僚之事。道家被称作史官，是因为史官事天文，熟悉天地自然之理，道家阐述了天地自然之理。阴阳家被称作羲和官，是因为传说羲和是太阳的御者。它体现了太阳所代表的天的秩序，阐述的是以阴阳五行知天地之理。法家被称作理官，是因为理是事物的道理，有纠正、裁决之意，司裁决之事。名家被称作礼官，是因为司礼需要考虑文章之事，故以此来称呼讨论名和实关系的人们。墨家被称作清庙守，是因为清庙用于祭祀清明有德之人（虽是虚构的叙述，但墨家依然相信），对周代充满虚伪虚饰而感到愤怒。清明有德之人是指周代始祖文王，那时候还没有虚伪虚饰。纵横家被称作行人官，是因为行人司宾客之礼，用来称呼从事游说或操纵此类说客的人们。杂家被称作议官，是因为议官为劝谏（谏议）之官，用以称呼把各类学说进行取舍整合的人们。农家被称作农稷之官，是因为农稷司农业（稷为谷物之神）。小说家被称作稗官，是因为稗官司正史中没有记载的故事，稗是对细米、街谈巷议的蔑称，以稗官来称呼传播巷间杂事的人们。

每种学说都是从不同的视角，以官僚制度为前提进行的阐释。诸子言论的落脚点，在于讨论统御官僚的王和天子应是怎样一种存在。到了近代，"诸子出自王官"的说法被认为是错误的，但西汉末年的议论焦点并不是其起源，而是试图叙述其本质。

后人有时会把世人分为上人、中人和下人三等，来讨论诸子言论的对象，还有进一步细分为九等的。东汉王充认为，孟子是对中人以上的人说性善，荀子是对中人以下的人说性恶（《论衡·本性篇》）。关于这一点，近代有代表性的哲学家宇野哲人认为，"性是什么，孟子并没有说明。善的意义也不明确。明确进行阐述的是荀子。孟子把性字用于精神，是善；用于肉体，是恶。性可以用于两者。但是，孟子认为性善是大者，欲望是小者，主张确立起大者来统治小者。荀子的性恶论，是以孟子所谓的小者为中心而成立的学说。"王充认为，该"大者"指中人以上，"小者"指中人以下。需要注意的是，"必须统御小者"这一点，孟子和荀子均有阐述，并不仅仅说性善或是性恶。

"八纮"观占支配地位的一千年过去（《史记》到《旧唐书》的时代），到了讨论包括征服王朝在内的天下的时代以后（《新唐书》以后），把人分为上人、中人和下人的观点被舍弃。在汉人的民族意识已解决的基础上，"性是什么"开始被讨论，性善、性恶成为人们关注的问题。

如对上人、中人和下人进一步展开讨论，则道家仅讲述上人，法家试图管理中人以下（若能贯彻到底则包括上人）。作为统治者的王、天子必须做到理解人和天地的秩序结构，相应的是对王和天子中心地位的约束。因此，诸子一般都对王和天子特殊对待。

作为天子的王是个特殊的例外，因此可以保护各种思想。儒家讲述贤人、君子辅佐王，所以能说自己想说。道家把实践（统治）交给法家，且不忤逆王，以此为前提来讲述天地之理，因此尽管其言论脱离现实，但还是有自己的政治活跃空间。

霸权的走向

国家同盟与合纵连横

一般认为"合纵"是南北各国为了对抗秦国而结成同盟，而"连横"是与秦结成同盟以求安泰，这是当时外交政策的关键。但是若考察当时的国家联盟，可以发现上述局面是进入公元前3世纪以后的事，在此以前，与秦国的关系并不是外交的关键。因此，合纵连横这个说法本身，并不能准确地反映当时的现实情况。

接下来，我们将在此前提下总结国家间的离合集散。

公元前351年，这一年在战国史上有着特殊的意义。此时发端的、统称为夏正的历法是现代农历的先驱。在夏正中，前年年末的冬至日干支为丁亥，且为朔。该冬至朔丁亥成为魏国历法的起点（冬至月固定为十一月）。在此基础上，中国历史上首次出现了由计算得出的历法。

从史料可知，公元前351年，魏国举行了政治典礼，魏国君主称夏王，率领股肱诸侯会盟于逢泽，称天子。公元前350年，齐国在防地修筑长城。同年秦修建咸阳，翌年迁都，也有政治秀的成分。在秦国的记录中，公元前351年，记为"孔子死后第129年"，从秦首次与周相遇（即公元前823年）之后的第500年——公元前324年"出发"，再之后第70年的公元前255年，"霸王出现"。这个公元前324年是秦称王的年份，公元前255年相当于秦灭周的年份。这里，公元前351年被特别对待，似乎是为了宣告魏国典礼的无效。此时，魏国在各国中最强，公元前354至前353年围困赵都邯郸，借此势头举行了典礼。

公元前343年，魏国以此前掣肘诸国的实绩，会见周天子，得到文武之胙（即周文王、武王的祭肉），宣称继承了周天子的权威。此后，公元前342年，齐威王（公元前356—前320年在位）大破魏于马陵。因此，魏国不得不以臣下之礼事齐，齐国极为强势。公元前338年，齐国于正月改元，开始了中国历史上首个逾年称元法。魏国也于公元前335年宣称改元,翌年的正月开始使用逾年称元法。秦也采取了对抗措施,举行典礼,仿照魏国之前的做法得到了周朝文武之胙的赏赐,宣称继承了权威。公元前331年,秦破魏,翌年得到了魏国黄河以西的领地。齐国对此应持反对态度,魏国与齐国会盟于徐州,当时齐国在各国中实力最强。

打压齐国的,首先是越王无疆。为了对抗齐、魏的会盟,越国从长江下游的据点北上。对此,齐国向越国指出了楚国的威胁,认为越国主要的敌人不是齐国,成功把越军的矛头转向了楚国。公元前329年,楚威王迎战,大破越军,杀越王无疆,并大破齐、魏联军于徐州。此时,齐国派遣使者前往赵、燕求和,因为他们呼应楚国的动向,进攻了齐国。此时楚国成为最强国。以此为界越国逐渐衰落,大片土地被楚所攻破,把都城迁往山东半岛最南端的琅琊,并受齐国庇护。

楚威王于公元前326年去世,此后秦国逐渐强势。公元前325年,已于公元前335年称嗣王的秦国正式称王,翌年十月(秦历以十月为年初,因此实际上是正月)改元开始逾年称元法。诸国开始逐渐联合对抗秦国,公元前324年,齐国靖郭君田婴(孟尝君田文之父)游说各国,成功使韩、魏与齐国联合。但是各国对齐国的戒心也强,公元前323年,燕和中山称王,中山与赵、魏结盟,中山与魏中断了与齐国的同盟。就在此时,楚国从南方北上破魏于襄陵。因此,公元前322年魏又与齐国结为同盟。这一年,齐国田婴被封于薛,令其警戒中原诸国,以及楚国在淮北的动向。

同年,宋称王。王国除了前代以来的周、楚以外,又加上了从战国中期陆续称王的魏、齐、秦、韩、赵（一度放弃王号）、燕、中山和宋，共计十国。宋是殷王一族由西周封建而成立的国家。根据《史记》，宋东破齐，南破楚，西破魏，与齐、魏平起平坐。对于宋王偃（君主号为康王），各国谣传是殷朝最后的王——纣王的再世。据称他把血装在皮袋中挂起来，以箭射之，宣称"射天"，又沉迷酒色等。这是齐国伐宋之前的记录。很有可能是为了使伐宋正当化的宣传，沉迷酒色等批评可能并不符合实际。但"射天"的行为在当时即便有些异样，也可能是流传至宋的殷代习俗；可能是刻意模仿殷代最后的纣王来示威，宣告殷王的复活。有关宋称王的记载可见于《史记·封禅书》，"宋太丘社亡"。大概是废止了象征对周朝忠诚的太丘社之祭，重新开始了殷代祭祀的旧礼。

秦国的军事攻势非常活跃，公元前318年，秦国仿照当年魏国称夏王的逢泽之会，在同一地点集合诸侯会盟，宣扬武威，并会见了周天子，魏王为秦王用车的御者，韩王为陪乘者。此次大会给诸国带来了危机感。齐国与燕、赵结盟，受到侮辱的魏、韩也随后加入。此同盟的主角是苏秦。

苏秦后被齐国杀害，因为齐湣王似乎怀疑苏秦促成的同盟是受燕国的指使。以此为契机，齐国脱离同盟，楚国取代齐国加入，领导起了抗秦同盟军（公元前317年）。同盟军虽然没有使秦国屈服，但成功把此前秦国向东方拓展的领土还给了魏、韩。同盟军撤退的原因，也有脱离同盟的齐国在背后威胁的因素。

各国的威胁消除后的公元前316年，秦国征服了蜀地。此地后来作为粮仓为秦国提供了军粮。公元前279年秦国进军楚国长沙，也是从这里发起的。

这个时候，秦国还没有处于当时国际关系的中心位置。只是在各国的离合集散中占据了一角而已。

公元前315年，燕国爆发内乱。在此之前，燕国为了向内外宣扬其具有王德，已经开始准备单独的典礼。燕王哙虽然在位，但不管政务，与王没有血缘关系的国相子之代行王事，子之确认了太子具备王德，计划由太子即王位。原本的太子是公子平，王位应该由他继承。但是，在太子平一派之外还存在拥立另一位公子职的一派。子之属于公子职派，因此与公子平之间产生了内乱。公子职派引入赵军。见此形势，翌年，齐国开始军事介入。

齐国的介入虽然驱赶了公子职一派和赵国的势力，太子平派却一时陷入亡国的境地。翌年，公元前313年，太子平派排除了齐国势力，请太子平即王位（燕昭王）[①]，但国力的恢复还需要一段时日。不仅是赵和齐，燕国的内乱引来了其他国家的关注，导致它们放松了对西边秦国的防备。因此，公元前314年，秦国再次攻打东方，侵占了魏、韩领土。齐国因为此前被燕国所驱逐，因此加强了对西部中原的防备，所以坐视不理。公元前313年，宋与齐攻打魏国。

公元前308年，秦国攻打韩国的西方据点宜阳，翌年宜阳

[①] 燕昭王究竟为公子职还是太子平，因《史记》《战国策》《竹书纪年》多有矛盾，故学界曾有两种意见。但据新出土的燕王职壶铭文，燕昭王当为公子职。

陷落。此后，公元前306年（年初，夏正历为公元前307年年末），秦国攻占魏国皮氏。

公元前299年，秦国和齐国、韩国等国，联合攻打楚国。秦军斩楚军两万首级。此时，孟尝君田文出仕秦国，被任命为秦国相。但是，破楚以后，秦、齐之间产生了矛盾，孟尝君离开秦国回国。公元前298年，秦、楚结盟，楚怀王前往秦国，被秦扣留。怀王拼死逃脱，求救于赵，赵国不敢相容，将其送还给了秦国。翌年，怀王于失意中在秦国去世。该事件极具象征性地刻在了楚国人的头脑中，楚人均为怀王感到悲伤。后来项羽和刘邦在对抗秦国时祭出的楚王之名为怀王，就是基于该事件。

另一方面，这一系列事件唤起了各国对秦国的警戒心，认为这是讨伐秦国的绝好机会。楚国因为王被扣留而无法行动，因此齐国联合韩、魏、赵、宋、中山五国攻秦。秦无奈，把此前侵吞的函谷关外的土地归还给魏、韩以求和。魏国更是利用楚国之丧攻楚。怀王的太子在齐国为人质，提出回国的请求。齐国提出回国的条件是楚国割让领土。楚国以如不同意太子回国将摒弃旧怨与秦国结盟来威胁齐国，齐国只好同意。太子返楚即位为顷襄王。

诸国的注意力均集中于楚国和秦国，赵国没有错过这个机会。公元前296年，赵灭中山。齐国对此予以了协助。

公元前294年，秦发起攻势，讨伐韩国，设汉中郡。韩国得到魏的援军于翌年攻秦，反被秦破于伊阙，24万士兵被杀。此后秦的攻势继续，最终齐国称东帝，秦国称西帝（秦历公元前288年年初，齐历公元前289年年末）。之后，齐攻打宋国，却大败于包括秦军在内的联军，其经过也如前所述。同时前面也提到，此时没有重用孟尝君，是齐湣王的致命失误。公元前278年，秦占领楚国位于今天湖北、湖南等地的大片领土。

秦国阻止了齐国进军中原，且占领了楚国大片领土之后，能对抗秦国的国家已不复存在。此时，真正的合纵、连横时代到来。公元前264年，秦灭周，周的余民逃往东方领地，但东方领地也于公元前255年被消灭，周王朝迎来了终点。此时，公元前296年灭亡的中山、公元前288年被齐讨伐而趋于灭亡的宋，加上周这三个王国已经消失，王国还剩下七国。"战国七雄"的说法大家都耳熟能详，但是王国只剩下秦、楚、齐、燕、韩、魏、赵七国时，秦国已占领天下一半的领土，走在统一的道路上。

公元前262年，秦攻打韩国，夺取了野王。位于北面的韩国上党无法与韩国的大本营相通。上党之守冯亭向赵投降，赵国封他为本国的封君（华阳君），将上党纳入赵国领土。赵国派遣廉颇率军前往救援，与秦军在长平相遇。公元前260年夏正七月，此前坚守的老将廉颇被年轻的赵括取代，形势立刻发生了变化。赵括中了秦将白起的计谋，赵军数十万人虽然投降，却被白起全部活埋，赵国前后损失45万人。

秦历公元前259年年初，秦国终于包围了赵国国都邯郸。一开始，齐、魏助秦攻打赵国，齐取淄鼠，魏取伊是。但看到邯郸没有降服依然在坚守，魏、楚向赵国派去了援军。这是因为魏国的信陵君和楚国的春申君接受了赵国平原君的主张，促成了合纵。但是，魏国的信陵君是假造王命提供援军的，魏王原本只是约定了派遣援军，却因为受到了来自秦国的压力，计划让援军停留于中途。信陵君的这一系列行动获得了赵王的信任，但与魏王的关系恶化。公元前258年，秦军败于联军，损失了大量兵力。齐、韩也加入合纵。秦军形势不利之时，白起又得罪秦王被杀。秦国不得不解除了邯郸之围。

当诸国的注意力都集中于邯郸之时，楚国派军北上消灭了鲁国。一般认为偏安于山东南部琅琊的越国也于此时被消灭。

以救赵为名成立的合纵，对秦国来说虽然短暂但也形成了较大的打击。此后十年，魏国信陵君在赵国受到重用，于公元前247年促成五国合纵以防秦国。这是为了回应前一年秦国夺取赵国太原郡并攻打魏国之事。魏王请回信陵君，原谅了他此前擅自派军一事。公元前247年，秦庄襄王去世，诱发了太原的叛乱，太原得以短暂回归赵国，但翌年再次被秦国占领。这显示了当时秦国的优势已经无法撼动。公元前241年，为了对抗前一年秦设置东郡，韩、魏、赵、卫、楚合纵攻打秦国，但无功而返。联军唯一的成果是攻打了没有参与合纵的齐国，占领了饶安而已。

赵国虽然被夺走了太原，但据守于北方，统辖代地，并且统治太行山脉以东的部分区域。赵历（夏正）公元前231年年末，以赵国的统治区域代为中心发生了一场地震。这次地震秦国的伤亡也不小，秦王政（后来的秦始皇）的祖母华阳太后惊吓而亡。公元前230年，秦、赵都遭遇了大饥荒。虽然同样遇到饥荒，但对于统治着蜀地和旧楚之地的秦国来说，粮食似乎不成问题，较为稳定。看到赵国国力不支，秦国立刻进军消灭了韩国，在消除了这个后顾之忧后，于翌年北上攻赵，包围了邯郸。公元前228年年初，赵王迁投降。赵国公子嘉以代为据点顽强支撑。

合纵连横的时代已经宣告结束，六国被各个击破，各国的版图如同走下坡路一样迅速缩小。秦国逐渐统一。

战国策的世界

主张国家联合的策士们的言行，在《战国策》中有丰富的记载。西汉的刘向整合了《短长》《国事》之类的书籍，重新编纂后取名为《战国策》。近年长沙马王堆三号汉墓出土了内容相似的书籍，名为《战国纵横家书》，部分内容与现行的《战国策》重合，同时也有许多《战国策》中没有的内容。

《史记》也充分利用了整理于《战国策》中的故事。正因如此，把《史记》与《战国策》进行对比研究，再加上上述的《战国纵横家书》等史料是复原目前散佚的书籍和史料不可或缺的工作。

《战国策》于唐至宋年间散佚。北宋的曾巩四处寻访古本，试图进行复原并作了校勘。南宋时期世间出现了姚宏的刻本，此后不久又出现了鲍彪的刻本。两者似乎是分头独立进行编纂的，篇次与用字均不相同。元代吴师道对鲍本进行了校勘，明代鲍本和吴师道本均流行。为此，姚本一度面临将要废弃散佚的局面，但在明末又受到关注，直至今天。因为版本众多，且相互影响，很难再现其原貌。

鲍本与姚本之间存在的矛盾，特别受关注的是关于苏秦、苏代的记载。鲍本中关于苏秦的部分在姚本中多成了苏代。

在苏秦去世后，文本中又矛盾地出现了与之相关的叙述，可能是因为无论苏秦、苏代还是同为苏氏一族的苏厉，均称为"苏子"，才引起了混乱。上述《战国纵横家书》中有许多苏子关系的记载，因此有观点认为可能是《苏子》的逸文。文章的开头，以没有主语的叙述开始。此类文章的主语是补充为"苏子"，还是"苏秦"或者"苏代"，就引起了现行的分歧。笔者认为，苏秦是燕王哙时期的人物，为齐湣王所杀，取而代之的是其弟苏代和苏厉。认为苏秦是燕文公时期人物的观点，是不了解燕王哙时期的国相子之又称文侯所导致的错误。

如果这个推论正确，相较于之前因逻辑清晰而受到很高评价的姚本，鲍本则更多地继承了《战国策》原形。而且，姚本记载为苏秦的事迹中，有不少其实是苏代，因此对苏秦的认知亟待变更。

《史记·苏秦列传》和姚本（《赵策一》）记载的苏秦事迹中，有一个以往都被认为是苏秦的事迹，但事实上应该是苏代的事迹，即《苏秦列传》的开头部分。

它记载道：苏秦游说各方后无功而返。兄弟、兄嫂、妹妹和妻子都对他很冷淡。为此，苏秦闭门发愤，睡魔来袭的时候就自己用锥刺股（《赵策一》），勤奋学习，习得了外交之术。

　　这部分内容，在《赵策一》中是与赵国豪族李兑的对话，而鲍本只是把"苏秦"记作"苏子"。对照李兑的活跃年代，可知这是苏代的记事。所谓的兄嫂，就是已经过世的苏秦之妻。上述内容就是记述上年代混乱的体现。

　　张仪是与苏秦并称的游说家。据《史记·张仪列传》，他与苏秦同为鬼谷子的弟子。苏秦自认不及张仪。里面提到，苏秦说"张仪是天下的贤人……而我有幸先被重用"。这表明，苏秦的任用先于张仪。但是，苏秦合纵成功的公元前318至前317年，是张仪为魏国相的时期。张仪于公元前328年任秦国相，公元前322年受秦国指示任魏国相，担负着促成魏秦结盟的使命。公元前317年，苏秦被杀的那年，张仪复任秦国相。因此，此处说的"先被重用"，指的是在张仪提出与秦国结盟的策略之前，苏秦成功建立起了对抗秦国的同盟。

　　苏秦之死前后，齐国脱离同盟，楚国取而代之。并且，如前所述，该同盟虽然在对抗秦国方面取得了一定的成绩，但并没有给秦国造成实质性的打击。

　　公元前315年燕国大乱，趁着各国的目光都被此吸引的间隙，秦国再次向东进军。此时，处于外交关键位置的是张仪。公元前313年，他一度担任楚国相，操纵楚王，分裂了楚国与齐国的同盟关系。他谎称若楚国同意与秦国结盟，则献上商於之地，在成功解除齐楚同盟后，却违反约定不给地，楚国怒而出兵，被秦击败，将军屈匄战死。

　　据说，张仪曾游说于楚，因故被鞭笞数百下。当时他与妻子的对话是:"我的舌头还在吗?""还在""那就好",生动展现了他"以三寸之舌制国"的形象。上述故事记载于《张仪列传》的开篇。

孟尝君、春申君、平原君、信陵君以及其他封君的故事都在《战国策》中有丰富的记载。

因《史记》列传而名扬天下的刺客荆轲的故事,也载于《战国策》之中。

燕国太子丹在秦为人质,后逃回国。太子丹接受了从秦国亡命而来的樊於期,引起骚动。根据田光的建议,太子丹拜会了荆轲,田光为保守秘密而自杀。荆轲分析了当时的形势,秦国已经灭韩攻赵,合纵已然没有意义,他提出了刺杀秦王政(后来的秦始皇)的计划。秦国俘虏了赵王迁后进一步北上,荆轲计划以献上樊於期的首级和地图为借口去拜会秦王。樊於期感怀于荆轲的意气而自杀。燕太子同意了。荆轲和勇士秦武阳一同赴秦。见到秦王后,荆轲拿出装有樊於期首级的盒子,秦武阳拿出了装地图的盒子。秦武阳因过度紧张变了脸色,浑身颤抖。群臣诧异。荆轲笑之,要求由自己来献上地图,被准许。秦王展开地图。图全部展开后,露出了暗藏的匕首,这是天下最为锋利的匕首。荆轲左手抓秦王衣袖,右手刺出匕首。但没有刺中。匕首上涂了毒药,刺破一点皮肤就会死去。秦王躲开,想拔剑,却因为剑鞘过硬,剑太长,无法拔出。根据法律,群臣不允许带武器上殿,正不知所措。太医夏无且把药袋朝荆轲扔去。秦王趁机绕柱而逃。左右之人终于回神,高喊:"大王,请把剑移到背上!"王背上剑后拔了出来,攻击荆轲。

荆轲的左腿被砍伤,倒了下去,无奈之下瞄准秦王投出了匕首,没中。秦王再次砍了过来。荆轲最后骂道:"事情之所以不成,是想活捉你,迫使你订立归还诸侯们土地的契约回报太子。"左右攻之,杀了荆轲。

  荆轲出发前已有死的准备。燕太子等人送荆轲至国境易水边,荆轲歌曰:"壮士一去兮不复返。"

第二部分
皇帝一统天下

6　边境的霸者——秦的兴起

"邑"的网络

有城墙的都市

带领中国友人参观京都时，经常被问到："没有城墙吗？"

他们惊讶于周围没有城墙，只用类似土屏的设施就可以保卫皇居的安全。

如果追溯至稍早前的时代，中国的城市无论大小都被城墙包围。与日本的"城"不同的是，包括普通人生活的区域，城墙都把它们完全包围。

城郭都市——这是中国传统的基本城市规划。

根据考古学成果，新石器时代的群落最初被无水的护城河（壕），后被土屏（墙壁）所包围。后来出现了有城墙的都市。例如，公元前 2000 年左右的王城岗遗迹（今河南省登封市），城墙的一边长达 30 至 92 米，高度仅残存的部分就达 29 米，已经是非常可观的城邦。

都市的出现

约公元前 4000 年，甚至更早前的中国新石器时代，在华北的黄土地带，像散落的沙粒一样，分布着许多被壕和墙壁包围的村子和城市，称为"邑"。

从遗迹来看，邑大多位于小河沿岸的小山丘上，这里还可以利用地下水，洪水和旱灾较少。选址本身条件有优劣之分，只有能抗拒自然灾害以及偶尔来自相邻城邑的攻击，此类城邑才能最终生存下来。

接下来，各邑之间出现了互帮互助的趋势，这是人类的智慧，发展壮大的大邑（都市）成为协调机构"总管"，有时调停纠纷。大邑的族长统领着其他诸邑的族长，以氏族制为基础的"邑"的网络出现萌芽。

为了更好地统领辖下诸邑，成为更好的调停人，大邑及族长还需要财富和武力。与其说这是人类的智慧，不如说现实就是如此。

如此一来，大邑及其族长逐渐成为"统治者"，各地的大邑逐渐演变成了如孔子所说的"加固城郭沟池"（《礼记·礼运篇》）的城郭都市。

这样形成的邑统治邑、有实力的氏族统治其他氏族的网络，就是中国的国家起源。这种国家形态，学术上叫作"邑制国家"。

顺便一提,被认为是最早的王朝国家的殷王朝,就是以名为"子"的部落为中心,以名叫"商"的大邑为要地而成立的邑制国家。

"养马"之国——秦

在本卷所讲述的时代,历史的变化之风,总是从西边刮起。

公元前11世纪,位于殷西部边境的名叫"姬"的部族集团,讨伐了"总管"资格被质疑的殷纣王,进军东部渭水(渭河)流域的平原(关中平原),最终夺取政权建立了新的邑制国家,即周王朝。

周朝采用了当时全新的政治体制"封建制",作为统率者的王被称为"天帝之子"(天子),君临诸邑。

周的封建制建立在氏族制的血缘关系基础上,因此随着代际更迭,相互间的关联减弱,各诸侯有独立的倾向。天子的权威扫地,周朝受到夷狄的一支——犬戎攻击后,不得不把首都从关中的镐京迁到了中原的洛邑。从此开启了东周时代,即春秋战国时代。

迁都之时,有一个部族带领着军队协助了周王朝,它与犬戎同为夷狄之一,是位于姬族以西拥有自己地界的嬴族。因为该功绩,后来号称秦襄公的部族首领被周朝封为诸侯,正式获得了渭水中游岐山以西的地区作为领地。

描写秦国兴起的《史记·秦本纪》中,"秦国的祖先是黄帝之孙颛顼的后裔……"虽然不足为信，但对其历代族长的记载有"因善于驯养鸟兽，舜赐以嬴姓""善于驯马，献上名马为周王所宠爱""周王令其在汧水和渭水之间的地区养马，繁殖甚好"，描述较为具体。另有记载，周孝王赞许嬴族多年来养马的贡献，赐予其直属周朝的秦邑，准许其号称"秦嬴"。

从这几点看来，嬴这个部族是以饲养马和家禽为专长的彪悍一族，可能专供当时军马的供应，并以此为契机逐渐发展壮大。

根据《史记·秦本纪》记载，襄公成为诸侯后，其爵位继承如下：文公—竫公（即太子静公）—宪公—武公—德公—宣公—成公—缪公（即穆公）。岐山以西的陕西省宝鸡市近郊出土的铜钟铭文写道："秦公（可能为武公）曰，我们先祖受天命，得赏宅，立国……"并出现了《史记》中记载的此前的文公、静公、宪公之名。从这里看来，秦国兴起的记载应为史实。

以下所说的秦君在位年份依据平势隆郎的《新编史记东周年表》的说法，如历史事件的年份与通常说法有出入，则同时记录平势年表的说法和以往说法。

雍都与秦公大墓

秦德公（公元前679—前678年在位）从此前的据点平阳（今宝鸡市以东）进一步向中原挺进，把首都建于雍（今宝鸡市凤翔区）。从进入战国时代以后直到迁都栎阳（今陕西省富平县东南）以前，大约 280 年间雍一直是秦国国都。

在德公时代，雍只有大郑宫一座宫殿，此后逐渐增建了各类宫殿，祭祀秦国历代祖先的宗庙（祖庙）也建于此。祖庙对秦国来说有着极高的权威，此后历代秦王到了 22 岁便要在祖庙举行成人礼（冠礼），秦王政（后来的秦始皇）也依例如此。

雍城遗迹的正式发掘始于 1959 年，最终复原了一座东西 3.3 千米、南北 3.2 千米的城墙，还有部分护城河的大都市。城内的西南部是有着秦王处理政务、祭祀宗庙等设施的宫殿区，同时又由版筑墙壁分成了五个部分。

雍城的南侧一带，发现了春秋时代秦王们的一大墓地（陵园），包括了 33 个竖穴式的巨大坟墓。其中之一被认为是景公（缪公的玄孙，公元前 577—前 537 年在位）之墓的"秦公一号大墓"。

该坟墓是一座东西 60 米、南北 39 米、深度达 24 米的长方形竖穴坟墓，比人们熟知的殷墟大墓还要大一圈。形式与殷墓相同，在阶梯状挖掘的竖穴底部中央，有一个东西 15 米、南北 6 米、深度 3 米的木材建成的棺室。

1976 年以后挖掘继续，首先发现了多达 182 名的殉葬者。说起来，《史记》记载，缪公（公元前 660—前 621 年在位）死后葬于雍城时，殉死者达 177 人，其中不乏尚处壮年的家仆。

盗挖殆尽的坟墓

对这个秦公大墓，我也有些许"恨意"。

1986年秋天，终于到了开启棺室的阶段，应该会有大量宝物出土的新闻传到了日本，一个报社对我说"大量物品出来以后，我们将组织您与某著名作家对谈，希望您做好准备"，我也非常期待。然而，打开之后人们发现，大墓已经被盗挖殆尽，仅留下了铁器10件、铜镜1面和石磬（打乐器）的一部分，这个对谈计划也因此搁浅。

两年后，我与中国学者一起，从宝鸡市乘坐大巴，沿着渭河（渭水）北面的道路向西，去参观这座大墓。经过五个小时的路程到达凤翔县后，因为"连日下雨道路泥泞，大巴无法进入小道，也无法步行……"不得不放弃了参观。

这些撇开不说，缪公在位四十年，可以说是助秦国兴起的明君。他的第一项功绩是从别国请来有才华的人委以国政。其中之一是百里奚，原虞国大夫。虞国被晋国所灭后，他被囚禁于楚国。缪公以五羖羊皮的赎金赎回，因此百里奚被称为"五羖大夫"。缪公苦心经营与东方大国晋国的外交，从晋国迎娶了妻子，拥立了结束长年流亡生活的重耳即位晋公（文公）。

如此一来，起源于所谓的"边境养马人"的秦国，到了缪公一代，西部合并了戎的十二部，东部的领土则延伸到了黄河，终于成为位列春秋五霸的存在。

商鞅变法

从春秋到战国

《汉书·地理志》有以下记载：

周室壮大时，封国数量达到1800个。周朝衰弱后，诸侯肆意相争，数百年间，多个国家灭亡。即便如此，春秋时代还存在数十个国家，齐桓公、宋襄公、晋文公、秦穆公（缪公）、楚庄王等五位大人物（五伯），相继成为会盟的主宰者，在一定程度上作了统合。战国时代后期，天下仅剩秦、韩、魏、赵、燕、齐、楚七国，经过数十年合纵连横，最后秦国一统四海。封建制消亡，天下实行了郡县制。

上文中提到的会盟，类似今天所说的峰会，通过在神前缔结誓约来避免国际纷争。会盟的主宰者为霸者，即"春秋五霸"。但"五霸"也有多种说法，另有种说法以吴王阖闾和越王勾践取代缪公和襄公。

当秦国据于雍城潜心发展之时，中华已经展现出战国动乱的模样。楚国大都郢（今湖北省江陵县北郊）被吴王阖闾攻占，秦国派出"兵车五百乘"以图助楚复都；吴王夫差和越王勾践相互"卧薪尝胆"誓言复仇；孔子被排挤出鲁国政治抑郁而终（公元前479年），都发生于春秋末期。

晋国开始是周成王之弟唐叔虞的封建之国，后被三位大夫夺去实权，分裂为赵、魏、韩三国，周王朝也不得不认可三人为"诸侯"（公元前403年）。此为大事，一般把这个时间作为战国时代的开始，也是出于这个原因。

泰山一带也开始骚动。在太公望吕尚建立的大国齐国，大夫田氏夺取政权成为新的诸侯（公元前386年，平势年表为公元前385年）。秦献公迁都栎阳，是在此后三年。

这里我们根据《史记·秦本纪》的记载，按顺序追溯一下献公的事迹。

首先在即位之年（公元前384年），献公废除了殉葬制度。翌年如上所述迁都栎阳。四年（公元前381年）孝公出生。十一年，仕于周朝的史官来访，预言"十七年后将出霸王"（孝公即位是在十四年后）。十六年，冬天竟然桃花盛开。十八年，栎阳降下金雨。即位24年后献公去世，孝公即位。

从此，孝公（公元前361—前338年在位）的时代开启。此时孝公21岁。

孝公的决断

此时的秦国与南面的楚国、东面的魏国国境相接壤，魏国修筑长城与秦对峙。与这些大国相比，秦国还被诸侯视为夷狄，不过是一个连会盟都不让它参加的边境新兴国家。

对于刚刚即位的孝公来说，当务之急是富国强兵。因此，孝公公告全国"不问身份与经历，只要有强秦的妙法，谁都可以被纳入士的阶层，授予高官"，商鞅为此入秦，受重用之后，商鞅完美实现了内政改革（变法）。

商鞅又称作卫鞅、公孙鞅。初为魏惠王（惠公）的陪臣，他对不认可他能力的惠王感到失望，来到秦国。

面试时，商鞅对孝公讲述帝道（尧舜的政治）致其瞌睡，又讲述王道（周文王、武王的政治），也没有给孝公留下特别的印象，最后陈述了现实的富国之道、霸道，受到重用。此后，商鞅在孝公的强力支持下，果断实施了两次"商鞅变法"。

法的统治

商鞅变法的内核，就是通过法令建立起君主一元统治体制。

商鞅进行了全方面的改革。例如，强化相互监督系统（什伍连坐之法）；实施战争中"取得敌人一人首级，晋一级爵位"等具体的奖励措施（军功爵制）；把大家族分解为小家族，实行可以管理家族每一个人的家族法（分异令）。改革还包括，改变土地区划，重新分配给农民，给予新开垦农地；为促进租税的公平和物资流通的顺畅而实施的度量衡的统一；大小都市（县）都作为君主的直属领地进行重新配置的郡县制等等。

这些改革是否在商鞅一代完成，以及是否只有秦国实施了此类改革，还需要探讨，但后来秦帝国的体制在任用商鞅的孝公一代，打下了坚实的基础，这一点毋庸置疑。

在此类法令的实施过程中，商鞅首先呼吁人们相信"法"，还流传下来下面这个故事。

商鞅在国都市场的南门立起一段高达3丈（约7米）的木材，发出布告，如把木材搬到北门就给黄金10枚。谁都没有相信。后来又公告，搬去的话给黄金50枚。有一个人搬了过去，立刻就被赐予黄金50枚。法令因此为人民信服。

新法令赏罚分明,以罪刑法定主义为主旨。有一次孝公太子犯了法,商鞅认为虽然国家的继位者不能处罚,但要对守卫处刑,并对太子的老师处以黥刑。

变法帮助秦国实现了富国强兵,农民变得能耕善战。后人总结商鞅事迹的《商君书》中,常见的"农战"一词,即是此意。

功成名就

孝公在该成果的基础上,最终把都城建于关中的中心(公元前350年),即一直继承到秦始皇时代的都城咸阳(今西安市北郊)。

商鞅本人也出人头地,升到了地位相当于宰相的大良造。同时,该时代的青铜器和度量衡中时常出现商鞅之名,如"(孝公)十八年,齐国率卿大夫之众来聘。冬十二月乙酉,大良造鞅……"等。

变法成功后,商鞅发动战争战胜魏国,收复了黄河以西的土地。因为该功绩,商鞅被赐予於、商地区的15个邑,称"商君"。然而,商鞅的改革侵犯了贵族旧势力的利益,因此孝公去世后,此前被商鞅处罚的那位太子的老师立刻控诉商鞅谋反,企图复仇。

商鞅出逃至关所,欲借宿,主人却说,"根据商君之法,留宿没有通行证的人要受到处罚",拒绝了他。商鞅慨叹:"自己颁布的法律,没想到让自己有这样的遭遇……"

最后商鞅受到车裂之刑,全家被杀。

合纵连横的时代

诸子百家的群像

新的时代要求有与之相应的思想和技术，同时也唤醒了要挑战自己能力的野心家们。诸子百家登场了。

《汉书·艺文志》是东汉班固把当时汉代留存的各类书籍按照学派进行分类，从儒家的立场进行解说和批判的珍贵书目。

这一章中，班固在整理了"诸子总共189家、4324篇"之后，认为有代表性的是"诸子十家"，其中"需要了解的仅九家"。同时他这样评论：诸子起于王道衰微诸侯仗力行政的时期，各地君主想要随心所欲地实施自己的政策，这样就产生了"九家之术"。他们夸大宣传各自关注的事物，游说以获取诸侯认同。

班固所说的"九家"，指的是儒、道、阴阳、法、名、墨、纵横、杂、农各家。"十家"之中班固认为不需要了解而排除在外的是"从街头的闲话和传闻中作一家之言"的小说家。

这里，参考班固的考察，我们来看一下在当时以及后来的时代都留下了许多足迹的诸家的概要。

儒家与法家

位于"九家"之首的儒家，不用说，是以孔子为宗师，后为孟子、荀子所继承的学派。

然而，儒家讲述尧、舜，向周文王、武王求宪章的尚古主义，被秦孝公认为是腐朽的"帝道、王道"而厌弃，而且在氏族和宗族的约束已经濒临崩塌、大家族也被分解的当时，以"不怠于自身修养，家族和顺后，国家就会治理，天下就会太平"（修身齐家治国平天下），将家族秩序作为国家扩张的方向，寻求整顿战国之世的家族主义，以及重视礼乐，希望通过典礼来构建秩序的教养主义……这些都是不切实际的设想。因此，儒家的游说没有成功，最终招来了秦始皇的"焚书坑儒"。

然而，在政治秩序安定以后，发挥最大威力的正是儒家的思想。进入汉代以后，儒家改变自己的思想，得到了专制君主的青睐，获得了国家的庇护，成长为"儒教"。

另一方面，如在商鞅事迹中所见的那样，法家思想是最受战国时代霸者欢迎的政治思想。当然，商鞅并不是法家的鼻祖，在春秋时代末期已在魏国制定"成文法"成功实施改革的李悝，在齐国协助桓公的管仲（公元前645年卒）也可以归类为法家。

但是，法家一直得到重视的还是秦国，商鞅的主张被后来秦王政时代的韩非（韩非子）和李斯所继承。

之后的汉代，看上去成了儒家、儒教的天下，但是处理实务的高官们还是较高地认同法家的政治思想。班固严厉地批判法家"没有对人们的教导，没有仁爱，一味依赖刑法推行政治，伤及亲人，恩将仇报，无视情义"。

百花齐放

道家一派始于老子,由庄子发展壮大,因此也被称为老庄思想。另因与黄帝推崇的神仙思想相结合,又称为黄老思想,但从系统上来说似乎并不是一个学派。

道家阐述的是追求贯穿于自然界和人间的"道",其理想是短暂脱离现实的、人为的、政治的关系(无为自然)。这个思想与霸者的理论相背离,自然对战国时期的政治调整无益。但在天空中自在遨游的境界催生了人们对仙界的憧憬,于是促进了仙药、医药的开发与服用。因为这个原因,战国以后,黄老之学在为政者的个人生活中持续存在。道家思想作为逃离现世苦乐、求来世安宁的思想,发展成了后来的"道教"。道教在中国最接近于宗教,流传至今,获得了普通民众的信仰。

接下来是阴阳家。阴、阳二元论很早就与用五材(木、火、土、金、水)阐述的五行说的世界观相结合。倡导阴阳说的邹衍生于齐国临淄,据说稍晚于孟子。

他的主张被公元前4世纪末的燕昭王所喜爱,最初以天文、历学为基础,从现实的祥瑞、灾害的解释开始,发展到可以占卜王朝命运的一种历史哲学。当时,天地变化和祥瑞、灾害被认为是天命的表现,灾异说作为五行说的一部分,起到了评判专制君主政治的作用。

墨家的始祖是春秋末期到战国初期出任宋国大夫的墨翟,以民众特别是下层民众等工人阶层的思想为基础,尊重以村庄、城镇的族长为中心的自然秩序,致力于通过普遍的爱来维持和扩大人际关系(兼爱、非攻)。因此,当某个当权者企图从上层统治村庄时，墨家予以坚决抵抗，不惜结成战斗集团（墨家集团）进行猛烈反击。这种类似无政府主义的思想把防卫战争变成了集体运动，开发攻城的战术和技术，成了"承担战争"的职业化集团（后期墨家）。因此，在诸国相争的时代非常活跃，但政权一统后即遭弹压，到战国末期基本消失。

农家。新时代的到来，其背景是农业生产的飞跃性进步。春秋中期以后，铁制农具得以生产和普及。以牛牵犁的耕种方式也发明于这个时期，铁犁进一步提高了耕作的效率。铁制工具使得自古以来的治水和灌溉难题变得简单，并且促进了森林和山地的开发。

本来霸者们的责任也在于苦心发展农业，因此产生了农业技术专家的活跃舞台。农家成为"九家"之一，也是时代的趋势。

虽然班固没有把兵家列入"九家"和"十家"，但兵家也是与战国之世相适应的诸子之一，代表人物是孙子。关于传承至今的《孙子》的作者，一直以来众说纷纭。一般认为是春秋时代活跃于吴国的兵法家孙武，也有说法认为，其子孙——战国时代的齐国孙膑也可能是《孙子》的作者。

然而，1972年，山东省临沂市西汉墓（银雀山第一号汉墓）出土了《孙子兵法》和《孙膑兵法》两种书籍。经过解读，前者与现行的《孙子》相近，悬案基本解决，同时时隔两千多年我们看到了《孙膑兵法》这本"幻想之书"。

纵横家的世界

班固所选的"九家"之中，其中之一的纵横家，是周旋于战国时代列国之间的外交专家。代表人物是苏秦（卒于公元前317年）和张仪（卒于公元前310年）。二人均师从纵横家鬼谷子。

苏秦是东周国都洛阳人。他四处游说，都没有被接受，窘迫回乡，被兄弟姐妹嘲讽"不做农、工、商这些固定的工作"，但最终周游列国，劝说诸侯，成功结成了对抗秦国的六国联合战线，自己兼任六国宰相，出人头地。因为他提出的南北相连的"合纵"之策，秦国进军东部被推迟了十多年。

张仪则直接前往秦国，出任孝公之后继位的惠文君的客卿。此时诸侯们陆续开始称王，惠文君也在张仪的劝说下，继齐、魏、韩之后称惠文王（公元前324年）。此后，张仪为了对抗苏秦的合纵，灵活应变地与一个一个国家结成同盟，以求破坏六国的团结（连横）。

另一方面，苏秦周旋于燕国和齐国之间，苦心维持合纵，却被嫉妒其才能的齐国大夫派刺客刺杀，最终因伤殒命。

张仪也常往来于诸国之间促进连横，特别是在对手苏秦死后，成果得以进一步巩固。但他被惠王之后继位的武王（公元前311—前307年在位）所嫌恶，逃往魏国任宰相，一年后去世。

从二人的事迹可以发现，纵横家是真正的战争的产物。当时，旧秩序已经完全被破坏，只要有一技之长，无论贫富贵贱都能找到施展之所。要论纵横家的技艺，就是"三寸不烂之舌"。

邯郸之梦

赵的王城

唐朝玄宗时期,胸怀大志的书生卢生赴京途中,借宿于邯郸的旅社。煮粟(黄粱)粥时,他向道士吕翁借了一个枕头睡着了,梦见高中科举,一生享尽荣华富贵。结果一觉醒来,粥还没有煮好。这是唐代小说《枕中记》记载的有名的"邯郸之梦"的故事,也叫"黄粱一梦"。一直以来,我也希望能在邯郸做一个梦。

1995年盛夏,我与画家大森运夫及其夫人一同旅行时,去了邯郸。我们在北京租了小巴,经过河北省保定市、石家庄市,第四天来到了邯郸郊外。但是,在即将进入市区时因为水土不服,所有人都出现了食物中毒症状,一夜未眠,"邯郸之梦"泡汤。幸运的是第二天身体康复,我们一同前去参观了历史遗迹。

邯郸是战国时代赵国的国都。古都历史可追溯至敬侯迁都(公元前386年)之时。位于市中心的"丛台",是赵国第一名君武灵王所建练兵场的阅兵台遗迹。作为内政改革措施之一,武灵王于公元前307年大胆采用北方骑马民族的战服和战法(胡服骑射),极大地提高了赵国军事实力。

邯郸南郊,距离中心城区30分钟车程之处,是赵国古城"赵王城"。

根据考古调查,该王城由东城、西城、北城三部分组成,呈品字形。其中,西城规模最大,由长1400米左右的城墙所包围。城内正中央,有一座东西265米、南北285米、高19米的宫殿遗迹,现在称为龙台。

东西二城较好地保留了城墙遗迹,自古以来就广为人知。北城则在1965年的调查中被首次发现。到了1970年代,在此三城之外,它们的东北部,即如今的城区,发现了东西约3千米、南北4.5千米的不规则长方形的大规模城郭。刚才所说的"丛台"正好位于城郭正中。战国史大家杨宽认为,南部的赵王城是王公贵族所居住的宫城,北部的城郭则是普通民众和手工业者的居住区。

当地的导游带领我们参观了王城遗迹。站在东城墙的遗址上,一眼望去尽是丛生的杂草与旱地。穿过田间小道,我们终于在遥远的东方看到了左右延伸的高地。这就是龙台。

来到分割东西两城的城墙遗址,可以看到相当深的土沟,我们无法轻易翻越城墙,因为一路感慨着走来,到这里已经用去了一个多小时,又因为昨天的"事故",体力还没有恢复。因此在感叹"都城的宏大确实从纸上无法感知"后,我打算以此作为收获打道回府,一抬头,忽然看见了粟地。最近在中国农村已经很难见到粟和黍地了,我不禁想道,这难道就是邯郸的"黄粱"吗?……

巴蜀之地

苏秦和张仪都离世后,秦国昭王(又称昭襄王,襄为谥号,公元前306—前251年在位)即位。这位秦王在位的56年间,积极推进对外战争,其左膀右臂是一名叫作白起的将军。

秦国从惠文王时期开始，就翻过位于渭水南部的秦岭山脉，企图吞并汉中到巴蜀的未开发地区。在纵横家张仪的努力之下，秦国进入四川盆地建立起大城（今四川省成都市），并把那一带设为"蜀郡"。

昭王末年，蜀地郡守李冰为了治理流经四川盆地的岷江水患，在中游（今四川省都江堰市）修建堰堤，开凿水路，配备连接竹笼的移动堤坝等，下了巨大的功夫，成功把灌溉用水引导到成都平原。因为都江堰的建成，西部平原开发成了沃野千里的水田。1974年，河中发现了东汉时代建造的巨大的李冰石像，据说石像不仅是为了纪念表彰，还起到水位检测器的作用。

秦国军队得到蜀地这个极好的补给地后，又沿着流经盆地南北的河流，把长江上游地区收入囊中，建立了黔中郡（公元前280年）。

此后，秦军从西边攻入楚国，夺取了楚国国都郢（公元前278年），把该地区设为南郡。楚被迫迁都于陈（今周口市淮阳区），也许因为心有不甘，称其"郢陈"。白起因此功绩被封为武安君。

位于湖北省江陵县西北的纪南城是楚国郢都遗迹。虽然还有东西4450米、南北3588米的城墙遗迹，但站在当地，映入眼帘的是一望无际的原野，只有现在看来像堤防一般的城墙绵延不绝。小雨淅淅沥沥地下着，说实话，并没有觉得多么感慨。

长平之战

武安君白起攻陷了楚都郢后,转战中原,破赵、魏联军于华阳(今河南省郑州市南),建立了"斩首十五万"的功绩(公元前273年)。

昭王四十七年(公元前260年),秦国展开对赵国的全面攻势,集结大军于长平(今山西省高平市)。历史上有名的长平之战由此拉开序幕。

七月,白起为上将军,率大军包围赵军。赵军粮尽,士兵被围困46天,竟开始食人肉。赵军士兵一突围即被击破,将军赵括也为秦军射杀,赵军溃败。白起假意放过降服的数十万士兵,却将其全部活埋杀害。正如孟子所说"争城以战,杀人(死者)盈城"(《孟子·离娄上》)。最后,此战中被斩首和俘虏者,围城前后相加达到45万人,赵国震动。

根据最近的消息,山西省高平市附近的村子发现了埋葬多名战死者的坑穴(尸骨坑)(《文物》1996年第六期)。详细情况虽然尚不明确,但该地有可能是长平之战降卒的埋葬之地。

长平之战胜利后,秦军乘势于翌年包围了邯郸。邯郸经历了一年多的围困后,终于在楚、魏援军的协助下免遭陷落。

白起与当时的宰相范雎不和,对于攻打邯郸失败,传闻白起说"是因为没有采用我的计谋",因此引来昭王震怒,被降为兵卒(士伍)。之后,在范雎等人的谗害下,昭王赐剑,强令他自杀(公元前257年)。秦人为了悼念白起,建祠以慰灵。

"点"的争夺战

从白起的经历我们可以看到，战国诸王会在与本国相距遥远的地方发起战争。而且，如楚国一般，即使国都陷落，国家也并不就此灭亡。

正如史书记载的"取十五城""丢二城""还五城"，当时的对外战争不是"面"，而是"点"（城市）的争夺战。因此，即使是国都，也只是争夺战的对象城市之一而已。

国境形同虚设，诸王的强弱不是由领土面积大小决定，而是由辖下有多少个城市所决定。列国的领土，与其说是"领域"，用稍粗俗的话说，不如说是拥有几个"赌场"的地界更好理解。

因此，地界的扩大，并不是像蚕一样从桑叶的一端逐渐吞食的蚕食形式，更多的是像虫咬洞那样扩大的。而且，因为远地的维持较为困难，还会出现根据条件进行交换、返还的情况。也就是说，这个时期的对外战争可以说是地界的争夺。

说到"点"，春秋时代的楚国和秦国边境的诸国，出现了称为县的城市。此类县虽然是诸侯的直辖地，但是统领各县的依然是卿大夫，统治权力世袭。因此虽称之为县，但它们与以往的邑一样也是采邑（封地）而已。

从"点"到"面"

进入战国时代，将原有自然产生的邑进行整理并重新设置成几个县，以及开垦未开发地区设置新县的趋势愈加明显。

新型县即"初县"中，设置了直属于诸王的官僚。耕种县城周边田地的,是移住于此的农民。他们被分配了一定的耕地,并向政府交纳税金。

统合小的都乡、邑聚后设县,设令、丞。垦田,定区域(开阡陌),边界处设土堆。赋税均衡,度量衡(斗桶、权衡、丈尺)统一。这是商鞅内政改革(第二次变法)的政策之一。

新设县以后,邑制国家的内核也发生了改变。接下来,战国诸侯们以这些新型县为中心,致力于构建县的网络。这已经不是连接"点"和"点"的松散的邑的网络,而是意味着诸侯直辖的统治地区,即"面"的形成与扩张。

最终,到了战国时代末期,诸王对"面"的执着不断增强。

列国对外战争的特点,从过去的地界争夺以及虫咬洞式的攻打,转换为了有计划的不留余地的面的扩大,即蚕食式的进攻。对外扩张后从他国取得的地区,以"面"的形式做好保障,之后重新整编为直辖地"郡",这种新的趋势在战国的所有国家都不同程度地存在。

采用此类"面"即领域的扩大作为积极战略加以实施的,是陆续设置"蜀、黔中、南"诸郡、势如破竹的秦国。

7 天下一统——秦始皇的出现

"奇货可居"

食客三千人

抛开列国的诸王及其一族不谈,事实上推动战国之世的,是那些居无定所的"来历不明"的人。以三寸之舌作武器的，不仅有苏秦和张仪。陷害秦国名将武安君白起的范雎，也是从魏国流亡到秦国，仅凭口舌成为秦相的人。

一开始范雎欲仕于魏王，但不仅能力没有得到承认，反而蒙受冤罪，被置于茅厕受辱，差点丢了性命。范雎对魏国失望后入秦，弄策为昭王所用，得到了"客卿"的礼遇。

当时列国诸王的公子及亲族，就像护卫城市的城墙一样协助着王的事业。他们被授予大片封地成为诸侯，称某某君，各自成长为聚集了"食客三千人""宾客数千人"的强大政治集团。齐国孟尝君、魏国信陵君、楚国春申君和赵国平原君就是其中的代表。

在《史记·孟尝君列传》的结尾，司马迁写下了如下感想：

"我来到孟尝君的领地薛（今江苏省徐州市），发现它与北边的曲阜等与孔子有渊源的地方不同，有许多流浪汉和无赖。我向当地人打听，他们说，是从前孟尝君曾经招揽了六万余家任侠在此的缘故。"

孟尝君曾经受昭王之邀前往秦国，拜为秦相。但昭王惧于他的才能，把他囚禁了起来。他给昭王的爱妾送去了价值千金的狐狸毛皮（狐白裘）而得到释放。事实上，该毛皮并非孟尝君所有，而是他"最下座"的宾客从秦国国库秘密偷盗出来的。孟尝君就此逃走。到了函谷关，因为天没亮大门紧闭。于是，孟尝君命令善于模仿鸡叫的"客之居下座者"混淆时间，门开了以后得以逃脱。

任侠的习俗

从孟尝君这个"鸡鸣狗盗"的故事可以看出,当时的宾客包含了各色人等。来寻求庇护的宾客中,不仅有因为各种原因被排挤的异能人士,甚至还有杀人犯和小偷。而且,像刚才引用的司马迁所说的"……六万余家任侠"那样,他们似乎都是合家迁徙而来的。

把这些人物集结成为一个集团的,靠的既不是血缘关系,也不是利害关系,而是随着社会秩序的变动而产生的"侠客",即"任侠"的精神。因任侠集结而成的"异能集团"的出现,也是点缀战国时代末期的一个特点。

此类势力强大的某某君,虽然是诸王的亲族,却也对王的专制构成威胁。正在极速推进集权的秦国,很快就开始了整治。

范雎入秦后的功绩正在于此,他向昭王进言:"树木的果实(私门)如果太多,就会成为枝丫的负担,最终危及树干(公室)。"最终把权势扩张的高陵君、华阳君等各亲族流放到了国外。因为这个功劳,昭王四十一年(公元前266年),范雎被拜相,封应侯。这是长平之战六年前的事。

然而,范雎也是一个有任侠行为的人。成为秦相后,范雎向昭王推举了逃离魏国时有恩于他的王稽成为河东郡郡守。另一方面,听说从前箠辱自己的魏国宰相魏齐藏匿在平原君府邸后,他借昭王之手追讨魏齐,最终迫使他自杀。对曾在他穷困时照顾他的人们,他都散财报恩,一宿一饭的恩义也必然报答,而对有切齿之恨的仇敌,则必定会报仇。

接替范雎担任宰相之位的，是从燕国来的游说之士蔡泽。蔡泽一直仕于各代秦王直到秦王政时代，后来企图暗杀秦王政的燕太子丹成为秦国人质，也是蔡泽交涉的结果。

关于范雎的结局，史书没有明确记载。但是，在本书后面还要介绍的史料，即出土的竹简中有一页写道，昭王五十二年（公元前 255 年）"王稽、张禄去世"（"云梦秦简"的《编年记》）。"张禄"即范雎入秦后改换的名字，范雎的晚年由此可知一二。

邯郸的姬妾

人质外交，也是战国之世的产物。

昭王之孙子楚，因是妾室所生，被送到赵国邯郸当人质。阳翟（河南省禹县）出生的大商人吕不韦偶然见到异乡窘困的子楚，认为他"奇货可居"，决定扶持他。此后，吕不韦为了把子楚扶上太子之位，使用各种手段努力在政界活动。

《史记》记载，吕不韦在邯郸与一个豪族的姬妾同居，应子楚的要求，把她献给了子楚。长袖善舞的美貌姬妾怀孕，后产下一子。因为生于正月，被赐名"修正以正"，即"政"。他就是后来的秦王政，再后来成为秦始皇。

赵都邯郸也有燕国的人质，即太子丹。丹与政幼时为友，互相交好。随着时间推移，政回国即位为秦王，讽刺的是，太子丹后来不幸成为秦国人质。丹对遭受的恶劣对待怀恨在心，终于逃回了燕国。这为后来的"荆轲刺秦王"埋下了伏笔。

秦军包围邯郸之时，子楚贿赂了看守，终于逃回了秦国。

六年后，在位五十六年之久的秦昭王过世，子楚之父安国君继位（孝文王）。此时子楚被拔擢为皇太子，这也归功于此前吕不韦的运作。子楚成为太子后，赵国把子楚的儿子（政）和夫人郑重地送回了秦国。

在此之前，子楚逃离赵国后，嬴政母子被单独留在了赵国，受尽欺凌。遭遇欺辱的儿子最终成为秦王，后攻打赵国，攻占了邯郸。秦王政进入都城后，抓捕并活埋了当时与母子结仇的仇人们，以解从前之恨（公元前228年）。

秦始皇"残忍"的性格，以及他在对外战争中对赵国的"仇恨"，都与他在邯郸的幼年体验有着相当大的关系。

秦王政即位

孝文王很快去世，子楚即王位（公元前250年），为庄王（庄襄王）。吕不韦的辛劳得到回报，成为秦相，封文信侯，得到了洛阳附近"十万户"的封地。

当时，周王朝（东周）虽然再次东西分裂，但在洛阳附近还保留着虚名。庄王即位后立即在这里展开攻势，击破了韩、魏、赵的合纵策略，最终灭周并把黄河中游的中原地区收入囊中（公元前249年，平势年表把东周的灭亡定义在秦昭王时代的公元前255年）。

随后，秦国在此地设置了三川郡。翌年（公元前248年）秦国攻赵，夺取了榆次等三十七城，设为太原郡。当时的郡虽然是流动的，以"城"（县）的数量计算，但无论如何，秦国已经开始成长为一个领域国家。

庄王即位三年后去世，13岁的太子政即位为秦王。

秦王政尊吕不韦为相国，称"仲父"。所谓仲父，是指仅次于父亲的人。吕不韦极尽荣华，有家僮（奴隶身份的仆人）一万人，又仿孟尝君招徕食客三千人，让其宾客把诸子百家的著述汇聚到一书中。这部汇总性著作就是流传至今的杂家代表作《吕氏春秋》（《吕览》）。

在吕不韦的时代，秦国的"领域化"进一步加速。秦王政元年，攻打韩国，夺取其北部一带的上党郡，同年重建一度被夺走的太原郡；秦王政五年攻魏，夺二十城，在黄河中、下游设东郡。

吕不韦为了向独居深闺的太后献殷勤，把精力绝伦的嫪毐假扮成宦官送给了太后。嫪毐深得太后宠爱成为长信侯，拥有家仆千余人，身份几乎与吕不韦齐平。

但是，暴露其并非宦官的事只是时间问题，嫪毐察觉到危险后发起叛乱，被秦王所诛。吕不韦也被连累，于秦王政十二年（公元前235年）饮毒而亡。

统一的进程

李斯与韩非

吕不韦自杀那年，秦国从六月开始大旱，到了八月才终于降下雨水。也许因为这个原因，秦国到下一年才继续与东方六国的战争。

由法家商鞅、纵横家张仪、杂家吕不韦，以及白起等名将支撑下来的秦国扩张的历史，从这个时代开始，由法家李斯继承了下来。而李斯也没有逃脱策士的命运，最终死于非命。

李斯是楚国上蔡（今河南省上蔡县）人，师从儒家荀子，学习帝王之术。可能是荀子仕于春申君后居于兰陵（今山东省枣庄市）的时期，韩非（韩非子）为其同门，对修习"刑名法术之学"的韩非的才华，李斯也是极为钦佩。

李斯对楚王失望后，来到秦国，得到吕不韦的垂青仕于秦王政。李斯的主张立刻被秦王所喜，历任郎、长史、客卿。后来，因为秦人认为"别国来的策士不能重用"，李斯自己也被排挤，他说服秦王"不能忘记那些仕于缪公和孝公等先王而立下功劳的'宾客'"，最终使秦王撤回了这个驱逐客卿的命令（逐客令），从而返回到政治第一线。此后秦王施政全部来自李斯的献策。

韩非的著作广受好评，传到秦国，秦王看了各篇章后，感叹道"如能与此人交游，虽死无憾"，于是想办法把韩非迎到了秦国。李斯应该是惧于这个竞争对手的出现，进谗秦王"韩非毕竟是韩国公子一族，不会为秦所用"，最终把韩非置于狱中。秦王很快后悔了，欲释放韩非，但为时已晚，韩非已被李斯背地里送去的毒药毒死在狱中。这就是发生于秦王政十四年（公元前233年）的悲剧，此类悲剧在中国历史上多有发生。

韩非的政治思想可以从流传至今的《韩非子》中得知。其中一篇是"说难篇"，叙述了说服君主之难。而在其他诸篇中，描述了如"无为"一样贯穿全部统治的极致的政治世界。也许这才是秦王要实施的理想的专制统治方式。司马迁认为他的思想最终归结为黄老思想，《史记》把他的传记与老子并列，作《老子韩非列传》，也是因为这个原因吧。

刺客跳梁

赠予策士金银财宝，派其潜入别国去劝说：如果发现诸侯手下有有才华的人，就用金钱笼络之；如果这些都不见效，就派去刺客暗杀；如果对方国家的内部上下关系出现恶化，再派出军队。这就是李斯劝说秦王的"外交"手段。

这些手段是隐藏在当初"合纵连横之策"中的"影子"部分，并非秦国独有的手段。特别是其中的恐怖行动，当时还有"美"的要求，刺客因为有侠气而被称赞，都是当时的时代特征。吟唱着"风萧萧兮易水寒，壮士一去兮不复还"这样自我陶醉的诗歌前去刺杀秦王政的荆轲，就是"被美化的刺客"之一。

荆轲刺秦王最后以失败告终。事情告一段落后，太医夏无且因为把药袋掷向荆轲救秦王于窘境，得到黄金200镒（约63千克）的奖赏。

西汉的儒家董仲舒从太医夏无且处了解到该事件的始末（夏无且恐怕相当长寿了），司马迁又从董仲舒处得知了这个故事。无论如何，以咸阳宫为舞台的这出武打剧一直流传了下来。

如鹤间和幸所收集整理的那样，西汉、东汉的画像石和画像砖（装饰墓室和祠堂内墙的浮雕）中，很多都描绘了这出武打剧。特别是东汉武氏祠（位于今山东省嘉祥县），生动描绘了刺杀秦王的荆轲，从后面抱住他的仆从，不知所措逃开的秦王政，刺在圆柱上的匕首，只知道发抖的荆轲随从秦武阳，以及最后终于赶到的卫士们。

此时的燕国国都为上都蓟城，太子丹等如送别死者一样身着白衣送荆轲的地点，应是位于易水之畔的燕国副都下都（今河北省易县）吧。

燕国下都遗迹已经完成考古调查，发现了临河而建的东西两座城郭，一面3—4千米的城墙，高十多米的若干宫殿土台，以及铁制兵器的作坊遗迹等等。

吞并六国

公元前227年，最终从荆轲刀下逃脱的秦王政，立刻开始了对燕国的报复行动。由名将王翦等率领的秦军在易水以西击破燕军，翌年攻陷首都蓟城。燕王喜送上了太子丹的首级，伺机逃往辽东。四年后，王翦之子王贲进军辽东，虏燕王，燕国就此灭亡（公元前222年）。

赵国也于同年覆灭。邯郸被占领后，公子嘉与燕军一部一道，在代（今山西省北部）自立为王。后来他也成为王贲的俘虏，赵国势力灭亡。

此前，王贲的军队攻打魏国，将黄河水引向魏都大梁（今河南省开封市）。城郭毁坏，魏王假也不得不投降（公元前225年）。魏国就此灭亡，秦国在此地实施了郡县制。

在此之前，错失韩非的韩国禁不住秦国和赵国的攻势，秦王政十七年（公元前230年），韩王安降秦，韩国灭亡。秦把此地设为颍川郡。

另一边，楚国在国都郢陷落后，从北方的陈（郢陈，今河南省周口市）到淮河流域的巨阳（今安徽省阜阳市北），再到寿春（称为郢，今安徽省寿县），辗转迁都苟延残喘。秦国在秦王政二十三年（公元前 224 年）命老将王翦率军攻楚，吞并了陈以南的淮河上游地区。

秦王政来到陈都，把该地设为楚郡。楚国名将项燕，因败于王翦而自杀（公元前 223 年）。项燕之子为项梁，其侄为项羽，后来与刘邦进行了政权的争夺。

逃往寿春的楚王负刍于此前一年（据平势年表）被俘，在江南继续抵抗的楚军残部（昌平君）也被王翦和蒙武军队席卷，楚国也就此灭亡（公元前 222 年）。翌年，楚国的江南地区被设为会稽郡。

如此一来，到了秦王政二十五年（公元前 222 年），六国之中硕果仅存的，只有离秦国最远的雄踞于今天山东省一带的强国齐国了。秦王政向全国发出布告，"允许开设酒宴"。

在战国七雄之中，秦和齐也是东西二雄。此前，秦昭王曾与齐国立下盟约，分别称西帝、东帝（公元前 288 年）。但秦国灭魏那年，秦军已迫近齐国历下（今山东省济南市）。四年后，虽然齐王建在西部边境加固了防卫线，秦军还是从燕国南下。齐王投降，齐国也就此灭亡（公元前 221 年）。这是秦王政即位后第 26 年的事。

"云梦秦简"的世界

出土的秦国刑法

1975年,在某铁路沿线的排水沟施工现场,人们发现了12座小型古墓。发掘结果显示,这些古墓多为战国末期到秦始皇时期的秦国文物。所在地湖北省云梦县睡虎地,位于省会武汉市西北100千米处。这片区域是秦国从楚国夺去后设为南郡的领域。

我们永远不知道在中国的大地会发现什么,11号墓出土的1150多片竹简就足以让世人惊讶。大概是因为在潮湿地带的墓中,有足够的水分滋润而没有腐坏留存至今。无论如何,这些竹简所记载的,涉及秦国进行统一战争时期的政治、行政、军事、生活的各个方面,生动描绘了从以往的文献中无法尽知的情况,特别是当时"法"统治下的实际情况。

在纸尚未发明普及的时代,书籍和文件大多使用木片(木简),在竹林茂密的长江流域则使用竹片(竹简)。把这些竹木片排列好,用数根线穿成簧子或帘的样子,就是当时的书籍和文件。"册"这个文字就是模仿该形状,"卷"则是把"册"卷起来后的样子。

处理竹木文件的衙役,称作刀笔吏。这里的"刀",指的是在写错字时用于削去竹片的起橡皮作用的小工具。11号墓也出土了三支细毛笔、铜制小刀、直径2厘米左右的圆墨以及长约7厘米的小砚台。

综合出土竹简的种类和内容可知,该墓的墓主人是昭王四十五年（公元前262年）出生的名叫"喜"（姓氏不详）的一名刀笔吏，而且是与法务相关的一个地方公务员。

把仔细安放在遗体周围的竹简进行整理复原后，可知其是十多种书籍，大部分为实用的法律相关文书，即当时的《六法全书》。这些新出土的书籍是珍贵的一手史料——"云梦秦简"。

"法"与官僚

有一个词叫"股肱之臣"，指的是像君主的手足一样工作的臣下，即官僚们。从君主那里得到薪俸和赏赐用以生活，做出实绩后晋升，直至成为能给子孙留下良田的大官，一直在追逐这个梦想，忠实工作的士大夫，是致力于专制统治的诸王所必需的工具。这些官僚的工具则是"法"。云梦秦简中有一本书名为《语书》。这是秦王政二十年（公元前227年）南郡郡守督促郡内的官吏们"依照法律处理公务"的书，以下这段话很好地表现了当时法的理念。

"所谓法律，原是为了教导民众，使其改正错误的行为和坏的习惯……现法律已经公布，但在官吏和民众之中还存在自私、任性不改旧俗的人。县里的官吏们，如果知道这些事而不公布、处罚，就是违背君主明法；藏匿恶人，就是为人臣而不忠。"

当时的法，有不同时期君主发布的命令形式的"令"，以及作用于现实生活的成文法形式的"律"。在现实生活中，包括官僚自身，与人们的生活密切相关的是"律"。云梦秦简显示了许多此前史书中无法尽知的秦律的具体条文，其内容与人们生活的所有侧面息息相关。让我们来举一些例子。

时值雨降，粟发芽后，要书面报告可以移种和无法移种的旱地面积。粟生长过程中，雨水少的情况也要报告。如遇到旱灾、暴风雨、洪水、虫害等灾害，也要报告。离郡衙近的县用飞递，远的县用邮驿站，要在八月底前报告。（《秦律十八种》开篇"田律"的一条）

借用国家的铁制农具，如果因为到了使用期限而损坏，书面报告该情况即可，不需要赔偿。（关于国家的御苑和牧场的"厩苑律"的一条）

关于度量衡，也有细致严正的"律"。例如《效律》的一条。

衡（秤的重量）如果有偏差，每一石（约30千克）重量的偏差如达到十六两（约250克），则处以一身铠甲的罚金。十六两以下八两以上的，处一面盾的罚金。量（容量）如果有偏差，每一桶（一斛，约今天的20升）偏差如达到二升（约今天的0.4升）以上，罚金一身铠甲；二升以下一升以上的，罚金一面盾。

各种各样的法律

云梦秦简中的《法律答问》是法务人员执法时的手册，由国家发放。这是为了防止他们随意解释法律条文而任意使用。由该书可知，国家的"法"深入人们生活的方方面面，甚至到了繁琐的地步。如：

【问】被投诉偷盗 1000 钱。调查该小偷后发现他偷了 670 钱。这种情况如何处罚？【答】可不予处罚。

【问】甲唆使乙盗抢杀人，分 10 钱。乙为未成年。这种情况下甲如何处罚？【答】处车裂。

【问】妻子为悍妇，丈夫为了纠正她而殴打之，揪耳朵，断手足，使其脱臼等。丈夫应该如何惩罚？【答】处以耐刑（剃须之刑）。

【问】女性甲为人妇，逃走后又来自首，尚未成年。这种情况如何处理？【答】如在官府正式登记结婚的应该处罚。如没有则不需处罚。

还有一本叫《封诊式》的书，与现在的刑事诉讼法相近。如：

治狱（调查）的方法——要在记录下来的口供的基础上展开调查，不用拷问，最好富有人情。拷问是失败之源。

云梦秦简中还有一些与法不相关的书籍。

其中之一的《编年记》按照年代顺序记录了统一战争时代的大事，也记录了墓主人"喜"的个人情况。共有竹简 53 枚，所记录的年代从昭王元年（公元前 306 年）到秦王政三十年（公元前 217 年）为止。

稍作浏览，上面记录着昭王"四十七年，攻长平"，"五十年，攻邯郸"，这与史书记载的一致。昭王五十二年记载着"王稽、张禄去世"，前面已经提到此事。

《编年记》的记事中，很多与《史记》的年代相差一年。这是缘于司马迁的"误解"，关于此事，第一部分已详细叙述。

最后一个，由166枚竹简组成的《日书》，是关于历法的书籍，还涉及吉凶之日、方位善恶等占卜的内容。其中记录"（秦国的）正月在楚国称为刑夷"之类的历法对照表极有深意。对新领土的统治，似乎还伴随着此类工作。

士兵的家信

云梦县古墓中，在云梦秦简之外还发现了其他必须要介绍的文献资料。那就是被称为"木牍"的大幅木简，共出土了两枚。

其中一枚，大小为长23.4厘米、宽3.7厘米、厚0.25厘米，两面是以当时秦国官僚所使用的隶体（秦隶）写成的文章，共520余字。

经过解读，这篇木牍是"黑夫"和"惊"两个（据信为）年轻的士兵，写给故乡母亲的信件。此类物品至少在古代中国还独一无二。

这封信似乎是当时的口语体，但是很难释义。以下仅为试译：

二月辛巳日，黑夫与惊二人，拜问您安好。母亲身体可好？我们也很好。昨天两人作别，今日再次相见……前面的信中写道希望寄钱来，因为战争耗时太长，请在那边买些夏服。如果安陵县的布便宜，就买那里的布制成衣服，托人带来。如果贵，就捎钱来，我们这里想办法。我们现在参加了淮阳（可能为郢陈）的战争，反城（可能为"反攻之城"之意）很难攻下。还没有负伤。希望送来更多的物品……这封信到了以后，大家一定会说"要立下功劳，拿到爵位（相家爵）回来"，请跟大家说，我们一定会的。

反面的文字问候了友人和家人的安康。

另一枚木牍，部分缺失，残片长16厘米、宽2.8厘米、厚0.3厘米，比前者小一圈。正反面的文字相加共180字。

这也是前面出现的"惊"写给故乡母亲的家信，内容几乎与前者相同。这封信也写道希望带来"五六百钱和二丈五尺（约5.8米）以上的布"。

这两张木牍不知因为什么原因陪葬于墓中，有可能是战死的儿子的遗物，墓主人想要十分珍惜地带到来世去。这些暂且不论，我认为，这些位于当时身份阶层的底端，付出生命，花费自己的钱去参加统一战争的普通士兵，讲述历史的人不能忘记他们。

万里长城

"皇帝"号的创设

天下统一后，秦王政感到首先要确定的，是自己的称号。虽然有"天子"这个称号，但天子的权威已经随着周王朝的覆灭而消失。为此，宫中召开了咨询会议。

作为官僚代表的丞相王绾、御史大夫冯劫、廷尉李斯三人认为，此时"海内都为郡县，法令统一"的伟业连上古的五帝都无法企及，因此不主张使用"帝"。在与博士（官名）商谈后得知，"泰皇"总揽天地，他们回复认为这个称号应该不错。秦王不满足于这个意见，自己下了如下结论：

去掉"秦"留下"皇",加上上古帝王的"帝",号"皇帝"。

一个全新的称号"皇帝"就此诞生。

王朝从秦更迭为汉后,这个新称号也被继承了下来。但"天子"的称号也同时保留,汉代及以后各王朝的皇帝同时使用"皇帝"和"天子"两个称号。此事后面还将详述。

"皇帝"称号创设后,谥号被废止。所谓谥,是评价其生前的功绩(有时为败绩)而追赠的一个其他称号。但是因为秦始皇认为"孩子评价父亲,不可取",这个制度被废止。因此,秦朝的历代皇帝不是"文皇帝"(文帝)或"武皇帝"(武帝)等,而是死后以较中立的形式称"始皇帝""二世皇帝""三世皇帝"……顺便一提,所谓的"始皇帝"也只是其死后的称号。

"郡县"还是"封建"

秦帝国建立后,在全国范围内推行郡县制。所谓郡县制,是把地方与中央紧密联结的一种行政制度。

地方的行政基础是县(边境为道)。各县的统治中,文官有县令(小县为县长),武官有县尉。

由数个县到十余个县(汉代也有三十多个县的)组成的行政区划为郡。郡衙原则上设在郡内最大的县,由行政长官(郡守,汉代为太守)和军队司令(郡尉,汉代为都尉)进行郡内管理,还设置了监御史作为监察官员。

这些郡县的主要官僚和军官由中央派遣,定期进行更替。

有一条原则，即不能去自己出生地（本籍地）的郡、县赴任。出生地回避，以及转任的切实执行，是为了防止与地方豪族勾结，特别是出生地回避制度，在以后的时代也被继承了下来。

在中央派遣的官吏下面，有各种各样的下级官吏。上级到下级的官吏，以汉代为例，按照最上为每年"二千石"，最下为每月"一斗"谷物的俸禄表，支付其一半谷物一半钱币的薪水。

县以下还有叫作"乡—里"的行政组织，"里"是行政的最基层单位。

此外，各乡还选拔类似自治会代表的"三老"，用以维护村落的秩序。在"县—乡—里"的组织体系以外，县城内和街道重要位置设立称作"亭"的治安岗亭和称作"邮"的住宿、驿站设施。

在讨论中国的政体问题时，常常会出现一种论争：是周代实行的封建制更好，还是郡县制更优越？三国魏的曹冏、唐代的柳宗元、明末清初的顾炎武，议论两种政体得失的史论都较为有名，但他们并没有得出二者择一的结论，封建还是郡县的问题一直延续至当代，作为与多次政治变革相关的实践性课题，几度出现。

秦始皇在全国推行郡县制时，朝廷也有反对的声音。丞相王绾和博士淳于越等人，主张封建制，把皇帝亲族和功臣等封为王、侯。与此相对，李斯则强调："周朝不就是这样灭亡的吗？"最终"分天下为三十六郡"（《史记·秦始皇本纪》）。

皇帝振翅

到了这个阶段，再提出封建制的人，皇帝已经无法容忍。对李斯而言，"论古害今"之辈也是国家建设的妨碍者。为此，秦始皇晚年发起了"焚书"运动（公元前213年）。

所谓"焚书"，是指"史书除《秦记》以外全部烧毁，诗、书、百家的书籍也要烧毁，医药、卜筮、种树（农业技术）的书籍可以持有，想要学法律的，以吏为师"的指令。这一行动主要的弹压对象，应该是搬出尧、舜、禹和周文王、武王的尚古主义的儒家吧。但是，像"焚书坑儒"这样对儒家的弹压，其实是混淆了另一事件，即秦始皇因为没有求到长生不老的仙药而在咸阳活埋求神仙之术的术士（方士）。"坑儒"大概是后代儒家的恶意宣传。

秦始皇统一全国后做出多项改革。

首先，把秦国统一的度量衡推广到全国，车轨（马车两轮的宽度）定为同一规格。因为下雨后车辙加深，泥土干了以后会留下深沟的黄土地带，设定相同的轨道宽度非常必要。同时，随着行政事务的全国化，文字逐渐统一为隶体（秦隶）。

作为统一战争的后续，天下的兵器被集中到咸阳熔毁，铸造了12座用于宫中典礼时挂钟用的铜制"金人"，据说重量均达到"千石"（约30吨）……这个政策令我想起了日本织丰政权时期的"刀狩"。同时，毁掉都市的城墙，推倒魏、齐等国的内陆长城，取消关卡，在北方的黄土高地开通军用道路（直道）等。1980年代的调查发现，陕西省北部的直道遗迹，正如史书所描述的,"挖山填谷"笔直而建。

"面"的扩大,到了秦始皇的时代更加活跃。流亡者、破产者、小商人等被充军,南方设置桂林、象、南海等郡。北方则进击匈奴,设"初县",把脱离本业(农业)的几万人强制移居过去。

秦、赵、燕各国为了守卫北部边境已经修筑了长城,秦始皇利用这些战国时代的长城,同时为了阻挡北边的戎狄(匈奴),保障黄河以南地区,派将军蒙恬率30万士兵,修建了从陇西郡临洮县(黄河上游的甘肃省临洮县)绵延到辽东郡的万余里的长城。秦长城被汉王朝所继承,进一步延伸到了丝绸之路的方向。

都城咸阳

要使威仪遍施天下,必须对首都咸阳进行大改造。

咸阳的宗庙和宫殿,此前都建在渭水以南的平地上,秦始皇统一那年,立刻在渭水北面的丘陵地带中,炫耀一般地建造起了各国的宫殿,像起初消灭它们时一样。宫殿之间由皇帝专用的两层廊阁(复道)连接。《三辅旧事》记载,"殿(宫殿)、观(高楼)达一百四十五座,后宫列女万余人",这些美人多从被消灭的东方各国带来。渭水以南则又不断建造起极庙和甘泉前殿等宫殿。

"天下富豪"12万户被强制移居到扩大后的咸阳。这个政策也见于汉代,目的是切断地方豪族的势力,使其脱离各自的地盘。

距离西安市城区不远的北郊，是汉代长安城遗迹。更北边的渭河（渭水）一带，是秦咸阳宫的遗迹。现在的渭河河道较当时北移了许多，因此咸阳宫遗址的南部被破坏了。但在其北部的东西6千米、南北2千米的平缓丘陵地带中，留下了多个巨大的宫殿遗址。这里就是六国宫遗址。

统一后第十年，秦始皇再次进行了大规模的首都建设（公元前212年）。

这次的舞台是渭水以南名叫上林苑的御苑地区。周文王的丰京、武王的镐京所在地被认为是合适的帝王之都，因此要在此地建造"朝宫"。所谓的朝宫，大概是秦始皇接见群臣处理政务的朝廷（外廷）。而且，该地区一直绵延到汉代长安城北部，附近出土了大量盖有各类官署印章的"封泥"（木简和竹简卷起来后，用黏土固定后的封印）。

作为朝宫的一部分，秦始皇首先建造了前殿阿房，即现在西安城区西侧留下巨大遗址的阿房宫。大小为东西500步（约700米）、南北50丈（约120米），可容纳一万人，中间可以竖立起五丈（约12米）高的旗帜。殿前则放置了前述的12座"金人"。

前殿南部为御苑，架设了可令马车通行的木质悬桥，该阁道可以直通南面的终南山。阿房宫以北，渡过渭水到达咸阳宫，有复道相通，整体来看类似于天体的形状。

巡幸天下

秦始皇陵的建造

秦始皇即位后不久，就开始建造自己的陵墓，即当时称作"郦山"（骊山）的秦始皇陵。之所以将关中平原南部屏障的终南山一角（骊山脚下）这一小片作为墓区，一说是因为它领近蓝田（出产许多金、玉的美丽地方），但也可能是因为它可以利用渭水方便地聚集石材等建筑材料吧。

根据《史记·秦始皇本纪》记载，秦始皇陵墓内部构造如同地下宫殿一般。

工匠们挖好一个喷出了三股地下水的竖穴，在底部铺设铜板；复原地面的宫殿和官署的模样，在里面装满宝物；为了防止盗墓，还架设了自动发射的弩（弓箭）。

其次用水银做出黄河、长江和东海，上仿天文、下仿地理，再放上燃烧"人鱼膏"的烛台，作为长明灯。

而且，参与建设的工匠们，在埋葬好秦始皇的遗体后，为了保住秘密，就被永久关在了地下。

很遗憾，目前还没有对地下宫殿进行发掘调查。从过去的记录来看，它明显"已被盗挖"，因此内部文物应该有不少已经不见踪影。但是，据说秦朝灭亡之时，项羽军队挖开秦始皇陵，共计30万人花费了30天，也没有搬光里面的宝物。另有记载，其后不久，"关东盗贼进入陵墓，熔毁棺椁提取出了铜"。

关于地下宫内的水银，1980年代中国的专家们检测了残留在地表的水银量，并发表调查报告称坟丘山顶为最高值（500ppb），且周边一带也渗出了一些水银。

在地上修筑坟丘这种帝王墓的形式，始于春秋战国时期，最终成为一种权威的体现，坟丘越修越高。

确实，今天西安市临潼区的秦始皇陵坟丘格外地高。留存的秦始皇陵的封土为四角锥台形状，航空测量显示，其底部东西345米、南北250米、高51.7米。建造时的尺寸应该还要大上一圈。根据史书的记载，换算后高度应为150余米，但并不精确。最近，王学理推测其高度为"三十丈"（约70米），应该较为妥当。

车马军团的威容

根据1960年代开始的考古学调查结果，秦始皇陵墓区（陵园）一带的模样逐渐清晰起来。

首先陵墓周边部分有三重城墙，上下水道的设施也很完备。外城的规模为东西约1千米、南北约2千米。城墙内似乎满是宫殿和官署，总体构成一个城郭都市的模样。

根据杨宽的研究，城内特别是西南区域是秦始皇的"灵魂"生活的地方（谓之"寝"）。因此，建造了皇帝日常生活所必需的设施和官衙也并不奇怪。坟丘西端发现并复原的两辆微缩的铜制马车，似乎是皇帝"灵魂"在附近散步时要用到的东西。顺便一提，城内还发现了皇帝宠物（豹子等）的坟墓。

该帝陵动用了全国七十多万囚犯（刑徒）。外城西部发现的一百多个坟墓中，出土了记载有姓名、出生地和罪名的，由粗糙的砖制成的墓石，以及铁制的手铐、脚镣等。这是死去的刑徒们的坟墓。

1974年3月，在帝陵东部1.5千米处打井的农民挖出了一个大型陶制人偶（陶俑），这就是震惊世界的"兵马俑坑"发现的开端，目前已经挖掘的俑坑总面积达2万平方米。无论从其规模还是出土陶俑的造型之妙来看，都是中国引以为豪的世界遗产之一。

除去未完成挖掘的四号坑，三个已挖掘坑的出土物品，有铠甲武士俑800多个，木制战车18辆，陶马100多头，青铜武器、马具等达到9000件。

它们以司令部（三号坑）为中心整齐排列，展示了秦帝国军团——可能是防卫皇帝和首都的近卫军团——的威仪。

军团面向东方排列的原因，一说是因为东面是陵园的正门，一说是因为六国之中最后灭亡的是齐国，秦国对其领地山东半岛放心不下，还有说是因为秦始皇对遥远东方的神仙国充满憧憬等多种说法。

最后一种说法，令人想起秦始皇为求长生不老的仙药派遣徐福（徐巿）前往东海的记载。徐福带领童男童女三千人渡海而去的故事似乎只是"传说"，需要其他的资料证实。

如今，三个兵马俑坑在原地由穹顶遮挡，中国建设了秦始皇兵马俑博物馆对外展示。发掘还在继续，据推测，埋藏于此的兵马战车就达7000件以上。

沙丘的阴谋

秦始皇巡幸天下始于统一后第二年（公元前220年），前后共有五次。

第一次巡幸，像寻访先祖的故乡一般，是一场踏足西部渭水上游的小旅行。第二年和第三年连续进行的巡幸，都以山东半岛为目的地，登上了当地的峄山（今山东省邹城市）、泰山（泰安市）、之罘山（烟台市）和琅琊山（今青岛市）祭祀神灵，在各处宣扬平定天下的功绩，并刻于石碑上进行宣传。流传至今的石刻文章中，可见"男女礼顺""男女洁诚""禁止淫佚"等词句。这体现了在国家秩序的基础上要明确树立家族秩序的方针，同时也可见秦始皇在这个方面的"洁癖"。这可能是因为秦始皇幼时成长于"淫乱的宫中"吧。

山东巡幸中，第二次回程经过了长江中游地区的南郡，途经安陆县（今湖北省孝感市），在前面介绍的云梦秦简《编年记》的该年条目中确实记载了"今（今上皇帝），过安陆县"。

第四次巡幸（公元前215年），是一次求访长生不老仙药的旅程，经过面朝渤海的碣石山（今河北省秦皇岛市附近）和上郡（今陕西省北部）回到咸阳。此时，秦始皇因为相信方士献上的灵异预言书中所说的"亡秦者胡"的预言，命令大将蒙恬率兵30万讨伐匈奴。

第五次（公元前210年），秦始皇带着皇子胡亥、丞相李斯和中车府令（即秘书室长）宦官赵高，由南郡沿长江而下，登会稽山（今浙江省绍兴市附近），又北上由海路绕山东半岛一周,这是秦始皇最后一次出游。

秦始皇经过会稽时,项羽偶然遇见,说"我要取而代之"。他的叔父项梁慌忙捂住他的嘴说:"全家都会被杀头的!"在此之前,忙于徭役的刘邦见到后,赞美秦始皇说:"啊!大丈夫者,当如此。"

北上的秦始皇经过之罘山到达黄河,在经过平原津(今山东省平原县西)时发了病。皇帝在这里给公子扶苏发出了内容为"在咸阳准备葬礼"的玺书(用玺印封印的命令书),托付给了赵高。

到了平原津以西约 110 千米处的原赵国离宫的沙丘宫,秦始皇病逝。此前就图谋胡亥继位的赵高,拉拢李斯,销毁了此前的玺书,给扶苏和蒙恬送去伪造的秦始皇诏书,列举其多个罪行,并"赐死"。这就是"沙丘之谋"。

巡幸照常进行。搭载秦始皇遗骸的马车因天气炎热散发出臭味,还堆积了大量的鱼来掩人耳目。

一行人回到咸阳后,才宣布皇帝的死讯。胡亥即皇帝位,是为秦二世(公元前 209—前 207 年在位)。

崩塌的帝国

中国史书中的"正史",其编纂都是以标榜新政权的正统性为目标。因此,《史记》《汉书》《三国志》等叙述的上一个政权的末路,无一不是悲惨的结局。

即位后的秦二世,把秦始皇葬于郦山之后,带着李斯等人巡游东方,在碣石山、会稽山等秦始皇所立的石刻上,续写

（追刻）了明示二代皇帝已经即位的诏书。

接着，秦二世开始排挤威胁自己皇位的皇子、大臣和将军等人。扶苏业已自杀，奋战于匈奴战线的蒙恬及其弟蒙毅均下狱，最终死去。秦始皇的近侍也几乎全部被杀，12位皇子和10位皇女在咸阳都城内被处死。

秦始皇陵的东侧，有17座墓葬群。其中一个墓中所葬的，是年龄在20到30岁的男女，有七零八碎的，也有下巴上刺着箭头的人……有学者推断其均为秦二世所杀的人，故称其为"殉葬墓"。

新皇帝还热心于宫殿的营建，加快建造未完成的阿房宫。另外号称为了防备四夷（周边各民族）而从全国招募了五万名勇士，为了养活他们，咸阳周边的农民们甚至吃不到自己耕种的谷物。法网越织越密，连官员自身，都不知道到底有哪些法令。

秦二世元年（公元前209年）七月，陈胜（字涉）和吴广两名兵卒在大泽乡（安徽省宿州市附近）与同伴发起叛乱。被征兵之人去往任职地的期限已晚，想着"反正要杀头……"于是起兵。

陈胜在曾为楚国都城的陈（今河南省淮阳县）拥兵自立，国号"张楚"。难忍秦朝苛政的人和野心家们，纷纷响应陈胜，揭竿而起，还有人随意自封王侯。

立志复兴亡楚的项羽和汉王朝创始者、高祖刘邦，也是在这个时期起事的。

8 都城长安——汉帝国的建立

项羽与刘邦

泗水和彭城

从北京乘坐火车一直向南，经过黄河，以及山东半岛上起伏的山峦，就到了宽阔的淮北平原。如果是春天，车窗外的景色就是无边无际的麦田。顺便一提，日本军队侵略徐州是在1938年5月，我就在那一年出生……没有时间沉浸于此类感慨，列车已经到达江苏省西北部的古城徐州。

这个城市位于北京至上海间的铁路（京沪线）与从遥远的甘肃东延而来的陇海线交汇的交通要道，自古以来就是物资的集散地和重要军事据点，唐代以前称为彭城。

战国时代这里是长江流域楚国的领地，公元前223年楚国被秦所灭后，淮河支流泗水的流域被设为秦国泗水郡，彭城县为郡守所在地。在秦帝国崩塌的节点，彭城，即如今的徐州市一带成为重要舞台。

如前面提到的，秦二世元年（公元前209年）七月，兵卒们在彭城以南不足100千米处的大泽乡举起了反秦大旗，这就是"陈胜吴广起义"。此后数量逐渐增加的叛军的主体，是以锄锹为武器的农民们。

同年九月，在彭城以北约70千米的泗水郡沛县（江苏省沛县），小地主之子、做着类似于驿站的警察署长（亭长）职务的刘邦，与县里的官员萧何、葬礼的吹箫手周勃、狗肉商人樊哙等无名之辈定下任侠之约，杀了县令，被推为"沛公"。

此时刘邦48岁（也有其他说法）。

同一时期，在长江的入海口附近，会稽郡吴县（江苏省苏州市），一个名叫项羽（羽为字，名籍）的24岁的年轻人，跟随叔父项梁杀了郡守起事。这个项羽就是与秦国交战败死的将军项燕之孙，为楚国名门之后。

项羽起兵是在长江南岸，而他出生成长的地方则是彭城东南110千米的泗水郡下相县（今江苏省宿迁市）。也就是说，项羽和刘邦是所谓的都在泗水出生的同乡。

然而，可能是因为沛和下相分别位于彭城的南北这一差异，项羽一直有强烈的南方楚国的性格特点，而刘邦在这方面则很淡薄。另外，陈胜和吴广的出生地是曾短暂为楚国首都的陈地南北两面的阳城（今河南省商水县西南）和阳夏（今河南省太康县），也与楚国有着很深的渊源。

受邀至徐州

1988年9月，由中国有名的历史学会中国秦汉史研究会主办的国际研讨会在徐州召开。来自日本的18名专家也参加了，这是访问上述的"彭城之都"的绝好机会，而且它还组织参观刘邦的故乡沛县，作为学会活动之一。

就这样，许多人赶来，承办方徐州师范大学在各个方面花费了大量精力。

彼时的徐州，是一个仅市区内人口就达到90万的大城市，明清时代的城墙只在街道的角落以纪念碑的形式存在，徐州曾多次被战火纷扰，古城风貌几乎不复存在。

中心地区有清乾隆帝的行宫遗址，旁边略高的筑山（土山）据说是项羽的军师范增之墓。范增在鸿门宴后被项羽所怀疑，在返回楚国故里（今安徽省南部）的途中病死，因此从路线来看可能性较小。最终，经过挖掘该土山，从出土的银缕玉衣（1973年也曾在日本展出）等物来看，可知其为东汉初期的彭城王或其一族之墓。

市内的大片丘陵，据说曾是项羽训练兵马之地（戏马台），已经成为公园，另外新建有粗糙的寺庙。位于南部郊外的小山（云龙山）据说是刘邦从官吏手中逃脱后的潜藏之地，是传说中盘绕着"云气"的一座山，但这也缺乏根据。徐州市郊外有无数座西汉到东汉时期的坟墓，虽然不能与秦兵马俑坑相提并论，但狮子山西汉墓仍出土了500多个小而朴素的兵马陶俑，相关调查、挖掘还在切实推进。另外，装饰东汉墓室内墙的浮雕，在徐州周边发现了很多，我们到访时，正在建设把这些发掘集于一堂的徐州汉画像石艺术馆。

李斯的结局

陈胜起兵两个月后，在吴县举旗的项梁和项羽等，迅速成长为拥有精兵8000人的武装集团，他们渡过长江前往中部的彭城。当时，在项梁等人的心中，似乎没有要先在江南稳固地盘的战略或攻陷首都咸阳的目标，他们只是一窝蜂地北上。途中，其势力迅速膨胀，发展到了六七万人。

另一方面，已经拥有1000多名骑兵和数万兵卒的陈胜，在楚国旧都陈即王位，给盟友吴广以假王称号，作为其辅佐。

同时定国号为"张楚",意为"大楚国"。

号称"楚军"的这支陈王军队,沿着黄河逼近咸阳时,秦二世政权终于也感到了危机。接到命令的少府章邯,甚至动用了正在修建秦始皇陵的囚徒和奴隶们,组建军队开始反击。章邯作战成功,楚军在各地受到毁灭性打击。陈王派出的将军中,还有人在作战地自立为王,内部纷争进一步激化。

与陈王起了冲突的吴广最终被杀,此后陈王自己也为部下所杀。如此一来,张楚政权仅过了六个月即土崩瓦解。然而,这个短暂的王朝名在旧楚国领地人们的记忆中一直存在,湖南省西汉墓(长沙马王堆第三号墓)出土的帛书中,与"秦、汉"并列记载着"张楚",由此可以确知。

击退陈胜的二世政权,却没有镇压住叛乱和暴动的风潮。从南部北上的项梁楚军势力进一步扩大,沛公刘邦的九千兵力也包含其中。至此,项梁依从范增的策略,于秦二世二年(公元前208年)六月,找到了正在放羊的楚王后裔,拥戴其为楚王。与此前秦昭王时代囚禁于秦国而死的怀王同名,此王也号称"怀王"。"就算只剩下三户人家,灭秦者也一定是楚。"这个民间的宿愿,就这样成了现实。

丞相李斯担心事态发展,于是弹劾赵高,尽力劝谏秦二世,却反被论罪处死,全族在咸阳街市被处刑(公元前208年)。李斯与次子一同被押往刑场时,回首对他说:"真想跟你再回到故乡上蔡的郊外驱犬狩兔啊。"父子二人都放声大哭。

秦帝国的末路

拥立怀王的楚军，内部其实是不惜践踏同伴自己称王的野心家的集合。身在其中的项梁，自称武信君，后在征战中被章邯击败战死（公元前208年）。继承了项梁遗志的项羽，得到怀王信任，杀了掌握着军权的上将军宋义，令诸将畏服，此后他把怀王转移到彭城，得到了上将军的称号。怀王曾立下盟约，"先取关中者为王"，接到这个命令的项羽沿着黄河北岸诸城向咸阳进军，另一边刘邦则在张良等人的策划下，采取了从南部武关（今陕西省商南县）行进的迂回之路，他们的目标都是关中。

秦国失去了李斯这个"车闸"，加速走向毁灭。在楚军的攻势面前，秦军节节败退，章邯投降。章邯没有回到咸阳，是因为不想像白起和蒙恬将军一样死去。

被问以动乱责任的赵高，像困兽一般派兵进入宫廷，逼迫秦二世自杀，之后把秦二世兄长之子公子婴立为秦王，而非秦三世皇帝（公元前207年）。子婴以通楚军为由杀了赵高，灭其一族后自立。

子婴即位后第46天，一路攻打着秦国县城进军而来的刘邦军队，通过武关进入关中，在西望秦始皇陵的霸水之畔（霸上）驻军。子婴头上绑带，以赴死之心，乘坐白马驾驭的葬礼用车辆，恳求与刘邦会面，交出象征着皇权的皇帝玉玺表达降服之意。至此，秦帝国名实俱亡（公元前206年）。

刘邦军队一度进入咸阳，为了防止士兵劫掠，他把国库封印后即返军霸上。但此时，部下萧何把秦国法令、户籍簿、地图等带了出来。因为这些是政权建立时的必需品,在后来论功行赏时,143名功臣中萧何被认为"功绩第一"。

进入关中的刘邦所做的,是安抚民众博取其支持。回到霸上的刘邦集合了诸县长老(父老)和当地的有实力人士(豪杰),废除了秦国的全部苛法,发布了"杀人者死,伤人、盗抢者要被处罚"——"法三章"这一简约的法令。因此,关中的人们都欢迎刘邦为王。

楚汉战争

鸿门宴

率领40万大军奋战的项羽,最终通过函谷关(今河南省灵宝市附近)进入关中,驻扎于鸿门(今陕西省西安市东郊约30千米),比刘邦晚到一步。刘邦带领着仅数百名骑兵前去项羽的驻地。这就是有名的"鸿门宴"。在宴席上,刘邦差点被暗杀,得益于谋臣张良的周旋和猛将樊哙的转圜,最终逃脱。

项羽军队随即进入咸阳。项羽杀了降服的秦王子婴,烧毁秦宫殿,放纵手下士兵随意掠夺。咸阳的火灾持续了三个月。而且,项羽军还挖开秦始皇陵掠夺财宝,据说30万人历经三十天都没有搬完。关中的人们无不惊恐战栗。

有趣的是,项羽放弃在关中称王,而是匆忙返回东方。有个见到该景象的人揶揄说"楚人不过是沐猴而冠而已……"项羽逮捕了这个人并煮杀之。

回到彭城的项羽,奉怀王为皇帝(义帝),把立下功劳的诸将和章邯等秦国降将分封为王。项羽自称西楚霸王,以彭城周边九郡为领地，位列十八名诸侯王（十八王）之首。

刘邦被封为汉王，赶到了汉中盆地的南郑（陕西省汉中市）。汉王的领地为巴、蜀、汉中三郡，从关中过去要翻过秦岭山脉，是个需要栈道的偏僻之地。汉王朝的"汉"就来源于这个"汉王"，因此这一年被作为"汉元年"（公元前206年）。

同年，项羽暗杀了义帝。这个行为招致了诸王的反感，事态因此有了新的发展。汉王二年（公元前205年）三月，刘邦以此讨伐项羽，从汉中出发，进入关中并征讨中原。这之后的两年，楚王项羽和汉王刘邦之间的战争，都以咸阳到彭城，即现在的西安至徐州之间的重要城市为舞台。

当时，项羽占据着绝对优势，刘邦曾几次只身而逃。公元前203年，项羽和刘邦在广武山东西两面的城寨对决，广武山纵深的溪谷隔绝了两军。刘邦之父为项羽俘虏后，项羽把他置于砧板上恫吓，刘邦则列举出项羽十条罪状进行反击，项羽一怒之下拿弩射箭致刘邦重伤。

汉王与楚王对峙的两座城寨遗址，在今天河南省郑州市西北郊外的黄河河畔。城墙的北半部分都已被黄河侵蚀，均为方形，西部的汉王城稍大，东西长1200米。据说附近的田地中至今还能发现锐利的铜制箭头。

无法决一胜负的双雄，以流经两城之间的南向鸿沟为界，东为楚，西为汉，暂时达成和平协议。项羽不得不妥协的背后，与刘邦麾下的韩信等人在黄河下游原齐国领地稳步抢夺地盘有关。

四面楚歌

与刘邦达成和议后,项羽便向东部退兵。早先离开关中时,项羽说:"有了高贵的身份而不回故乡,就像穿着漂亮的服装在夜里行走。"(衣锦夜行)这个归巢(归楚)的本能是项羽的致命伤。此后,项羽加速没落。

其实,刘邦也可以称为"楚人"。晚年,他命爱妾戚夫人跳楚舞,自己作楚歌吟唱。达成和议后,他立即就要返回与楚反方向的关中。只有关中才能号令天下,刘邦似乎已有这样明确的战略,但最终他接受张良等人"如今当讨伐项羽"的谏言,去追击项羽。

公元前202年,汉军将楚军团团围困于垓下,项羽到了"汉皆已得楚乎?是何楚人之多也!"的四面楚歌的局面。最终,南逃的项羽没有再渡过长江,在乌江埠头(今安徽省和县东北,乌江浦)自刎。这是和议仅三个月后的事。

项羽与爱姬虞美人唱和的诗"力拔山兮气盖世,时不利兮骓不逝。骓不逝兮可奈何!虞兮虞兮奈若何!"在《史记》的叙述中也可称为点睛之笔,从京剧《楚汉春秋》到电影《霸王别姬》,以及日本的歌谣和近代戏曲,项羽与虞姬的悲剧故事以各种形式被传承了下来。但下面引用的《史记·项羽本纪》中凄惨的"项羽最后的画面"基本没有被采用。

身负十多处伤的项羽,回望汉军骑司马吕马童,说:"你是我的旧相识啊。"吕马童直盯着项羽的脸,招呼同僚王翳说:"这就是项王。"项羽说:"听说我的脑袋值千两黄金和万户封邑的赏赐。我把这份好处送给你吧。"说罢自刎而死。王翳取了他的首级。其他士兵纷纷争夺遗体，互杀十余人。最终，吕马童和郎中骑杨喜、郎中吕胜和杨武四人得到项羽肢体，和王翳取下的首级组成一体。此五人被封为侯爵，分赐五个领地。

破项羽后的同年二月，刘邦在氾水北岸（今山东省菏泽市定陶区附近），以韩信、韩王信、英布、彭越、吴芮、张敖、臧荼等诸王代表推举的形式，即皇帝位，汉王朝由此建立。顺便一提，七王之中，平安无事度过一生的只有长沙王吴芮，其他人则都有悲惨的结局。

项羽的败因

项羽为何会败给刘邦？自古以来有多种史评。

例如司马迁认为"谓项王之业，以力征经营天下"，把原因归结为项羽的"暴力"；诸葛孔明则批评项羽"不德、不义"(《三国志》引《诸葛亮集》)。北宋苏洵认为项羽有"百战百胜之才"而无"取天下之虑"(《嘉祐集》)。我也曾经注意到刘邦与项羽一样"性薄酷"，但其薄酷只是针对自己"家人"（私事）这个事实，论述了刘邦可担任"公"权的资质（《历史读本》1982年2月号）。

对于楚汉战争，我们还需要考虑中国的地理原因，即支撑着当时帝国的是华北的黄土地带，特别是黄河中下游地区广袤而肥沃的耕地。事实上，多数人口位于该地区。与此相比，江南的楚国地区人口过疏，无论是经济还是政治方面，都还是落后之地。项梁与项羽最初进军北方也是这个原因吧。

由汉中盆地返回关中、中原的平原地区，又通过中原苦心经营确保黄河下游地区的刘邦，和另一边"舍弃关中，怀念楚国"，拘泥于落后地区的彭城（徐州），一心认为可以在此号令天下的项羽，汉楚的胜负，从一开始便已注定了吧。

在这个"胜败"的问题之外，人们都会问，白手起家的刘邦，为何会取得天下呢？事实上，中国历史学家们提出的秦汉史研究的第一个课题，就是这个问题。

刘家的幺儿

汉高祖刘邦（公元前256或247—前195）出生于秦国泗水郡沛县丰邑（汉朝沛郡丰县）一户农家，是家里的三儿子（还有一个异母兄弟是庶出，未排在内）。因此时人一般称呼他为刘家的幺儿（刘季）。

其父名，只留下了后来的称号"太公"，母名则只可见"刘家阿婆"（刘媪）。关于刘邦，虽然知其卒年，但《史记》和《汉书》都没有记载他的享年和生年。享年六十二或五十三，是基于后来晋代的记载。

卢绾与刘邦同村（中阳里），同日出生，与刘邦为幼时玩伴，一起学习，刘邦起事后，卢绾追随其转战各处。汉朝建立后，在臧荼被讨伐之后，他继承其位为燕王，是高祖第一亲信。

据说刘邦鼻梁高挺，有"天子之相"，胡须茂盛，左腿有72处黑痣。大腹便便，性格爽快利落。但他厌恶农事，好酒色，每日出入酒场。在外与游侠之徒结交，不时过着逃亡生活，是一个"风流男"。

还有一个这样的故事。一天，刘邦与他的落魄伙伴一起偷偷回到家，向兄嫂乞食。她使劲刮（颉）了一下盛有羹的锅，说"没有了"。等伙伴回家后刘邦朝锅里一看，发现羹还有，认为丢了颜面。后来刘邦取得天下，刘氏为数不多的亲属都被封为王侯，只有这个兄嫂之子没有给封土。在父亲太公的劝说下，刘邦最终封此子为"羹颉（刮热汤）侯"。兄嫂也有苦衷，珍惜食物大概是因为贫穷，但从这个故事可以看到，刘邦可以说是一个斤斤计较的自耕农家的儿子。

刘邦日常与无赖汉打交道，这可能反倒被认为条件合适，在壮年时被选拔为县里（沛邑）的下级官吏，成为泗水亭的亭长。

根据最近在江苏省连云港市郊外出土的木简资料（尹湾汉简），西汉末期的东海郡（淮河河口北侧一带）所辖亭长有688人，亭卒有2972人。据《汉书》记载，一亭中，有管理亭舍的"亭父"、抓捕盗贼的"求盗"等，平均配有四名属下。

刘邦担任的就是这个亭长。然而，虽然他被周围的官吏极度轻视，"这样的人能当亭长？"但还是娶了当地豪族吕氏之女（后来的皇后吕后），生下儿子（后来的惠帝）和女儿。

刘邦的亲信们

高祖和他的功臣

有一天，亭长刘邦接到一个棘手的任务，要把囚徒（刑犯）押送到咸阳，建设秦始皇陵。出发上路后，中途有几个人逃走了。一天夜里，刘邦喝醉了以后，说："大家都逃走吧，我也要逃走了。"就这样，刘邦逃到山里隐居了起来。

秦二世元年（前209年），陈胜在泗水郡南部发起叛乱，沛县县令也受到震动。此时，萧何、曹参以及和刘邦一样蛰伏中的樊哙等人，推举出刘邦，在当地长老（父老）们的支持下，杀死县令，向秦宣战。至此，刘邦集结了两三千名沛县子弟，发出豪言"持三尺之剑，于马上得天下"。

清代学者赵翼，对推举刘邦的早期功臣们的出身，曾这样描述（《廿二史札记》）：

考察汉初诸臣，只有张良身份较高，是战国的韩国国相之子，其次是秦国御史（检察官）张苍和待诏博士叔孙通。再次是沛县主吏官（相当于人事科官员）萧何、狱掾（监狱的官员）曹参、狱吏（监狱的职员）任敖、泗水郡卒史（将校）周苛、魏国骑将（骑兵）傅宽、材官（技术兵）申屠嘉。除此之外的陈平、王陵、陆贾、郦商、郦食其、夏侯婴等人，都是无官之徒。樊哙是屠狗人，周勃制作蚕产卵用的竹席并偶尔为丧礼吹箫，灌婴是纺织品商人，娄敬（刘敬）是驾车人。这个时期的人才都是这类人物，后来都成了将军、丞相。此事实在是前所未闻。

此处列举的功臣中，萧何是丰邑人，曹参、任敖、周苛、王陵、夏侯婴、樊哙、周勃等均为沛县人，如果加上前面所说的同里同日出生的卢绾，可以得知，初期的刘邦军以本地人士为主。

刘邦在自称沛公转战各地的过程中，军队像滚雪球一般扩大，也聚集了本地以外的人才。初期，刘邦授予他们表明主从身份的称谓是"中涓、舍人、卒、客"，是当时豪族家中奴隶的称呼，因此西嶋定生认为该集团的特点是"家长制下的家庭奴隶制"。1949年，他发表在《历史学研究》上的《中国古代帝国形成的考察——汉高祖和他的功臣》（141号），成为此后论争的起点，催生了增渊龙夫、守屋美都雄、木村正雄、滨口重国等人的多项成就。但该学说最后被西嶋本人所放弃，取而代之的，是他提出的从"个别人身支配"中理解汉帝国的特质这一新的学说。

汉朝的郡国制

楚汉战争后新建立的汉帝国，其行政制度大部分沿袭了秦代的做法，只做了部分修正，那就是重新采用了封建制理念。

首先，在秦创造的"皇帝"称号以外，重新采用了此前封建制下的"天子"称号。也就是说，汉朝的皇帝，既是"天子"，同时也是"皇帝"。而且，象征着皇帝地位和权威的玉玺，有刻着"天子玺"的三个（之玺、行玺、信玺），和刻着"皇帝玺"的三个，六玺各有分工。"天子"主要用于外交关系和祭祀天地鬼神的场合，"皇帝"则用于现实的政治世界。

这种方式背后的理念，是只有得到了上至王侯下至普通民众的支持才能成为"皇帝"，以及"天子"是得天命之人才可以得到的地位。因此，皇帝的即位典礼，包括百官推举成为"皇帝"和祭祀天地成为"天子"这两种仪式，分两个阶段举行。该制度似乎在东汉时代发展完备，而且一直沿袭到了后来的清代。

第二，在秦郡县制基础上，实施授予功臣和亲族封土的封建制度。这种制度称为郡国制，因为与现实相适应，也被后代所继承。

汉代的封建领土包括王国和侯国。其中，侯国一般不为人所熟知，因此先行阐述。

从刘邦在沛县起事以来，一直同甘共苦的萧何和曹参等人，是所谓的"直系"，他们均被封为列侯（最初称号是彻侯），授地方大小诸县。同样，像前面提到的羹颉侯那样，皇帝诸子也被封为列侯。这些侯国达到上百个，根据战国时代的先例，列侯也被称为诸侯。

侯国的规模用下属人口的户数表示，可由子孙世袭。例如，萧何被封以沛郡酂县8000户，谥文终侯。以下，丞相曹参封河东郡平阳县10600户，为懿侯；谋臣张良封彭城附近留县1万户，为文成侯；樊哙封颍川郡舞阳县5000户，为武侯，诸如此类。

曹参的封地较大，是因为他"身负七十处伤"的奋战得来的军功获得了较高的评价。禄高而封地稍小的萧何，则又被授予"可以带剑穿鞋觐见，上朝时可以不用小跑前进"（剑履上殿，入朝不趋）的特殊待遇，还有给他的父子兄弟也授予食邑等其他恩典。

功绩位列二等，或者已经战死的功臣子孙，虽不给封土，但都在关中地区赐予宅邸受到优待。这些被称为"关内侯"。

根据李开元的最新研究成果，汉帝国在初创时期，有较强的军事政权的特点，包括从军士兵在内的创业功臣们及其子孙，都得到了各种恩典，构成了社会的特权阶层。据推算，因军功得益的阶层，至少在汉代初期，占全部人口的百分之二十，占有全国百分之四十的土地和财产。

"背水一战"

诸侯王在汉代爵位序列中，位于天子之下，列侯之上。授予诸侯王的领土，是以郡为单位组成的大片土地。

楚汉战争以后，项羽所封的"十八王"已经不被承认。公元前202年（汉五年）二月，推举刘邦为皇帝的韩信等七王，虽均非刘氏亲族（异姓诸侯王），但都是汉帝国屏障般存在的重要势力，因此，刘邦也要确保他们的地位。然而，这七王的领地几乎占据了当时汉朝版图的东半部分，所以一开始就面临被刘氏政权裁撤的命运。

终于，到了公元前196年（汉十一年），被逼发动叛乱的燕王臧荼、淮南王英布、梁王彭越等被诛杀，从颍川转封太原的韩王信和取代臧荼为燕王的卢绾，因被迫害而逃至匈奴之地。而赵王张敖（秦末群雄之一张耳之子）也被怀疑叛乱，最终保下一命，但降格为列侯。

因"胯下之辱"的故事而留名的楚王韩信的命运，也在这个裁撤的过程中走到了尽头。

韩信出生于淮河边（今江苏省淮安市）的一个穷人家庭。最初追随项梁和项羽，刘邦被封汉王后，韩信在萧何的推荐下获得大将地位。刘邦成为汉王后的第三年（公元前204年），韩信讨伐魏王豹，随后与张耳的联合军队20万，翻越太行山脉的关隘井陉口（今河北省井陉县），大破赵王歇和陈余的40万大军。此时韩信所采用的，就是"背水一战"的策略。

好奇心重的我，寻访了位于河北省省会石家庄东部约30千米处的"背水一战"古战场。井陉自古以来就是翻越太行山脉的重要古道。翻过山岭向西走去，是平坦的沿河地区，韩信军的阵地所在的井陉县，我也去参观了。

翻过太行山脉的韩信，继续为汉王刘邦效力，击败齐王田广，被封为齐王，随后与汉军汇合，在垓下之战中立下大功。但汉帝国建立后，高祖刘邦慑于韩信威势，把他转封为楚王，最终降为淮阴侯。此后韩信因为"要和周勃、灌婴、樊哙等人平起平坐"而怏怏不乐，在高祖去世前一年（公元前196年），被认为意图谋反，在吕后的指示下，全族被杀。

高祖在断行裁撤的同时，以异母弟刘交为楚王、兄子刘濞为吴王……推进以亲族为诸侯王的政策，建立了九个同姓诸侯王国。如此一来，看上去形成了刘氏一族守护高祖政权的稳定体制，但诸王"大者或有五六郡，连城数十"，分别像独立王国一样设立百官，建立宫殿，汉的中央政权"仅保有十五郡"（《史记·汉兴以来诸侯王年表》），形成了新的复杂局面。

马王堆汉墓

唯一作为异姓诸侯王生存下来的长沙王吴芮，最初是在秦末动乱之际率领长江流域各民族（百越）起义的"江南之雄"。因其功劳，项羽封他为十八王之一的衡山王，项羽杀怀王（义帝）时他也施以援手。楚汉战争开始后，他协助刘邦，因此汉朝建立后成为以临湘（今湖南省长沙市东郊）为王都的长沙王。

不知是幸还是不幸，吴芮在即位那一年病死，其子吴臣继承王位。此后长沙王国到公元前157年因第五代吴著无后而废止，历时45年。

1971年，长沙市东郊马王堆发现了竖穴式古墓群。据翌年开始的发掘结果，该古墓是西汉初期的三座墓，为长沙王国的国相、列侯之一的轪侯利苍一族的坟墓。二号墓为其本人，一号墓为其夫人，三号墓为其子。

最初发现的一号墓规模最大，由巨大的木材组成的墓室中，装有绘制了有独特漆纹的嵌套式四层棺木。棺木打开后，出现了一个用精致的纺织物多重包裹的50岁上下的女性遗骸。该遗骸因为在地下深处，浸泡在充足的水中，是不同于木乃伊的"湿尸"，连内脏也保存了下来，肌肉甚至还有弹性。这个"如生一样的轪侯夫人"的新闻，当时让全世界为之震惊。

轪侯夫人的墓室中出土了3000件以上的随葬品。从规模来看，有日本学者认为就算这是长沙王本人的墓，也并不奇怪了。

三号墓中同时出土的木牍上写道，其葬于公元前168年。

随葬品非常丰富,特别是书写在绢布上的大量书籍(帛书)可以说是绝品。这些帛书均为西汉初期的作品,有《周易》《老子》《战国纵横家书》等,还有医学相关书籍,目前整理的已达28类。另外,出土的"长沙国南部地形图""驻军图"等三幅地图,作为中国最古老的地图震惊了世人。覆盖在一号、三号墓棺木上的T字形彩色旗帜(幡),描绘了战国末期楚国歌谣集《楚辞》中的图画,是了解江南文化的重要史料。

如今,在长沙市的湖南省博物馆别馆,展示着轪侯夫人的"湿尸"等珍贵出土物品,我也曾几度前去拜访。1996年去的时候,听说发现了某代长沙王后之墓,我甚至还参观了这个刚刚发掘的下嫁给长沙王的文帝皇女之墓。

帝都长安

休息政策

秦末的动乱不可避免地影响了人们的生活。

根据叙述汉代经济史的《汉书·食货志》记载,当时"皇帝无法为自己的马车配齐同色的马,将军和大臣甚至用牛车替代马车"。但这些都是奢侈的烦恼,同样是《食货志》中记载,"人们因战乱无法耕作,面临饥荒。谷物每一石需要平常数十倍的价钱,甚至互相吃人(食人肉),死者达(全部人口的)一半以上"。对于普通民众而言,这是在生死之间徘徊的一个时代。

从这一实际出发,高祖刘邦最初的政策,都集中在让人们休养生息方面。

对普通士兵，国家根据其功绩给予免除徭役等恩典，上提一级爵位，让他们都回归故乡，从事农耕；对在战乱中成为奴隶者给予救助；对在战乱中发了横财的商人进行压制；致使秦朝覆灭的法令，则大幅削减，命萧何重新编制了"九章律"。

税收方面，田租控制在收获量的十五分之一，最后降到了三十分之一，有时还有免除的情况。汉朝一代支撑国家财政的是人头税。所谓的算赋就是人头税，15岁到56岁的成年男女每年要交纳120钱，15岁以下的人则交20钱左右的税（口赋、口钱）。这个以铜钱交纳的赋税，对当时的人们来说非常沉重，而且把生产作物换成铜钱的手续也很繁杂，给人们带来了相当大的负担。

劳役和兵役也很严格。劳役是指15岁到56岁男子，每年为期一个月参与各地土木工程的义务。另外，23岁到56岁男子还必须服兵役，而且，一生中要抽出一整年的时间从事首都的警备和边境的防备。但有规定，交纳300钱即可免除兵役（更赋），官吏和贵族阶层在所谓的原则之外有各种特权。

此外，工商业者要交纳营业税、所得税，诸侯王和列侯有进献黄金的义务（后述），奴隶所有者要替奴隶交纳常人二倍的算赋，拥有马车和船的人要交纳财产税等，国家设定了像网眼一样细致的税收名目。

从战国时代开始，山林和湖沼等国有地已经由君主独占，出产的盐、铁等矿物资源，全部成为国家收入。

上述汉代的课税制度，在高祖休息时代以后，渐渐完备，国库中每年堆积了近于腐烂的谷物和大量铜钱，这其中相当部分被用于官员的俸禄。

在《史记·曹相国世家》中，司马迁写道，曹参成为相国后，对疲于秦朝苛酷政治的人们推行"休息、无为"政治，得到天下称颂。

二十等爵制

在研究战国至秦汉史时，现在已经可以利用各种木简和竹简等史料，而在我苦于毕业论文写作的当时，可利用的一手史料基本上只有居延汉简。

居延汉简是在汉代张掖郡居延县（内蒙古自治区额济纳旗附近）烽火台遗迹发现的大约1万枚木简，于1930年被由中国和瑞典等国学者组成的考察团在沙漠中收集起来。（1970年代该地被复查，又发现大约2万枚木简。为方便起见，后者被称为"居延新简"）

这些木简主要是西汉武帝至东汉时期与匈奴前线基地相关的公文，其中还有从遥远的内地征兵过来的士兵名单。

试举一例："田卒淮阳郡长平（县）长平里公士李行年二十九。"

所谓田卒，是指屯田卒，即屯田兵。"李行"是这个屯田兵的名字，他的出生地是淮阳郡长平县长平里。这种出生地的书写格式，一般认为是沿用了赋税、劳役、兵役的台账——"户籍"的形式。

我当时关注的，是与屯田制相关的"田卒"和一般百姓的姓氏"李"这个部分，这些暂且不谈。在此之前，西嶋定生关注的是此处的"公士"一词。这是汉代"民爵"之一，西嶋利用此类一手史料中出现的爵号，构建了汉代的二十等爵制并明确了其含义。

第1级	民爵	公士
第2级		上造
第3级		簪褭
第4级		不更
第5级		大夫
第6级		官大夫
第7级		公大夫
第8级		公乘
第9级	官爵	五大夫
第10级		左庶长
第11级		右庶长
第12级		左更
第13级		中更
第14级		右更
第15级		少上造
第16级		大上造
第17级		驷车庶长
第18级		大庶长
第19级		关内侯
第20级		彻侯
（第21级）		诸侯王
（第22级）		天子

二十等爵位如左图所示，其中自下而上到公乘为止的爵位称为"民爵"，普通的民众都可以拥有。也就是说，汉代一般百姓也有爵位。如此一来，此前与士大夫以上的身份相区别，只是作为被统治者的一般百姓，到了汉代，与天子一同组成国家，成为相同秩序（礼）中的一员。

爵位起源于战国时代"取一首级则得爵一级"的军功爵，只要取得军功、为国尽力，就能得到一级、二级……的爵位。随着爵位数量的增加，可以相应地晋升。另外，如果有爵位而犯了罪，也可用归还自己拥有的几级爵位的形式得到免罪的恩典。

但是到了休养生息时代，不再有取得军功的机会。也许是因为这个时代背景，如"五月丙寅，太子即皇帝位，尊皇后为皇太后。赐民一级爵位"（《汉书·惠帝纪》）所记载的，在皇帝即位、改元等国家大庆时，发布诏书赐予百姓一级或二级爵位的形式，在西汉初期开始出现，在汉代400年间，共施行约 200 次。

在民爵授予之际,百姓被许可举办酒宴,各村和街道(里)得到国家分配的牛肉和酒。宴会上,爵位高者坐上席。这里所谓的高者,是受爵机会多的人,也就是年长者。如此一来,通过这种共同祝贺国家大庆的全国性活动,民间的秩序得以建立。

通过民爵建立起来的国家秩序,在政治安定、皇帝权威得到确立的时代发挥了作用,非常有效。随着汉帝国的崩塌,民爵制度逐渐形同虚设,最终消亡。

汉代长安城

最初,汉高祖定都于洛阳,颁布令士兵归农的诏书,设酒宴犒劳功臣,也是在洛阳南宫。

但根据张良等人的建议,无论是政治上还是军事上,都应该在关中发出号令,因此汉五年(公元前 202 年)高祖从函谷关进入关中,先在此前战国的秦国国都栎阳定都,同时,开始在秦朝咸阳城南方营建新都。两年后,又改造了免于战火的秦朝离宫兴乐宫,建成长乐宫。

翌年,在萧何的指挥下,长乐宫西侧建造起了壮丽的未央宫,并配备了武器库和国家的仓库(太仓)等。高祖见此,怒曰:"天下还未安定,为何建造宫殿群?"萧何反驳:"正因为没有安定,才需要有显示皇帝威严的壮丽首都",说服了高祖。

高祖之后的各个皇帝,先后动用了数万民众和囚徒,继续修建长安城，相继建立起建章宫、明光宫、桂宫等宫殿区，同时于周边建造起高8米多、全长26千米的城墙，共12个城门，城内还设立了几个工商业区——"市"。

汉代的长安城，因为并非在有整体规划的基础上进行的修建，因此建成后并不规整，街道也不像隋唐时代的长安城那样有井然的秩序。

根据西汉末年（公元2年）的记载，长安的人口户数约8万，人数为24万6200人，但以当时平均每户5至6人来计算，则人数有40万，加上王侯贵族和士兵等，应达到50万左右（武伯纶编著：《西安历史述略》，陕西人民出版社1979年版）。另一方面，无论是文献的记载还是近年来考古学调查成果都显示，城内三分之二的地区为宫殿区，再加上许多府衙建筑和王侯宅邸等，几乎没有可容普通民众居住的余地。据说城内还有169个"里"，但很难找到能区划出如此数量的里的区域。

因此，杨宽推断，未央宫所在的西南地区是继承了战国时期王都的"内城"结构，长安城外还有一圈"外城"（外郭城），那里应是普通民众的居住区。

如今，汉代长安城遗迹只留下了未央宫中心宫殿"前殿"的巨大基坛和一部分城墙。1956年以来，汉代长安城的调查持续推进，整体结构得到明确。特别是对未央宫地区进行了详细的发掘调查，发现了管理帝室财政的官衙"少府"（皇帝的金库）等遗址，并出土了公文封印（封泥）等大量文物。但至今没有发现杨宽所推断的"外城"遗迹。

高祖归乡

在参加徐州的学术会议时,我有机会访问了向往已久的沛县。中国的秦汉史大家们似乎也是初次访问沛县,朴素的大学校车中,气氛颇为欢快。在警车的引导下,大巴迅速行进,大约一个半小时后抵达。沛县当时总人口92万,是中国随处可见的一个普通小城。我们看到了与樊哙出生地相应的卖狗肉的店,县里接待宴的主菜,也如大家期待的一样,是狗肉。

在淮阴侯韩信之后,梁王彭越被诛杀。高祖腌制了彭越的尸体(腌肉),分送给诸王、诸侯。腌肉的其中一片送到了遥远的淮南国(今安徽省南部)的英布面前。英布年轻时因为犯罪脸上被刺了墨(黥),因此也被称为黥布,是一位猛将。得到高祖的"赠礼"后感到惊恐的英布,在国都六安(今安徽省六安市)谋反,杀了荆王刘贾。高祖亲自出兵讨伐,英布逃往江南,其间,高祖被流矢击中,身负重伤。

不知是为了疗伤,还是因为感到死期将近,高祖直接从战场回到了出生地沛县,集合了当地相关人士举行酒宴。兴头上的高祖击筑(一种乐器)咏唱了自己的诗歌。命年轻人唱和,自己起身而舞,怀念往昔,极尽感慨,流下了眼泪。

当时咏唱的诗歌,是"大风起兮云飞扬,威加海内兮归故乡。安得猛士兮守四方",后收录于南北朝梁朝时编纂的诗文集《文选》。

沛县似乎有一块刻了这首诗歌的据说是东汉时代的古碑。名叫"泗水亭"的公园,也并没有依据能说明就是那个地方。站在举着酒杯的高祖纪念像前,却不知为何不禁想到他"农民出身的帝王"的事迹。

高祖在沛县停留了十余天，回到长安。归途中，伤势逐渐恶化，作为托付后事的人物，萧何、曹参、王陵、陈平、周勃等名字被逐个提起。吕后问："以后怎么办？"高祖回答说："这不是你能知道的事了。"公元前195年6月，高祖病逝于长安城长乐宫。次月，葬于长陵。

9 登峰造极的汉帝国——从西汉到新朝

仁政之世

吕后专制

西安市的北方，渡过渭河（渭水），就进入逐渐增高的丘陵地带。山脚下从东到西点缀其间的，是西汉皇帝的陵墓。高度在30米到50米之间，底部的一边长达130米至150米，均为在四角锥台上盖土的坟丘，在苍茫的黄土高原中，不走近了看就看不出它的大小。

西汉皇帝陵之中，位于咸阳城正北面的是高祖刘邦的陵园（墓区）。两个形状相似的坟丘并肩矗立，这是"同一墓地不同墓穴"（同茔异穴）这一西汉皇帝陵制度的起源，分别是高祖的长陵和皇后吕氏（吕后）的陵墓。因为没有进行正式发掘，无法确定，但根据文献，东南边稍大的为吕后之墓。

吕后名雉，是刘邦在做亭长时期娶的妻子。此后，刘邦逃亡时她独自耕田守家，楚汉战争期间还曾被俘虏；在历尽艰苦后成为皇后，其子刘盈成为皇太子。高祖死后，刘盈顺利即帝位，但这个惠帝性格柔弱，从皇太子时代起，其地位就岌岌可危。

因此，吕后一个接一个地逼死了作为皇太子对手的皇子们。最不幸的是高祖的爱姬戚氏。吕后憎恶戚氏所生的赵王如意，毒杀了他，对他的母亲，则断其手足，挖去眼珠，投入厕所，称其为"人彘"。见此情景的惠帝受到极大震动，一年多无法处理政务，最终在位七年后病亡。此后，吕后把出处不明的后宫子弟（少帝恭、少帝弘）一个个扶上帝位，自己则作为皇太后发号施令（临朝称制）。

吕后重用吕氏一族，封亲族为列侯，侄子吕台、吕产、吕禄等甚至成为诸侯王。因为与高祖有"非刘氏不可为王"的誓约，创业功臣们都郁积不满，但慑于吕后权势，只能等待时机。吕后的病死（公元前180年）就是这个"时机"。同为惠帝之侄的齐王刘襄和朱虚侯刘章兄弟，以及右丞相陈平、太尉周勃、大将军灌婴等老臣，秘而相约，终于举起了反吕氏的旗帜。

此前，吕后把宫廷禁军南北军的指挥权交给了吕产和吕禄。周勃进入南北军的驻地，在褪去左肩衣裳（左袒）以示对刘氏忠诚的士兵们的支持下，夺取了吕产等人的指挥权。吕产逃入未央宫，刘章率兵攻入，随后把吕禄等其他吕氏一族全部逮捕诛杀。

文景之治

政权回归刘氏后，被认为"最贤明的同姓诸侯王"的，是惠帝的异母弟代王刘恒。代王无法拒绝长安来访使者的邀请，从代国中都（今山西省平遥县）来到长安，替代傀儡皇帝（少帝弘），被迎入未央宫即位，是为文帝（公元前180—前157年在位）。少帝则很快被杀。

吕后的时代充斥着残忍的政治斗争，但仅止于宫廷内部。吕后自身也是喜好、尊重"黄老之学"的人，司马迁对她的评价是"与此前开始的休息时代相适应，内政稳定，农业生产恢复，衣食充实"。这一点后来唐代的则天武后也是如此，都令人感到男权社会中杰出女性被置于窘境的悲剧。

文帝因以旁系身份即帝位，故施政较为谨慎，他继续采取休息政策。田租税率降到三十分之一并成为汉代的定式，就是在文帝时期，人头税和徭役也大大减轻。吕后时期废除了杀全族（夷三族）这一残酷的刑罚，接下来，文帝用鞭笞之刑（笞刑）代替秦代以来的黥（墨刑）、劓（削鼻）、刖（断脚）等身体刑罚（肉刑），努力改变以恫吓治人的方式。

在肉刑之中，唯一保留的是阉割男子的宫刑（腐刑），并延续到了武帝时期，司马迁便遭受了这一屈辱。文帝的政治为下一代的景帝所继承，两人统治时期出现的治世被称为"文景之治"，成为后世的典范。

对周边各民族的政策，也是以和亲为主的稳妥之策。匈奴数次入侵，文帝命太尉灌婴等派遣大军迎战，但考虑到百姓的辛劳，并不过分追击。

在华南，秦末动乱时期赵佗自立为南越王，高祖也不得不默认其地位。文帝派陆贾为使者说服了赵佗。赵佗表明臣属关系后，文帝重新封他为南越王，承认其统治区域。该南越王国在武帝攻灭以前，一直以番禺（今广东省广州市）为中心领有华南地区。史书记载"南越王私下僭称帝（皇帝），赵佗自称武帝"。

1983年，在广州市的中心城区象岗山，一座楼房的建造途中，人们发现了一座古墓。挖掘结果显示，这是第二代南越王赵眜的墓。因没有被盗挖，从地下石室中出土了用红色绢丝缝合玉片、包裹遗骸的"玉衣"（丝缕玉衣）等无数的贵重文物。这些随葬品中，最让古代史专家惊讶的是刻有"文帝行玺"的金印。史书中记载的僭称"帝"的行为，果然被实物资料证实了。

诸侯王的骄慢

在《史记·孝文本纪》末尾，被司马迁称赞"呜呼，岂不仁哉"的文帝，在位23年后在未央宫病逝，景帝（公元前157—前141年在位）即位。文帝的陵墓，因为他的遗言"修建巨大的坟丘会成为百姓的负担"，在西汉皇帝陵之中，是唯一一座在丘陵的山腰上挖洞而成的朴素陵墓，即位于今天西安市白鹿原上的霸陵。

要确保皇帝的权力，就必须削弱诸侯王的权力。所谓的异姓诸侯王，除了长沙王以外均已被处置，作为刘氏政权的屏障而分封的同姓诸侯王则尚未处置。文帝时期，因为推举他即位的就是诸侯王，加上文帝个人"仁"的性格，国家削藩的政策总是贯彻得不够彻底。

例如淮南王刘长。刘长是高祖最小的儿子。异姓诸侯王英布（黥布）被讨伐后，刘长得到了其横跨四个郡的故地，被封为淮南王。文帝即位后，当时尚存的高祖之子只剩下二人，也因此，他对文帝多有骄慢的行为，无视法令，粗暴蛮横，把此前生母自杀的原因归咎于辟阳侯审食其没有劝谏吕后，因此怀恨在心，最终将他殴打致死。

文帝赦免了他以后，淮南王的行为越发失度，以至于纠集党徒企图谋反。即便如此，文帝也只是没收了淮南王的封土，把他发配到蜀地。途中，淮南王绝食死亡后，文帝后悔，封其四个儿子为列侯，随后把其中三个封为诸侯王。

与文帝不同，景帝没有对诸侯王的顾虑，即位第三年采用了法家官僚——御史大夫（相当于副丞相）晁错提出的削藩之策，开始削减王国领地。

带头反对削藩的，是文帝的从兄弟吴王刘濞。吴国是"三郡五十三城"的大国，其领地内的长江入海口一带有铜和盐等特产，吴王集合各地游民制铜、制盐，把产品卖到全国各地，积累了巨大的财富，最后甚至开始任意铸造铜钱。据说王国内因此不再需要征收租税。

吴楚七国之乱

面对景帝的削藩策，吴王不以为然。另外，吴王原本就与景帝有私怨。景帝为皇太子时，上京的吴王之子因为类似围棋的游戏"博"与景帝发生争执，被激动的景帝用博盘砸中身亡。

景帝三年（公元前154年），吴王会同楚王、赵王、济南王、淄川王、胶西王、胶东王等六王，以讨伐晁错为名，在各地点起了反抗的狼烟。吴王自己率领20余万兵马在王都广陵（今江苏省扬州市）起兵，渡过淮水（淮河），在楚国都城彭城附近与楚军汇合。景帝派遣太尉周亚夫（周勃之子）前去镇压，失败后，采取怀柔之策，在晁错对手爰盎的建议下将晁错腰斩。即便如此，七国的叛乱还是没有平定，吴王自称"东帝"，继续作战。

然而，北上进军至如今的河南省附近时，吴军势头已尽，吴王最终在南渡长江败走丹徒（今江苏省镇江市）时被杀。楚王也兵败自杀，其他各王有的自杀有的被杀，吴楚七国大乱历经三个多月后被平定。

最终，王国领地被削减，纳入郡的统治之下，而且，此前国王可以随意任命国相以下的主要官吏，现在与一般的郡一样，全部替换为中央派遣的官员，死去的晁错的理想至此终于得到实现。

叛乱的"主角"吴王刘濞是高祖兄长之子，因讨伐淮南王英布（黥布）扬名，从而得到大国吴国，是一个风云人物。在任命诸侯王时，高祖见到刘濞，一见之下，认为他有"叛乱之相"。高祖抚摸着刘濞的背，说："占卜说，五十年后东南方向将起叛乱，不会是你干的吧？天下还是公家的，不是刘氏一族的个人物品，不能因为你是皇族而特殊对待，你可绝对不能反叛。"

这个占卜，完全应验了。

专制统治的确立

景帝的孩子们

景帝有 14 个皇子。刘彻四岁被封为胶东王，这也是吴楚七国之乱的后续处置之一。其母王美人（"美人"为称号）只是一个无名后妃，在后宫争宠中胜出，最终获得皇后身份，刘彻也成为皇太子。景帝病逝后，刘彻 16 岁继位为皇帝。著名的武帝（公元前 141—前 87 年在位）登场了。

景帝的陵墓为阳陵。位于高祖长陵东侧 12 千米处，与王皇后陵并肩耸立。当初应该有把两座坟丘包围起来的城墙，现在已经荡然无存。建造从西安市区通往咸阳地区的西安咸阳国际机场高速公路时，阳陵南麓被发掘，出土了很多前所未见的男女木制人偶。此地可能是景帝的爱妾或某个皇女的陪冢。陵的附近还发现了铁制的颈铐和脚铐，似乎是建造帝陵时被残酷驱使的囚徒（刑徒）之物。这些刑具类的物品，在秦始皇陵以及西汉的其他诸陵中也多有发现，是窥见历史"阴暗面"的文物。

除武帝以外的景帝 13 个皇子，都被封为诸侯王，其中之一是中山王刘胜。此王之墓于 1968 年在河北省满城县郊外被发现。满城汉墓基本建造在石灰岩质的山体顶部。据说发现的契机是演习中的解放军士兵从裂缝中掉了下去，现在已是观光胜地，海拔高达 240 米，但有缆车，谁都可以轻松登顶。

该王墓是在岩壁横向挖入 50 多米的"崖墓"，入口用熔铁严密封印，内部为六个房间组成的地宫。其北侧是一个几乎相同规模和结构的崖墓。据调查，这是中山王的王妃窦绾之墓。

两墓都没有被盗挖，共留下了 6000 件以上的随葬品。特别是由 2000 多块的玉片组成、用黄金丝线缝合而成的两件"金缕玉衣"，是再现了当时诸侯王之奢侈的极品。之所以如此豪华，可能是因为中山王是武帝的异母兄，而夫妻被同坟埋葬，也可能是因为夫人窦绾为名门之后。

顺便一提，后面第 11 章的主角之一——三国时代的刘备，宣称是这个中山王刘胜的后裔。即便要假托伟大的人物为自己的先祖，也必须是"有可能的人"才有说服力。刘备的选择似乎没有错误。这是因为，刘胜好酒色，子孙合计 120 余人，因此其后世子孙当有无数。

被压制的王侯

除了晚年的一些荒唐，武帝几乎是一个没有弱点的帝王。以确立专制国家为目标的各项政策，无论内政还是外交，都取得了成功。

关于诸侯王的势力，武帝继承了景帝实施的削藩策，元朔二年（公元前 127 年），颁布了巧妙的领土削减政策——推恩令。其主旨是，诸侯王的身份原则上只有嫡长子可以继承，但作为父亲，肯定也想施予其他孩子恩惠（私恩），因此国家允许其把领土的一部分分给其他孩子。

如此一来，诸侯王也可以把封土分给次子和三子等人，他们可以成为列侯。其结果，正如武帝所期望的，王国的领土逐代分割，其势力得到切实削减。在这个压制政策的基础上，武帝进一步实施了酎金律。

汉朝每年八月要举行大祭，把新酿的极品好酒（酎）献给宗庙（酎祭、饮酎），皇帝以下，王侯、百官都要参加。所谓酎金，是王、侯根据其领土的户数献上黄金，用于国家的祭典。如果所献黄金数量不足，或质量较差，则会没收或削减其领土。事实上，被该规定处罚的人很多，如元鼎五年（公元前112年），被剥夺侯爵身份的人就达106人。

并且，武帝禁止王国内部存在君臣关系，发布了限制私自招徕"宾客"、与其他诸王交际的法令（左官律、附益法）。这些禁令的背后，是淮南王刘安和衡山王刘赐的谋反事件。

此二王是淮南王刘长的儿子。吴楚七国之乱时，淮南王刘安被臣下劝谏，衡山王（当时为庐江王）作壁上观，都没有参加叛乱。然而，可能是因为对武帝的削藩策感到不安，特别是淮南王，与蓄养的宾客们结成徒党企图谋反。但这个潦草的计划最终泄漏，结果以被追杀的二人自尽告终（公元前122年）。两个王国被消灭，淮南国设为九江郡，衡山国设为衡山郡，都编入郡县制中。淮南王好学问，特别重用道家学派的方术之士，还编纂了书籍。这就是留存至今的杂家之书《淮南子》。

还有一个故事。在该事件以前的建元三年（公元前138年），武帝邀请前面提到的中山王刘胜等诸王来到宫中，开设酒宴。当时中山王向武帝哭诉："我们明明是族亲，可是官僚们净找我们麻烦，我们的骨肉亲情如冰雪般融化了。"由此，武帝才稍稍放松了对诸侯王的监视。

顺便一提，此处提到的"建元"年号，是中国最早出现的年号,这又是武帝的功绩之一。事实上,定下年号是后来的元鼎年间的事,"建元、元光、元朔"等是后来追加的。

无论如何,就像与武帝最为亲近的中山王都感到了压抑一样,列侯各国(侯国)也降到了与郡下属的县同格,王国和侯国都在郡县制下受到管辖。但王国和侯国的总数,因为历代皇帝的近亲和功臣在各个时代被新封为王、侯,数量并没有减少。

丞相面面观

汉代的政治由数量庞大的官僚支撑。位于官僚机构顶端的是丞相,汉初也称为相国,曾设左、右两名丞相。副丞相为御史大夫,统管武官的是太尉。这三个官员被称为"三公",其下设有多个副官(丞)。丞相以下附属有廷尉(刑狱官)、太常(仪式、典礼官)、少府(管理帝室财政)、大司农(管理国家财政)等官衙,地方行政的总负责者也是丞相。这些正式的机构称作"外朝",皇帝的意图通过外朝来实现。

惠帝、吕后到文帝时期,创业功臣们担任丞相,与休息时代相适应,"什么都不做"(无为清净)反而是理想状态,实施的是和缓的政治。此时民间流行如下歌谣:

萧何制定的法令像"一"字一样明了;曹参谨为遵守,没有一丝差错。因为什么都不做,就像"一"字一样安宁。

景帝时期的丞相,是功臣子弟的后代。他们是已经拥有列侯爵位的贵族,仅以谨严正直为美德,并不是根据皇帝意愿积极行政的人才。

武帝即位时，占据三公要职的是文帝皇后一族的窦婴、景帝皇后之弟田蚡以及窦婴举荐的灌夫等人。三人激烈地争权夺势，垄断着国政，生性刚正不阿的灌夫最终因田蚡进谗被处死，而庇护灌夫的窦婴，也因窦太后的去世失去后盾，同被处以死刑。

在此期间，掌握着所有人事，令年少的武帝都嗟叹"我能任命的官吏，还剩几人？"的田蚡，晚年因陷于被灌夫和窦婴的亡灵鞭打的幻觉而死去。此前对淮南王刘安说"皇太子未定，你也有可能啊"而令其生出叛乱之心的，就是这个田蚡。

在此境遇中成长起来的武帝，热衷于行政改革，特别是削弱丞相的权力，也是理所当然了。武帝首先考虑的是选拔非外戚非贵族、有德有才的民间人才，同时要培养有素质的贤才。在录用人才方面，从汉初起，即有选拔中央、地方大官的优秀子弟，学习于皇帝近旁（称为郎）的"任子"制度，文帝时期试行了从地方选用品行端正有才能（"贤良""方正"）的官吏的制度，武帝进一步发展了这个方针。

武帝的政略

侧近政治

武帝在长安城南郊设置"太学"，开始有组织地培养学生。另一方面则督促地方官员根据秀才（茂才）、贤良、方正、文学、孝廉等科目，从县、乡、里推举人才，作为"郎"进行培养（乡举里选）。特别是因孝敬父母和品行正直而被选拔的"孝廉"，被选上之后，从郎晋升到少府部门的"尚书"，再到皇帝的侧近官员"侍中""侍御史",中间出任地方官(县令、郡太守、州刺史),回到中央担任丞相府的官署……这是升官的路径。

武帝第一个根据自己意志任命的丞相,是因贤良、方正被选拔的太学博士公孙弘。他任丞相后被封为列侯,唯唯诺诺,严格遵守武帝命令,80岁病逝。此时,作为"郎"培养的人才已经成长起来,政务的中心从外朝转移到了以侍中为中心的内廷(内朝)。于是,丞相的权威下降,丞相成为皇帝失政责任的替罪羊(悲哀的名誉官)。后来公孙贺被任命为丞相时,他哭着推辞却没被接受,成为丞相没几年后,就因莫须有的罪名全族被杀。

民间人才选拔的推进,则出现了三种路径,给后代留下了与创设初衷不符的影响。第一是皇帝侧近政治的路径,这个"侧近路线"最终导致了外戚或宦官掌握国政的结局。第二是所谓的地方上有素质的人才,其实是地方官和豪族子弟,这就助长了地方豪族阶层进入政界。第三是武帝的选举制度和设置太学等措施,多根据儒者董仲舒等人的献策,因此,从这个时期开始,儒学思想成为国家的政治思想,巩固了其地位。

儒家思想的变革

最初,高祖厌恶儒家。汉五年(公元前202年),高祖登基时,儒者叔孙通安排了隆重的即位典礼,高祖却只觉得繁琐。但是,在宫中宴会上,群臣醉酒后极其混乱,还有人拔刀砍向殿里的柱子,高祖对此也无可奈何。

因此，高祖命叔孙通制定礼仪规章。两年后长乐宫建成，正月宴会在此举行。群臣都安静地遵从典礼的安排，酒宴上也没有人胡来。（其实，胡来的人被御史抓到了外面……）总之，高祖满心喜悦地说"今天才体会到了皇帝的尊贵"，叔孙通的儒生弟子们全部被授予了掌管宫廷典礼的职位。

从叔孙通的故事可以看出，汉初儒家思想的重生，是为了整肃宫中和宗庙的典礼，向天下展示国家安宁之势。正如叔孙通自傲的"儒家不擅长时代的推进（进取），但强于值守（守成）"一样，夺取政权后儒家思想才会发挥威力。

儒家思想本来标榜"不语怪力乱神"（《论语·述而篇》），但在秦始皇时代，拥有"怪力"的皇帝成为最高权力者，与天帝匹敌的"皇帝"的出现，超出了儒家的预想。在这个新阶段，儒家为了实现完全的复兴，即便不情愿，也需要承认皇帝的存在，对自己的思想进行变革。

景帝到武帝时期的儒学家董仲舒，通过修习春秋学，进行了一步变革。他强调的灾异说认为，"如行恶政，天变地异。这是上天在斥责皇帝"，把自然现象作为对政治的批判，极好地管制了皇帝的任意随性行为。董仲舒创立的"新儒家思想"切合了致力于确立专制统治的武帝的思想，儒家的活跃空间得到极大扩展。

一般认为，因董仲舒的建言，五经博士得以设立，儒家思想成为正统，而且儒家思想在此期间成为儒教，并受到国家的庇护成为国教。然而，如果班固《汉书》所描写的有关东汉儒家的内容都是史实，就还是存在诸多问题。近年的学说认为，儒教体制化（国教化）的时代，至少应是在武帝三代以后的元帝时期，或者是王莽的新朝时期。

长城的守护

武帝也热衷于通过黄河治水来开拓耕地。关中平原的渭水南北开凿了漕渠、白渠等，分别开垦了万余顷、数千顷的田地。这里所说的一顷为100亩，是刚刚能够维持五人左右小农民家庭的生活耕地面积（约今天的4.7公顷）。于是，因各种原因生活无以为继的农民们就移居到了国家开发的农耕地上。

武帝的积极外交政策，一方面是出于抑制匈奴入侵的防卫目的，还有一个原因是国内许多穷困的农民生活安定需要开垦新的农耕地。针对匈奴，武帝命令大将军卫青和骠骑将军霍去病进行大规模的军事进攻，占有其土地后，重新征兵派驻。在这块土地上，田卒（屯田卒）和河渠卒等专业兵种通过水路开垦耕地，戍卒则以烽垒（烽火台）围成的阵地防卫开垦地区。最终，这片土地修建起新的县城，内地的数十万、数百万人迁移了过去。

通过这些国家政策（徙民实边），汉的北方、西北方向的土地被开发，新设了河西四郡（武威、酒泉、张掖、敦煌）。留下历史巨著《史记》的司马迁，公元前98年为被俘的将军李陵辩护而受到宫刑之辱，就是在武帝进行对匈奴作战的鼎盛时期。

为了对付匈奴，武帝派出张骞出使处于匈奴腹地的大月氏。张骞虽然没有达成原先的目标，但通过13年的巡游（其中包括被匈奴俘虏的几年），把大宛（今费尔干纳盆地）、大夏（今帕米尔高原西部）、乌孙等西方诸国的珍贵情报带回了中国。

同时，武帝还软硬兼施，征服了南越、闽越、西南夷等南方各民族，在南部设置了直抵如今越南的九郡；在朝鲜半岛，则夺取了卫氏的领地设置四郡（乐浪、真番、临屯、玄菟）。如此一来，极大地扩大了汉朝版图。

帝国的财源

西汉时期财政的特点，是在掌握国家收支的中央官署大司农之外，还有运营皇帝内帑金的机构少府。其官衙位于长安城内未央宫附近，对其的考古学发掘调查至今还在继续。

武帝时期，随着治水、灌溉的发展，新垦土地的收入增加，水衡都尉开始与少府一同掌管帝室财政。国家财政的主要收入来源是租税。各类用钱币交纳的人头税则被确定为少府的收入。少府的主要收入来源还有公田，即山林渊薮上缴的租税以及向商人收缴的市租和诸侯王、列侯的献金。武帝开启的盐、铁专卖的收益也归于少府，这个收入最后移交给了国家财政，取而代之的是通过铸造五铢钱获得的收入进入少府。

如此一来，汉帝国完成了年收入50亿钱以上的巨大财政架构，但皇帝的奢靡也因此达到极致，加上武帝积极地四处出征，几乎耗尽了汉初以来的积累。为了解决财政危机，出现了前述的盐、铁专卖制，以及国家直接介入物资流通过程中的均输法和平准法。

通过这一系列的政策，国家努力保障财源，但还是无法遏制财政紧张的颓势。商品流通在国家经济生活中非常兴盛，商人们肆意妄为，大商人和地方豪族购买了越来越多的土地。武帝任用被称作"酷吏"的法家系官员，以严酷的措施压制这些大商人和豪族，但在武帝以后，因为皇权削弱，政策的执行变得困难。而且，均输、平准法被批评是与商人争利，官营工厂（铁官）制造的农具高价而劣质，农民深受其害。

武帝死后的公元前81年，为了"问民疾苦"，宫中举行了咨询会议。作为民间代表参会的贤良、文学等人，针对上文的各项政策，激烈地批评御史大夫桑弘羊的观点。

桓宽的《盐铁论》用对话体记载了此次会议的情形，里面详细记录了当时经济的扭曲和社会的矛盾。从政治思想的侧面来看，该论争可以理解为，执行武帝经济政策的桑弘羊派为法家思想，另一方面，代表了豪族阶层的民间贤良、文学的意见则属儒家系统，从中可以发现支撑汉帝国的两种思想、两种路线。

垂暮的帝国

巫蛊之祸

向专制统治不断迈进的武帝，其内心隐藏的部分，是可怕的鬼神世界和不安的巫术世界。自古以来，达成帝业者才能举行的泰山封禅仪式，武帝在元封元年（公元前110年）以后举行了多次，在山顶与神秘的"神"交流，是鬼神世界的其中一例；晚年发生的巫蛊之祸，则体现了巫术的世界。

巫蛊是指将木制的诅咒木偶埋于地下，以泄怨愤。公元前91年，前面提到的丞相公孙贺被处死，罪名就是用木偶诅咒武帝。同年，监察官江充为了自保，声称卫皇后之子皇太子刘据（卫太子）用巫蛊诅咒武帝。刘据得知后，抢得先机，整备军队杀死了江充。武帝认为这是叛乱，匆匆从避暑的甘泉宫（长安北部）返回，集合长安周边诸军镇压叛乱。长安城的浴血战争持续了五天，失败的卫太子在被捕前自杀。

卫太子被镇压后，其母卫皇后被降为庶民，随即与全族一起被处刑，巫蛊之祸结束。但是，很快，卫太子蒙冤之事大白，武帝在太子的去世地京兆尹湖县（今河南省灵宝市）建造了慰灵的宫殿思子宫。此乱翌年，企图把昌邑王刘髆立为皇太子的人挑起又一起巫蛊事件，昌邑王死因成谜，丞相刘屈氂因此被杀。

在该内乱之外，武帝晚年，各地还出现了数千起农民的暴动，袭击官衙的事件频频发生。外交方面，虽然攻打匈奴多次，却没有取得预期的成果。至此，御史大夫桑弘羊提议的在龟兹轮台（今新疆维吾尔自治区库车附近）屯田的计划中止，虽然作为补救，施政方向转向了让民众"休息"，但国家的整体实力已不可避免走向衰退。

武帝之死，正是在如此政治动荡的时期。此时武帝70岁，六个儿子中，活着的只有李夫人之子燕王旦和广陵王胥兄弟，以及赵婕妤（"婕妤"为后宫称号）所生的刘弗陵三人。其中，武帝选为皇太子的是年仅八岁（一说九岁）的幼子弗陵，即昭帝（公元前87—前74年在位），并指定大司马霍光、车骑将军金日磾、左将军上官桀，以及御史大夫桑弘羊一同辅政。

渭水北岸高地上呈东西向排列的西汉皇陵中,位于西侧的巨大的四角锥型坟丘即武帝陵(茂陵)。北边是先去世的爱姬李夫人之墓,西边是霍去病、卫青等将军的陪冢,附近还建造了战胜匈奴的军士石像,作为纪念。

从中兴到斜阳

昭帝时期,鉴于国家凋敝,租税和赋税大大减轻,休息政策再度施行,但政治的实权掌握在"内廷"派霍光的手中,因此与同受遗诏的"外朝"代表桑弘羊之间,不可避免地发生了斗争。霍光于公元前80年诱使昭帝的异母兄燕王旦发动叛乱,铲除了桑弘羊等对手,确立了专权。

昭帝没留下后嗣,武帝之孙昌邑王刘贺(刘髆遗孤)即位。但因为荒淫无道(存疑),二十多天后被废。之后被选为皇帝的,是武帝的曾孙,即宣帝(公元前74—前49年在位)。他就是当年巫蛊之祸时被包在襁褓中逃离,秘密养育于民间的卫太子之孙。因为拥立有功,霍光位极人臣,其女儿当上皇后。然而,在他死后,已经成人的宣帝命令诛杀霍氏一族,皇权回归。

宣帝在民间时与游侠交游,因此被认为是个通达下情的皇帝。此后,豪族越发壮大,另一方面,小农阶层没落,沦为豪族的佃农或农奴。宣帝极力打压豪强,致力于专制统治的复兴。宣帝在对外征战方面继承了武帝的积极政策,把西域36国纳入西域都护的统治下,与乌孙结盟攻打匈奴。最后,匈奴分裂为南北两部，公元前52年，南部的呼韩邪单于归降。然而，宣帝晚年沉溺于奢靡的生活，外戚和宦官相继执掌国政，宫廷腐败再次出现。

下一代的元帝（公元前48—前33年在位）偏好儒家思想，倡导"德治"。他热心于在地方修建宗庙（郡国庙），政治上优柔寡断，也无法压制外戚、宦官。

之后即位的成帝（公元前33—前7年在位）进一步强化了武帝确立的州刺史监察制度，努力密切地方与中央的关系。成帝还通过减轻赋税等方式意图恢复民力，在宫中则压制宦官的势力，却反而引得外戚专横，特别是皇后王氏一族，取代晚年沉溺酒色的成帝处理政务。王氏一族中的王莽最终篡夺政权，导致西汉灭亡。

大约从成帝时期开始，汉帝国进入斜阳时代。高官和大商人把积累的财富用于购买土地，经营着大规模农田，拥有无数奴婢，权势进一步加强，导致地方叛乱频发。对此，国家多次颁布限制土地兼并（限田）和限制奴婢的法令，但都没有遏制这个趋势。

成帝时期，外戚王氏握有实权，代表王氏一族的王凤，在成帝即位的同时，因太后之兄的身份成为大司马大将军，其四个异母弟也都成为列侯。成帝去世后无子，其侄哀帝（公元前7—前1年在位）即位后，王氏衰落，同族的王莽也下野。哀帝急逝，九岁的平帝（公元前1—5年在位）即位，元后（元帝的皇后）辅佐幼帝（临朝），作为大司马返朝的王莽，号安汉公，总揽国政。

符命革命

王莽以女为平帝皇后，位列诸侯王之上，受到破格礼遇（加殊礼）。此时加之于身的称号"宰衡"，是把周代协助成王的周公旦的"太宰"和殷初名臣伊尹的号"阿衡"组合后的产物。自比周公旦，堂而皇之成为皇帝辅佐的王莽，据说是"按计划"毒杀了平帝，找出宣帝玄孙（孺子婴）立为皇太子。

但他虽然掌握着实权，从正统性上来说，王氏取代刘氏成为皇帝还有困难。王莽利用的是"符命"思想，即天命的变换会借用某种形式表现出来。此时，王莽据说得到地方官报告，从井里挖出的白石上，写有红色词句"告，安汉公莽为皇帝"，遂装作勉为其难听从群臣的请求（劝进），称"假皇帝"，在长安南郊祭祀上天，改元居摄元年，号"摄皇帝"（6年）。

王莽仿效周公，宣布会在"孺子婴成人后归还其皇位"，但最终逼迫孺子婴禅让，去掉"摄"字，成为"皇帝"（真皇帝）。同时，以符命显示的上帝命令不能推辞为理由，成为"真天子"，并前去汉朝高祖庙中报告。虽然不知道高祖之灵是否承认，但王莽通过这些程序得到了"皇帝"和"天子"两个称号，把孺子婴降为臣下，改元"始建国"，宣布建立新朝。

以上就是王莽篡权的过程，后来被称为"符命革命"，是因为听从了灵异的预言（符命）。王莽夺取政权的巧妙顺序，后来发展出了"禅让"这种王朝交替的方式。而且，正如在此过程中王莽多次引用周代的故事一样，此后的王莽政治也完全依据儒家（古文派）经典之一的《周礼》。

王莽即皇帝位后，似乎为了与汉高祖庙相抗衡，建立起了祭祀王氏历代祖先的"天子七庙"，还进一步充实了祭祀天地鬼神的"郊祀制"，甚至在长安南郊新建了大祭祀场（明堂辟雍）。至此，儒家思想与国政融为一体，完成了向"儒教"的转变。

对于当时的社会矛盾，王莽初期的政治确实有其革新性。他规定天下土地为"王田"，禁止土地私自买卖，命令大土地所有者限田，给予无农地者100亩土地，禁止奴婢买卖。并且，为了把实际由大商人掌握的经济政策重新收回国家手中，实施了市场管理和物价调节（五均制）、山林渊薮财产国有和货币铸造专权回归国家的诸项制度，以及抑制高利贷蔓延的低利融资法（六筦制）。

但是，王莽政权的正统性一直被质疑，诏令不够权威，雄心勃勃的经济改革和理想主义的土地制度，遭到害怕失去既得利益的高官和豪族阶层的反对，没有取得实效，结果只是导致了社会的混乱。在外交方面，针对臣服汉朝的周边各民族的政策失误，也招来了反感和反抗，仓促的对外征伐则加重了民众的负担。

10　洛阳的盛衰——东汉

刘氏的复权

南阳刘秀

从元帝时期开始，洪水、旱灾、暴雨、蝗灾等相继出现，遍地都是饥饿的人，"人互食"（吃人肉）这种悲惨记录多次在史书中出现。到了王莽时代，社会动荡进一步加剧，各地叛乱变成了农民裹挟其中的大规模动乱。

饥馑蔓延到南方，天凤四年（17年），忍无可忍的农民在荆州（今河南省南部至湖北省）绿林山起义，迅速发展为数万人的军队。地方豪族也加入绿林军，南阳郡（今河南省至湖北省一带）的豪族刘氏一族也踊跃加入起义军。刘縯（刘伯升，23年卒）和刘秀（公元前5—57）兄弟为其核心，刘秀即为东汉的开国皇帝光武帝。

光武帝刘秀出生于南阳郡蔡阳县（今湖北省枣阳市）。刘縯是他的长兄。南阳郡是战国时代秦昭襄王设置的古郡之一，从其下属于长江中游的荆州可知，得益于灌溉田地的丰富水源，西汉以来，农耕地开垦不断推进，同时涌入华北来的移民，该地迅速发展壮大起来。西汉时期开始，已设有官营的制铁、制器工厂（铁官、工官），而且因为位于连接长江与黄河的交通要道上，工商业繁荣。基于上述原因，该地是典型的开垦农地、余力投资于商业的"集富数千金"的豪族的地盘，南阳刘氏正是豪族之一。

汉王朝的创建者高祖刘邦，从家族身份来说，是无法掩饰的"农民之子",汉朝的复兴者刘氏则自夸为"高祖九世孙",出身于名门之家。据范晔所著的《后汉书》,其家族可以追溯到景帝之子长沙王刘发的分支舂陵节侯刘买。此后地位略有下降,汝南郡南顿(今河南省项城市以西)的县令刘钦,是刘𬙂、刘秀兄弟之父。

刘秀九岁丧父,由叔父抚养长大。他身长七尺三寸(约175厘米),容貌完全为帝王之相,蓄美髯,口大,鼻梁高挺,方额突出。与高祖刘邦性格相似的是兄长刘𬙂,性刚毅,好与任侠之徒交游,对王莽的统治十分不满,倾其家产汇聚天下豪杰造反。而刘秀则热衷于农业经营,刘𬙂见他勤于家业,曾冷笑说:"你和高祖的兄长刘仲一样。"

最终主导刘氏起义的是兄长刘𬙂,他认为如今正是复兴"高祖之业"的时机,命令其弟刘秀和李通等人在南阳郡郡治宛(今河南省南阳市)、邓晨在同郡的新野(今河南省新野县),以及子弟、族亲和豪杰在郡内各地发动叛乱,自己则率领七八千名部下在出生地蔡阳以东的舂陵起事。最后,军队包围了宛城,刘𬙂名震天下。

赤眉之乱

另一方面,在青州(今山东省),反抗地方官员暴政的农民也发起了叛乱。他们把眉毛染红作为标记,称为"赤眉",最后发展成数万人的军队。红色在五德终始说中表示"汉",意味着其目标是复兴汉朝。

干燥的大地上,一旦有燃料,火种再小也会变成燎原之火。赤眉之乱中，火种是一个被称为吕母的女性复仇之战。吕母是在山东半岛边缘的琅琊郡海曲县（今山东省日照市）经营酿造业的商人，其子为县中官员。因为一些小事，儿子被杀。满是复仇之念的母亲，通过给前来买酒的恶少免费，为流浪汉和无赖汉买赠刀剑等手段，秘密汇集党徒。随后明确提出事由，得到数百名勇士，还乘船出海纠集沿岸流民。

之前曾介绍过的尹湾汉简，是发现于江苏省连云港市（汉代东海郡）郊外西汉墓中的珍贵木简群。其中记录道，东海郡当时的人口为1397343人，其中"42752人获流"。如果"获流"是指从其他郡流亡而来被接收为新郡民的人，那么当时流民和移民的数量可能比史学家想象的更多。

天凤四年（17年），吕母拥兵数千，发动叛乱。吕母自称将军，回到海曲县取了县令首级，供于其子墓前，随后逃亡海上。王莽派出部下，不追究吕母等人叛乱之罪，命反贼们解散，但燎原之势已成。当时山东半岛饥馑蔓延，吕母之乱波及各地，叛乱诸军最终发展为有规范军制和军纪的军队，即赤眉军。

在黄河下游到今天河北省的部分地区，又发生了自称"铜马""青犊"的大小叛乱，最终被统称为"铜马贼"。绿林和铜马等叛乱诸军按照汉室沿革，拥立刘玄为皇帝（更始帝），向长安逼近。对此，王莽派出大军镇压，反而大败，王莽被进入长安的更始帝军队所杀，王莽政权就此覆灭（23年）。

更始帝没有建立新政权的能力，赤眉军拥戴十五岁的刘盆子，攻占了长安。更始帝降服于赤眉军，很快被绞杀。此前,在叛乱诸军争夺政权的混乱中,被更始帝疏远的刘縯被杀(23年),刘秀汇集兄长余党恢复势力,在赤眉军前往长安以后,得到黄河中下游北方(河北)的豪族支持,并进一步与下游的铜马军结盟,把权力握于手中。

谶纬革命

赤眉军拥立刘盆子为皇帝时(25年),在诸将的推荐下,刘秀于黄河下游的鄗县(今河北省高邑县东北)即皇帝位,定年号为建武(6月),并很快进入洛阳,以此为首都(10月)。

即位后的光武帝,首先击败赤眉军,把自称为"皇帝"或"天子"的各地群雄,如陇西(渭水上游一带)的隗嚣(33年病死)、蜀的公孙述(36年战死)等逐个消灭,建武十二年(36年),基本平定全国。

王莽的夺权基于符命,而光武帝,述说其正统性的是"纬书"。所谓的纬书,是与经书相对,具纵(经)-横(纬)关系的一系列典籍,作为经书的解释,叙述其真意,在世间隐秘处流传的稍显异样的书。这些书籍所述说的内容与符命相同,是从五行说和灾异说系统引出的预言(谶)。无论刘秀本人是否相信,据说,得到记载有"刘氏再起……"的纬书(《河图》)的谶言,是刘秀崛起的契机。

光武帝即位时,在奉于天帝的祝词(祝文)中,引用了《谶记》的记载"刘秀,发兵捕不道。卯、金、刀,修德而为天子"。这里的"卯、金、刀",组合起来就是"刘"字(劉)。此类文字游戏是纬书的专长。无论如何,光武帝巧妙利用了此类纬书及其中出现的符命,因此新王朝的建立被称为"谶纬革命"。

在以后的时代,谶纬思想与纬书依旧在社会深处存在,特别是常常在王朝交替时期悄悄现身。然而,利用其得到权力的人(光武帝也是如此)一旦登上权力的宝座,就从民间搜罗纬书收入国家府库,严格取缔玩弄符命和谶言。这完全是当权者的利己主义。

帝国的再建

再建刘氏政权的光武帝,以郡国制为核心,原则上基本继承了西汉的各项制度,其中最主要的,是确立以皇帝为中心的专制统治权。

在中央官制中,太尉、司徒、司空三公为最高行政官员(外廷),另在皇帝侧近(内廷、中朝)设置的尚书(尚书台)中,汇聚有才华的官僚,在皇帝的直接指挥下处理政务。

在地方行政方面,西汉武帝时期合数郡为州,东汉更重视各个担当监察职务的刺史(改称为州牧),把州作为位于郡之上的地方行政单位。东汉初期县的数量为四百多个,县、邑、侯国的总数为西汉的四分之一左右,这个规模在整个东汉都没有大的变化。在规模缩小的同时,又大幅削减官员数量,意图使冗杂的行政趋于合理。

在选拔官员方面,东汉在中央设立了太学,任命五经博士,在其指导下,培养富于儒家教养的官员。同时,制定官员选拔法,设置孝廉、明经等科目,汇聚地方的人才。

从西汉后期开始，土地的兼并不断发展，小农逐渐没落为奴婢，新朝末年的动乱使这一现状进一步恶化。因此，光武帝建国后立刻命令解放奴婢，正式立法禁止人身买卖，意图恢复小农生产。

已出土的大量东汉时期的农具显示，这个时期农业技术取得了显著的进步。欠发达地区淮河流域的开发也逐步推进，牛耕技术得到普及。蜀地养蚕业兴盛，开发并普及了利用水车的石臼（水碓）。对黄河治水和灌溉事业，国家也很热心，特别是在地方官员的指挥下，取得了一个地方开发出数千顷农地的成果。

在手工业方面，铁官逐渐重开，恢复了官营铁器的制造。铜器的制造也很兴盛，生产出以会稽（郡治位于山阴县，今浙江省绍兴市）铜镜为代表的优秀工艺品，出口到日本（倭）等地。商业活动也得到恢复，首都洛阳因交通方便，成为发达的商业都市，重铸的大量五铢钱支撑了商品流通。

风土与权力

中国的"北方"与"南方"

比较西汉与东汉的国土大小，我们可以发现东汉小了一圈。特别是如今的陕西省、山西省、河北省北部，以及辽宁省南部一带的诸郡，到了东汉时期，不是废止，就是缩小。

若以县为单位进行比较，西汉大约有 1600 个县，其中有 30% 在东汉被废止。进一步调查发现，在中国北方，废止率达到 36%，而在南方，废止的县则只有 7% 左右。

这里所说的"北方",从地理上来说,基本是以淮河到秦岭山脉一线为界,在其北部广袤延展的黄土地带;"南方"则是该界线以南地区,包括长江流域及其南部"江南"地区的总称。北方大部分属于温带,雨量并不充足,加上黄土特有的属性,该地区适宜栽培的作物,自古以来,仅限于麦子、粟、黍、稗等。而南方,则是更为高温多湿的地带,以四川盆地为例,虽然稍落后于北方,水稻的栽培技术却随时代不断进步,在明、清以后,发展成为中国的谷仓。

在废止率较大的北方,也有地区差别。郡被废止或缩小的地区,县的废止率平均为44%,有的地区则达到了59%至63%。二战后对秦汉史研究的发展做出重要贡献的木村正雄,着眼于东汉时期多个县被废止这一现象,推导出了专制国家成立的基本条件。

他详细调查了汉代诸县设立的时期和缘由,把汉代的全部农耕地分为"第一次农地"和"第二次农地",认为后者才是形成专制国家的基础。所谓的"第一次农地",是中国人最初开垦的田地,在其上设"邑"开展生产活动的农耕地区,而"第二次农地"则特指战国时代以及秦、汉时期由列国君主和皇帝努力开垦营造出来的新的农耕地区。

农地的消长

如木村正雄所说,如果说秦汉帝国是以"第二次农地"为基础建立起来的,东汉则可以说是基于"第二次农地"的复兴和发展而得以维持的国家。因为"第二次农地"是在国家指导下开垦的"新发地",隐藏着一个弱点,即如果国家疏于保护和管理,全域都会变回荒芜之地。而"第一次农地"因为本就不借助国家之手,是上古形成的农耕地,无论国家如何,并不会轻易毁坏,因此自立性很高。

汉帝国的版图在武帝时期达到顶峰,在东汉时期,如前所述,不仅是县,甚至连郡都被废止,这些郡、县没有再复兴。废止的诸郡大部分位于北方和西北地区,这些地区都可以理解为是秦汉时代以后新开发、设立的"第二次农地"。

以四川盆地为中心的长江上游,在秦始皇时代被开发以后,因为有适宜作为稻田的条件,稳定存续了下来,其自立性可与"第一次农地"相匹敌。长江中游也从战国时代开始被开发,新设立的县里搬来了新的百姓居住。从这个意义上说,这一带也是"第二次农地",但并不受国家动向的影响,自立性很高,稳定性也强。顺便一说,在刘秀的南阳郡,西汉时期共36县,其中23县为新县,但在东汉被废止的仅1县而已。

长江以南的内陆地区虽然纳入秦汉帝国的版图,归入郡县制下,但事实上是一些少数民族坚守着独立的生活空间,所属县的数量也极少,是"汉族稀疏地区"。

跋扈的豪族

有汉一代,被称为"大姓、豪右、势家、冠族、著姓"的豪族阶层,大都以"第一次农地"为基础形成和发展起来。到了东汉时期,他们不靠国家的保护维持了势力,特别是在江南,在这些豪族的指导下,新的稻田被开发,吸收从北方

"第二次农地"南逃而来的人们为隶农（奴客、徒附），从而扩张了自己的势力。东汉时期开始的江南开发的背后，有这个原因。

在新朝末的动乱时期，被迫自卫的豪族把宅邸改造成要塞（坞壁）一般，屯蓄私兵（部曲），其中还出现了为平息国家动乱自己发动起义者。光武帝一族也是此类豪族势力，支撑起光武帝初期军队的，就是这些豪族。

西汉时期，政府通过强制地方豪族移住到关中平原，用酷吏严厉实施压制、弹压政策等，勉强维持了依赖小农的国家体制。但到了东汉时期，因为光武帝本人是南阳豪族出身，因此对压制地方豪族并不热心。豪族不断兼并土地，通过高利贷和商业活动进一步积累了财富。顺便一提，光武帝母亲的娘家南阳樊氏，也是一个"著姓"，其利用奴婢蓄财，又在山间修筑蓄水池（陂），开发了三百余顷水田，建起了高层的华丽房舍。

从装饰豪族墓葬内壁的画像石中，可以看到极度奢靡的地方官和豪族们生前的模样。到了东汉末期，还出现了"连栋者数百，膏田（肥田）遍野，奴婢千群，徒附以万计"的"豪人"。救济因饥馑、天灾等原因沦为贫民、流民的人，本是国家的职责，但豪族阶层负担起了此类赈灾，进一步扎根于当地，并因这类活动扩大了自己庄园（田庄）的规模，巩固了大土地农业经营。

"汉魏洛阳城"的风景

洛阳被称为"九朝古都"。这是因为，从东周自关中迁都至此，东汉、三国魏、西晋、北魏四朝，加上隋、唐时代为副都（陪都），被称为"东都""东京"，以及五代十国的后梁和后唐也以之为都城。

现在的洛阳市虽然基本沿袭了隋唐时期"东都"的范围，但在漫长的历史进程中，洛水的流向已经发生了改变，都城也曾几度化为灰烬，现在再要探寻当时的踪影，几乎已是不可能。市区的老城是明清时期的洛阳县，只留下了古都之名可供玩味。

然而，东汉、魏、西晋、北魏四朝的都城遗迹，其实是在洛阳市区以东15千米之外。这一点常常被误解。统称"汉魏洛阳城"的该遗址，仅留下了一部分行将垮塌的城墙，举目望去尽是田地。三国时代，卑弥呼的使者曾到访此处，见到重重叠叠的宫殿叹为观止，以往的荣光，如今已无处可寻。

东汉的洛阳城，在周代成周城和西汉河南郡县城的基础上，进行了大幅扩建。光武帝时代仅有南宫，下一代的明帝花费了六年时间建造了北宫，两宫之间以二层回廊（复道）相连接。北宫的主殿德阳殿可容纳一万人，远在四十多里（17千米以上）外就可望见。与西汉的长安城一样，洛阳城基本呈南北狭长的长方形，整体而言形状并不规则。

对汉魏洛阳城的考古学调查，从1960年代开始就已大规模实施，得益于此，都城全貌得以清晰再现，且基本与文献记载相同。特别是根据深挖调查，确认了全长约13千米的城墙的存在，对于城墙的规模，也已知其最底部厚度达14—25米。

1990年夏，我手执考古学报告复印件，一边注意不踩踏棉花和大豆庄稼，前往实地进行调查，特别仔细查看了在中国城墙中少见的、东北方向几处弯曲的转角。

位于城址西侧的，是白马寺。其开祖是明帝时期带天竺佛典（驮在白马上）来到此地的两个僧侣。这个故事为佛教传到中国的路径提供了线索，非常有名，但并不能认为就是史实。仰望13层砖砌而成的齐云塔，可以想见杨衒之所撰的《洛阳伽蓝记》记载的佛教寺院林立的首都的模样，但这种光景是494年成为首都的北魏洛阳城以后的事。留存至今的齐云塔，建造于12世纪的金代。

洛阳北部是广阔的邙山高地，素有"活着想住在苏州、杭州，死后想葬在邙山"（生在苏杭，葬在北邙）之誉。东汉皇帝和贵族们也在此营建墓地。无数的邙山坟墓在历代战火中不可避免地被焚毁，最近，东汉以后有代表性的贵族坟墓（砖室墓）被迁移至一处进行保护，在北魏宣武帝（499—515年在位）陵旁边建成了洛阳古墓博物馆。

该博物馆的周边一带，是东汉皇陵所在地。田野中点缀着的特别大的坟丘，便是帝陵了。然而它们已经全部被盗挖，如今的坟丘顶都被耕作成了田地。清代进行了调查，根据文献中极少量的记载，认定这个坟丘是明帝的显节陵、那个坟丘是章帝的敬陵等等，虽然进行了命名，但大多没有证据。

越过丘陵，靠近黄河处，是光武帝的原陵。原本是高15

米的四角锥台的大坟丘,如今已成为古柏(柏树)林立的静谧之所。然而,这里并没有做过正式的发掘调查,究竟是否为光武帝陵,还有待考证。

朝廷中的暗斗

外戚与宦官

因为只有豪族有余力学习儒家教养和学问,因此,最能左右官僚录用方式的,就是豪族阶层。豪族努力让子弟进入中央和地方政界,以防止公权对他们的抑制,同时利用公权不断发展壮大。从这个时代开始,地方开始设立用于教授儒学以抵达官途的私塾,就是顺应了豪族阶层的要求。

经过东汉初期的光武帝、明帝(57—75年在位)、章帝(75—88年在位)三代,成为豪族阶层的大部分人,利用自己的地位极力敛财,积累的财富主要用于在自己的家乡购买土地,在此过程中,发展成为经营庄园(田庄)的大地主。这些人被感叹政治腐败、充满正义感的清官们批为浊流,而发出责问的清流派官员,如要问其身份,多数也出身于地方豪族。

如前所述,出仕为官,有通过太学推举和通过地方人物评价并推荐两种方式。前者最终产生了学阀;后者的推荐者以地方官和私塾的教师为主,产生了以被推荐者为门生、故吏的"党"。此类私人集团(党人)在官界形成了隐性势力,成为朝廷中的政治派系。

东汉统治体制的动摇,始于十岁即位的和帝(88—106年在位)时期。和帝的外戚,窦太后(章帝皇后)及其兄窦宪垄断政治，而保护隔离于宫中的和帝的，只有宦官而已。永元四年（92年），一部分看不惯外戚跋扈的官员，得到以郑众为主的宦官的协助，以企图暗杀和帝的罪名扳倒了窦氏一族。窦宪等人被逼自杀，一党皆被罢官流放。

此事发生时，活跃其中的宦官之一是著名的发明（实际可能是改良）纸张的蔡伦，而《汉书》的作者班固（32—92）因为属于窦宪一派而被连坐下狱，最终死于狱中。他死后，《汉书》的编撰由其妹班昭（曹大家）继续。

和帝的皇后出身名门，是创业功臣邓禹的孙女。身高七尺二寸（约172厘米），容貌端庄秀丽，才思敏捷。12岁通读《诗经》《论语》，其母甚至叹曰"汝可成学者乎"。16岁进入后宫，集和帝宠爱于一身。当时的皇后是与光武帝的皇后（光烈皇后）有渊源的阴氏，因邓氏的受宠而被和帝疏远，最终因亲戚犯巫蛊之罪被牵连致死。

106年，27岁的和帝去世后，出生100天的幼子殇帝被立为皇帝，邓氏作为皇太后执政（临朝）。殇帝登基不满一年即去世，她又迎来章帝之孙（安帝），继续临朝。邓太后事实上的治世达到20年之久，在此期间的政治被称为德政，和风细雨，外戚势力也没有扩张，政治斗争总体和缓。但天灾和匈奴的侵扰，渐渐逼近东汉朝廷。

党锢之禁

121年，邓太后去世，13岁即位的安帝（107—125年在位）此时也已成人。他在宦官和官僚的支持下扳倒了外戚，从此以后，在东汉朝廷，没有名分的外戚和宦官围绕夺取权力持续明争暗斗。

安帝病逝后，皇后阎氏一族立章帝之孙（少帝懿）为皇帝。少帝200多天后骤死，继位的顺帝（126—144年在位）是宦官铲除阎氏一族拥立的皇帝。由于这个功绩，宦官甚至可以成为外朝官员，还可以让养子继承家业。但顺帝重用外戚梁氏，试图掣肘宦官势力。因此，顺帝死后，东汉成为外戚势力梁太后及其兄梁冀的天下，梁氏一族陆续拥立冲帝（145年在位）、质帝（146年在位）、桓帝（147—167年在位）等幼帝，20年间把持国政。

159年梁太后去世后，桓帝借宦官之手灭了梁氏。没收的梁冀家财达30亿钱以上，这个金额相当于当时国家财政收入的一半。然而，外戚被扳倒，又导致了宦官飞扬跋扈。

宦官们极力敛财，如宦官侯览的宅邸达381处，田地达118顷。朝中大臣、地方官员及民间百姓猛烈抨击宦官，于是，宦官势力先行下手，弹压儒家官僚代表太尉李膺和司隶校尉陈蕃等清流人士，延熹九年（166年），约200名被认定为诽谤朝廷的党人下狱。

翌年，桓帝把党人从狱中释放，将他们终身排除在公职之外（党锢）。宦官认可了这个处置，据说是因为李膺等人的门下（门生）中也有不少宦官子弟。党锢禁令发出的第二年，桓帝去世，12岁的灵帝（168—189年在位）继位，将政事委于外戚窦氏，窦太后之兄大将军窦武掌握大权。168年，窦武再次起用陈蕃和李膺等人，企图一扫宦官势力，却被宦官抢得先机，窦武被迫自尽。陈蕃等700余人被处刑，许多清流人士被党锢，朝廷清官被一扫而空。此事导致政治改革的萌芽被毁，许多地方名士遭到弹压，引起社会不安，使东汉王朝迅速走向灭亡。

朝贡与册封

汉帝国采用的郡国制，也是对外政策的基础。武帝推行的在朝鲜半岛设置四郡的做法，反映了郡县制的一个侧面；而王国（诸侯王国）并存的封建制，则使得周边诸国可以较为稳定地与帝国维持关系。

最初，中国与周边诸国之间的交涉，是通过"朝贡"这种中国独特的交易方式进行的。这种做法是基于"慕中国皇帝之德，奉上朝贡之物"的中华思想（华夷思想）和儒家思想的德治主义原理。朝贡国之中，对于谋求长久和稳定邦交的首长，就使其归服中国，成为皇帝的臣下，适当地授予王、侯爵位或官位，承认他们对当地统治的合法性。被授予官、爵（称为册封）的诸国，在各自的领域范围内，借中国的权威，可以得到维持并扩张其国内统治的益处。此类由君臣关系结成的国际秩序，学术上称为"册封体制"。

册封"西南夷"滇（今云南省昆明市一带）为滇王，南越的赵氏政权（今广东省广州市一带）为南越王，都是西汉初期的这一政治形式的体现。西汉的宣帝则授予臣服的匈奴呼韩邪单于诸侯王以上等级的爵位，以"客礼"待之。

西汉末期，高句丽朝贡，被赐予王号。东汉建武中元二年（57年），册封朝贡的奴国为王，这已被刻有"汉倭奴国王"的金印所证实。但是，东汉时期因册封体制带来的稳定国际秩序并没有长期维持，周边各民族陆续进入建国阶段，在此背景下，中国周边经常出现冲突。

在新朝末年的动乱时期，匈奴势力卷土重来，威胁中国北方。建武二十四年（48年），匈奴（南匈奴）南北分裂，南匈奴逐渐移住华北，势力削弱，北匈奴则直到和帝时期受到窦宪出兵打击为止，势力都得以维持。随着匈奴势力的衰退，乌桓、丁零、鲜卑等各族兴起，成为新的威胁。

西域在西汉时期受西域都护管辖，从西汉末期到王莽时期，都护统治逐渐瓦解，五十多个绿洲国家归降了西进的匈奴。

东汉恢复对西域的统治是在和帝时期，91年上任为西域都护的班超（32—102），前后共花费31年的时间，成功经营西域。永元九年（97年），甘英奉班超之命出使大秦（罗马帝国），足迹抵达安息（帕提亚王国，今伊朗境内）、条支（以今天叙利亚为中心的王国）。

然而，此后西域诸国相继叛离汉朝，西域都护也被废止。另一方面，在渭水上游，羌族成为东汉的威胁，特别是在安帝时期，12年间不断与东汉军队发生冲突，东汉为此付出的军费达到了80亿钱，但羌的攻势并没有减弱，东汉的政权却瓦解了。

黄巾之乱

从安帝时期开始，东汉王朝的权威迅速崩塌。宫廷内，外戚与宦官争权，内政混乱加剧；而洪水、旱灾、蝗灾、疫病等天灾，与人祸一起，致使民不聊生。"连年水旱""天下饥馑"等记录，以及各类叛乱和暴动记载的急增，始于安帝时期。开始是较为分散的暴乱，后逐渐演变为有组织的叛乱，规模也扩大了。

东汉末期的各类叛乱有两种类型。一种是因为国家应担负的维持和管理事务停滞，导致农地荒废，小农因此愤起，即"第二次农地"的情形。这种情况下，抗议是针对国家和政府的，叛乱者的目标是再建正常的统治秩序。

另一种是大规模扩大庄园经营的豪族地方霸权导致周边小农阶层没落，因而发生的"第一次农地"的各种叛乱，当然，此类反抗针对的是地方豪族阶层。这类叛乱很多开始于袭击掠夺各地豪族的暴动，其结果也会导致以私兵阻止其攻势的豪族地位反而进一步得到巩固。因此，席卷全国最终导致政权交替的叛乱类型，应该说还是第一种。

灵帝时期，在冀州巨鹿郡（今河北省宁晋县一带），出现了信仰护符治病的组织——太平道。组织者张角以道教源头之一的黄老道为基础，综合当时的民间信仰，整合成了宗教结社组织，十多年间从华北到江南的八州之中，集聚了数十万贫困的农民信徒。在同时期的蜀地，出现了出五斗米（约10升）即可入教的信仰组织——五斗米道（天师道），在张陵的指导下，用祈祷的方式治病，开展救助贫民的运动，因此在农民阶层之外，还得到了地方官僚和豪族阶层支持，成长为一大宗教社团。五斗米道在臣服于后来的魏政权（215年）以前，在蜀地维持着几乎如独立国家一般的权势。

国家官员也出现了部分太平道信奉者，朝廷因此感到了威胁，决定对之进行弹压。张角把教团改建为军事组织，点起了反政府的狼烟。因此，以黄色头巾为标志的群众在"苍天已死，黄天当立"的口号下，在各地同时起义（184年）。这里所说的黄色，意味着五德终始说中的土德，要取代火德（红色）的汉王朝。黄巾军起义以人口密度较高的"第二次农地"地区——黄河中下游为中心不断扩大。惊恐的政府大赦党人，起用曹操和孙坚等年轻将领，重建官军，出面镇压。

起义不久后张角病死，也因为此，叛军主体被剿灭，但因为民政方面的问题尚未得到解决，黄巾余党的活动在东汉政权瓦解之前一直存在。

11　三分天下——三国时代

英雄们的本色

宦官之"孙"

在《后汉书·宦者列传》的结尾，著者范晔（南朝宋人）有以下史论——《史记·秦本纪》记载了宦官赵高欺瞒秦二世，指鹿为马的故事。而东汉宦官赵忠与张让则说"皇帝若登高处，民心将离"，阻止灵帝登上高楼看世界。其真正的理由，是宦官不想让皇帝看到他们正在建造如宫殿一般的宅邸。

此类宦官之中，有一人名叫曹腾。他生于普通农家，机缘巧合之下被邓太后发现，后因拥立桓帝有功，成为最高位的宦官中常侍、大长秋，封费亭侯，终其一生共侍奉了四位皇帝。

养子曹嵩因养父的"遗德"成为司隶校尉，并用养父积攒的万贯家财贿赂主要官员，最终成为三公之一的太尉。被称为"治世之能臣，乱世之奸雄"的曹操，是曹嵩之子，也就是宦官之孙。

曹操的父亲曹嵩，身份不明。一说其本名为夏侯嵩。若如此，曹腾就犯了当时"不可从异姓之家过继养子"（异姓不相养）的社会忌讳。可能因为如此，后来以魏王朝为正统的晋代陈寿的《三国志》写道"曹嵩的出生情况不明"，特意做了模糊处理。

曹腾的发祥地沛国谯县（今安徽省亳州市）有几个古墓群，北魏时期郦道元所撰的地理书《水经注》中记载，此为曹腾等曹氏一族之墓。1970年代，其中的五个墓被发掘。其中的董园村一号墓和二号墓中，出土了只有王侯可用的玉衣，分别是用银线和铜线把玉块串联起来的一组银缕玉衣和铜缕玉衣。

一号墓的地下室由砖砌成，这在当时的贵族和豪族墓中很常见。砖的背面，即砌成后看不到的部分，可以看到制砖匠人写下的各种杂书，例如"建造这样的墓会遭天谴的"，还有黄巾军的标语"苍天已死"等字句，直白地表现出当时百姓的情感，非常有意思。特别是，杂书之一提到了"曹侯"，从这些情况判断，该墓应该为曹嵩夫妻之墓。

在祖父和父亲的照拂下，曹操顺利地出人头地。黄巾之乱时，曹操成为骑都尉，镇压了洛阳南部颍川郡的叛乱，升为济南国国相后，又肃清了贪官污吏，扬名天下。此后荣升东郡太守，但他没有接受，称病回到故乡谯县，因此没有卷入冀州刺史王芬等人策划的灵帝废立的阴谋。

袁绍和董卓

189年灵帝去世后，宦官拥立幼帝（少帝刘辩）登基，其母何氏作为皇太后临朝。皇太后之兄大将军何进在袁绍（202年卒）、曹操等八校尉的帮助下，企图扫清宦官势力，但阴谋败露被杀。袁绍抓住这个机会，率军进入宫中，袭击宦官，杀了赵忠，斩了被捕的2000名宦官。张让等数十名宦官以少帝为人质逃出洛阳，被袁绍军队追击，最后投河自尽。

一直隔岸观火的并州牧董卓，随后入京，废少帝，拥立被何太后毒害的王夫人之子刘协（献帝，189—220年在位）为灵帝的继承人。讨伐宦官的袁绍是汝南郡汝阳（今河南省周口市）人，出身于四代都出三公的名门中的名门，而拥立献帝的董卓，出生于陇西郡临洮县（今甘肃省岷县），是因伐羌而扬名并晋升的武将。

袁绍与曹操青年时期曾是朋友，据说干了不少坏事。两人曾劫持某地新娘后逃跑，途中，袁绍落入荆棘丛中动弹不得。此时，曹操故意大叫"犯人在此"，袁绍拼命从荆棘丛中逃了出来。这是收集魏晋时期名人轶事的《世说新语》中记载的故事。

因为袁绍、董卓等人的功劳，宦官势力被削弱。此后，袁绍和参与镇压黄巾之乱的曹操等人，募集地方精兵，吸纳黄巾残党，拥兵自重，逐渐成为军阀。另一方面，辽西（今河北至辽宁省一带）的公孙瓒（199年卒）、四川的刘焉（194年卒）、长江中游的刘表（208年卒）等地方官也开始割据自立，社会进一步陷入混乱。

拥立献帝的董卓，晋升为太尉，封郿侯，此后又升相国，控制了朝廷。袁绍逃往冀州（今河北省一带）图谋再起，190年，以袁绍为盟主的反董卓联盟开始进军洛阳。董卓将洛阳烧为焦土后逃到长安，继续实行专政。

董卓强行命令数百万洛阳官民移居至长安城。因此，长安大乱。董卓命令手下的吕布毁坏西汉诸陵，也是在这个时期。然而，实施暴政的董卓最终于192年被收买了吕布的司徒王允所杀。董卓的遗骸被示于长安之市，据说，放置于肚脐上的灯芯被点燃后，油腻腐肉中的大量脂肪持续燃烧了数日。

董卓死后几年，曹操和袁绍到了决一雌雄的时候。此时出现了加入这场争端、最终三分天下的"英雄"孙坚和孙策父子，还有《三国演义》的男主角刘备。

江南孙氏

后来建立吴国的孙权（182—252），其父孙坚是吴郡富春（今浙江省杭州市富阳区）人。其家族是富春江入海口的豪族，或者说"土豪"，据说是春秋时期孙武的后代，但令人怀疑。孙氏世代为吴郡官吏，孙坚也是一名县吏。孙坚17岁从工作地吴县（今江苏省苏州市）乘船去往钱唐（今杭州市）途中遭遇了海盗，他勇敢击败海盗，令父亲惊叹。

此后，孙坚在镇压叛乱中屡建军功，成为县丞（副县长）。黄巾之乱爆发时孙坚为下邳（今江苏省徐州市东南）县丞，带领着聚集起来的千余精兵，加入洛阳派来的中郎将朱儁的军队，表现突出。这是孙坚晋升的开始，此后武功不断累积，最后成为长沙太守，被封为乌程侯。

董卓在长安掌握政权后，孙坚与袁绍从弟袁术（199年卒）结盟对抗董卓，修整了洛阳的宗庙和诸陵。此时流传下来一个与传国玉玺相关的故事。孙坚军队进入洛阳后，城南水井中升起"五色之气"，挖掘后发现了刻有"受命于天，既寿永昌"的汉传国之玺。玉玺四寸（约9厘米）见方，有五龙缠绕的把手（印纽），龙角少了一只。

据说该传国玉玺是刘邦先于项羽进入咸阳时子婴献上的秦国玺印，作为传国之玺藏于长安长乐宫。此后，图谋夺取政权的王莽试图从元后（西汉元帝皇后）处强行夺取该玺印。元后最后把玺印扔向地面，给了王莽的使者，龙角因此掉了一只。王莽灭亡后，玺印被汉王朝收回，宦官张让被袁绍追击时，拿着玺印逃出洛阳，混乱中将其投入井里。而孙坚拿到的玉玺，正是这个玺印。袁术威胁孙坚之妻后夺得玉玺，结果落入曹操手中。从史料角度来看，这个故事存在着许多问题，但这个玺印作为皇帝正式使用的六个玉玺之外的重要玺印，在后来的时代还不时出现，着实耐人寻味。

此后，孙坚在袁术的命令下出兵长江中游，与荆州牧刘表的部将黄祖交战，被黄祖部下射杀（192年）。袁术把孙坚的手下兵卒交给了孙坚长子孙策。袁术被曹操击败后，孙策被汉廷封为讨逆将军、吴侯。

"孤儿"刘备

在蜀建立政权的刘备（字玄德）是涿郡涿县（今北京市东南，河北省涿州市）人。前面提到，他自称是中山王刘胜的后代，抓住了一些试图复兴汉王朝的人们的心理而出人头地。其先祖也是落魄人物，祖父通过孝廉做官，终于东郡一县令，父亲据说也当了官但早亡。当时把父亲亡故的孩子称为"孤"，刘备"幼而孤"，与母亲一起编草鞋、竹席维持生计，在这样的家庭中长大成人。

刘备的屋子旁有棵大桑树，像贵人马车的天盖一般枝繁叶茂。刘备在树下玩耍，说"我将来要乘天子的马车（羽葆盖车）"。听闻此言的叔父说："不要胡说，全家都会被杀头的！"15岁时，母亲在亲戚的帮助下，把他送到了原九江太守卢植处游学。同窗公孙瓒学习很好，刘备却讨厌读书，喜欢犬马（斗犬和赛马等）。

当时的帝王之相，首先必须"身长"。刘备高七尺五寸（约180厘米），手也长，两手下垂可到膝，据说还能看到自己的耳朵。而且，他不夸夸其谈，喜怒不形于色，爱与游侠之徒交游，不问身份。一天，从刘备祖先的发祥地中山国（今河北省保定市到定州市一带）来了一个大商人，认为刘备不是普通人，赠其金银。刘备用这笔钱募集了兵卒。

《三国志·蜀书·先主传》中记载的此类"英雄传奇"内容都似曾相识（吕不韦、项羽、刘邦……），令人稍有怀疑，这些暂且不谈，黄巾之乱的爆发给刘备带来了出人头地的大好机会。此后的动向可以说与孙坚一样。一开始在已经成为中郎将的同窗公孙瓒的提携下活跃于华北地区，最终成为平原国国相。得到关羽、张飞、赵云等猛将、智将，就是在这个时期。

关羽（220年卒）字云长，原为河东郡解县（今山西省运城市）人，流浪到涿郡，追随刘备。张飞（221年卒）字益德，与刘备为同乡，入其帐下，事关羽为兄。此二人与刘备"桃园结义"是后世《三国演义》中的故事。现今，涿州市还留有古桃树，这当然是牵强附会了。

许都曹操

群雄逐鹿

建安元年（196年），曹操挟持献帝，在颍川郡许县（魏的许昌，今河南省许昌市东郊）营建新都（许都）。两年前逃出洛阳，经过故乡谯县，前去琅琊的曹操之父曹嵩落入徐州刺史陶谦之手而被杀。曹操立刻出兵徐州，打败了陶谦军队。陶谦向刘备求救，后曹操退兵。

拥立献帝的曹操被封为大将军、武平侯，曹操利用该名义，与袁术、吕布、刘备、孙策等人争夺地盘。另一方面，曹操在许都附近开始屯田，用屯田制调配军粮的同时，构建起补充兵力的基地。此时的屯田是民屯，汇聚了没落农民，开垦荒废的农地。最终曹操把民屯扩展至中原，重建了政府财政，可以说是国家开拓农耕地的"第二次农地"的复兴。

后来，魏政权末期，事实上的晋朝开国皇帝司马懿（179—251），在淮河流域对阵吴国的前线基地，指导士兵开展了大规模的军屯。由此，这一带建造了陂（蓄水池）和渠（灌溉水路），开发了大量农地。这成为司马氏取代魏国曹氏政权的经济基础。

通过屯田制巩固了根基的曹操，终于向最大的对手袁绍发起了挑战。当时，曹操以许都为中心，领有兖、豫二州，袁绍以邺城（今河北省临漳县附近）为中心，势力扩张到了幽、冀、青、并四州。

建安五年（200年），袁绍军队从邺城出发，直接南下渡过黄河，与从许都出发的曹操军队在现今开封市和郑州市中间的官渡（今河南省中牟县）交战。在前后达10个月的战斗中，曹操取得胜利，袁绍败亡后不久病逝（202年）。

曹操取得官渡之战胜利后，几乎将华北地区都收入囊中。加入袁绍阵营的刘备，转而投奔荆州牧刘表，得到刘表厚待，授予其新野（今河南省新野县）之地。刘备在此地拜诸葛亮（诸葛孔明，181—234）为军师，试图再起。另一方面，孙策企图攻打许都夺回献帝，在年仅26岁时被暗杀，其势力为弟弟孙权所继承。

孙权性格开明，在任侠之徒中颇有人望，15岁任小县县长,已被推举为郡孝廉、州茂才。孙氏一族的势力范围基本上是长江以南的会稽、吴郡、丹阳、豫章、庐陵等未开发地区。在江南,领有长江中游荆州的刘表势力较大,但无法与华北对抗。因为拥有鲁肃、周瑜等许多杰出人才,孙权的势力逐渐扩大。

赤壁之战

建安十三年(208年)八月,刘表病逝,曹操意欲吞并刘表的势力夺取荆州。号称80万的曹操大军南下,并攻下刘备坚守的樊城(今湖北省襄阳市)。刘备军队逃往江陵(今湖北省江陵县),逃亡途中,在当阳县长坂(今湖北省当阳市东北)被曹操的五千骑兵击败,刘备等人南逃,为关羽所率的水军所救。刘备的夫人甘氏及其子刘禅(后来的蜀国第二代皇帝)被舍弃,但在赵云的护卫下最终得救。

此前,曹操寄信孙权进行恫吓,孙权听从周瑜等主战派的意见,决定出战,并与刘备结成联军。周瑜率领强大的水军,从江夏郡鄂县(今湖北省鄂州市)溯长江而上。曹操方面也赶忙组建水军,自江陵而下。两军在赤壁(今湖北省赤壁市)对阵,联军将领黄盖的火攻之策奏效,曹操的船队被烧毁,节节败退。这场大战以曹操的大败而告终。

赤壁之战以后,天下以长江为界基本形成南北两分之势。刘备从益州刘璋手中夺取地盘,终于得以自立。但此后孙权和刘备对荆州展开了争夺。孙权一边修复与曹操的关系,一边进攻荆州,220年,杀了荆州守将关羽,将其首级送到了洛阳。

此次纷争孙权取得胜利。

刘备曾经从隐居于南郡隆中（今襄阳市西郊）的卧龙先生诸葛亮处得到"东与吴地孙氏联合，西以荆州和益州为据地，南与夷、越等少数民族共处，北与曹操对抗"的战略，赤壁之战后，天下三分之计得以实施。

魏汉更替

建安二十一年（216年），已得到魏公爵位的曹操被献帝封为异姓诸侯王"魏王"，以冀州邺城为王都，建立起事实上的新王朝。曹操于建安二十五年（220年）正月病逝于洛阳，结束了波澜壮阔的一生。据野史称，他是看到了被送来的关羽首级吐血而亡。另外，在如今去往洛阳市南郊龙门石窟的途中有一座关羽庙（关林），传说是曹操郑重安葬该首级之地。

曹操亡故后，长子曹丕（187—226）继承魏王、丞相之位。

延康元年（220年）十月，魏王曹丕以无法拒绝献帝的再三"禅让"这一欺骗性的理由，继承帝位。"禅让戏"的经过，在南朝宋裴松之对《三国志》所做的注中引用的"《献帝传》记载的禅代众事"中有详细记载。

该"戏"从群臣强烈表明"天命已从汉移到魏，曹丕应建立新王朝"开始，曹丕辞让，献帝继续劝进。天命转移的论据来自表示符命图谶的《纬书》。十月十三日开幕，二十九日曹丕受命，该"禅让戏"结束。

同日，曹丕在修筑于许都近郊的繁阳的土坛上，在群臣的劝进下，举行了从献帝处受让皇帝玺印的仪式，即位为"皇帝"。随后在第二天又举行了"向天帝报告即皇帝位事，再受天命"的盛大的祭天仪式，成为"天子"。经过两天由两个阶段组成的即位仪式，以洛阳为首都的新王朝"魏"建立了。献帝到曹丕的政权交接仪式，成为此后多次上演的"禅让戏"的典范。

举行即位仪式的土坛，残存于河南省临颍县繁城镇，称为受禅台。原型似是与陵墓一样的四角锥台，如今渐毁，全无百官云集的景象。我去探访之时，附近的儿童牵着山羊上上下下，一片祥和之景。

三国鼎立

魏、蜀、吴

称帝后的曹丕（文帝，220—226年在位）首先追赠曹操以"武帝"之谥，改元黄初。曹丕建立魏王朝的消息传到了西部的益州。刘备（昭烈帝）于翌年在成都（今四川省成都市）举行即位仪式，因自称景帝后裔，国号"汉"。蜀汉政权可以说是由荆州派和益州实力派及豪族组成的联合政权，以秦代以来丰富的稻田为经济基础，领土扩展到了现在的云南、贵州省一带，但与地方少数民族的摩擦不断，刘备与诸葛亮死后，国力迅速衰落，二代而亡，被魏吞并（263年）。

吴在曹丕即帝位时还没有自立的能力，暂时向魏称臣，受到册封。但最终，孙权（大帝）建立起自己的年号（黄武脱离魏国（222年），并在武昌（改称鄂县，今湖北省鄂州市）即帝位，建立吴国，后将首都迁到建业（今江苏省南京市）。吴政权纠集了长江中下游地区的豪族势力，尤其是"吴郡四姓"的名家、名族。孙氏政权经过四代58年，被晋朝消灭（280年）。

陈寿的《三国志》，是以魏为正统撰写的史书，对吴、蜀两国的记载相对较少，特别是关于"后发国"江南吴国，可能是可参照的史料原本就不多的原因，很多记载不详。

1996年，湖南省长沙市区发现了标有吴"嘉禾"（232—238）年号的大量木简（约2000件）和竹简（数万件）。据说仅整理和解读就需要十年时间，现在只能得到一些片段性信息。根据公开发表的信息，这里面包括与吴国佃农相关的契约文书（佃券）、官府的行政文书和司法文书、户籍文件，还有种类繁多的账簿等。走马楼吴简可能会改写吴国的历史，人们对此寄予厚望。

在后来南北朝时期的禅让中，让渡政权的皇帝普遍要么立刻被处死，要么莫名"急逝"。而东汉最后的皇帝献帝却得以安度一生，但被降为山阳公，14年后的青龙二年（234年）卒于封地山阳（今河南省焦作市东）。葬礼以天子之礼举行，坟墓与皇帝一样称"陵"，其陵名因禅让一事被称"禅陵"，稍显孤寂。献帝最初的皇后伏氏因企图夺权，与两个皇子一起被毒杀（214年），此后，已经进入后宫的曹操之女三人中，曹节升格为皇后。这个皇后是"出嫁从夫"类型，禅让之际被索要玉玺时，把它叩击于地，大声哭喊"天不容也",周围的人无不顿首。曹节去世后,合葬于禅陵,谥"献穆皇后"。

官僚与门阀

魏、蜀、吴三国中,无论是国土面积和生产力,还是拥有的人口,最大的都是魏国。对比史料记载的人口数量,魏为443万,吴230万,蜀94万。也因此,魏国政治上影响后世的地方得到了广泛认可。其中之一就是建国后根据陈群的建议施行的九品官人法,这是在后来隋朝初期建立科举制度之前,持续施行的官吏选用制度。

该法首先把汉代以俸禄高低排序的官职,除去最低的胥吏,从最高的一品到最低的九品共分为九个官品。该法也被叫作九品中正法,指在地方州、郡中设置中正这一特定官员,基于各乡里的人物评价(乡论),把有德行和才能的人分九等"乡品"推荐给中央。中央在乡品基础上,原则上把选用者安排在比乡品低四等的官位上。

民间人士首次进入政界成为皇帝的官僚(臣),叫作起家,如乡品五品者,从最低的九品官起家,此后逐步晋升,但不能升到原来乡品五品以上的官位上。

也就是说,这个制度把官员根据其家格分为"合格"和"不合格"两类。

乡品的认定如果如中正之名一样公平正当,那么该法的措施在选用地方人才方面是有效的。但是在实施过程中,中正官的认定经常出现各种不公正和随意性,而名门、名家出身的大部分都被授予了可晋升至二品官的乡品，而且该品位如既得利益一般被名家所世袭。这个趋势随着时代的发展而固定，最终演变为家庭的出身决定了官位，并且，就任同一官位的人，也分为起家时就在该官位的人（清官）和多次晋升后才终于得到该官位的人（浊官）。

如此一来，出高官的家族和晋升通道受限的家族以国家的官位为媒介逐渐区分。得高位者，利用各自官位的相应特权，提升自己的家格，或者利用权力增加家产，在经济上也发展为一种特权阶级。正是这种寄生于皇帝权力成长起来的"权门、士族、阀族"，成为左右魏晋南北朝时期，特别是南朝时期政治的贵族。

从魏到晋

魏文帝以东汉为鉴，抑制外戚、宦官和诸侯王参与政治，努力稳定政权。黄初七年（226年）正月，文帝行幸改称许昌的许都。此时，许昌城的南门突然崩塌。十分在意此事的文帝随即返回洛阳城。五月，文帝向曹真、曹休、陈群、司马懿等重臣托付后事，病逝于嘉福殿，年四十。文帝也禁止修建奢华的陵墓。据说修建于首阳山中的首阳陵就是文帝陵，但迄今没有证实。

继文帝位的明帝（曹叡，226—239年在位）好土木，于首都洛阳接连建起了太极殿、昭阳殿等宫殿，致人民无暇从事农事。高堂隆等重臣劝谏，明帝不听。在此期间，大将军司马懿指挥与蜀国的战争，为征服辽东公孙氏政权（238年）竭尽全力。

文帝和明帝均多次行幸许昌,大约是比首都洛阳更有感情吧。我也在1990年访问了这里。现在称为"汉魏故城""曹魏故城",或以地名称为"张潘故城"的遗迹中,只剩下了一部分城墙,以及据称是明帝修建的景福殿和承光殿台基的高10米多的基坛(现在称毓秀台)。

公孙氏政权灭亡翌年的景初三年(239年)正月,明帝无后病亡。"无人知其由来处"(《三国志·三少帝纪》)的齐王曹芳即皇帝位。倭女王卑弥呼的使节来访中国,就是在这一年6月。同年12月,魏皇帝册封卑弥呼为"亲魏倭王",赠予使团100枚铜镜等"好物"。

日本到现在还一直从古坟中大量出土的三角缘神兽镜,据说是此时中国下赐的魏镜。对此,森浩一早在1962年就指出,中国本土没有出土一面此类形状特殊、花纹独特的镜子,提出了"归化系工人制作说"。并且,中国的考古学者王仲殊从1980年代开始进行了详细周密的"魏镜说批判",提出的新观点认为这些是"从吴国来的中国匠人在日本制作的物品"。这个新观点确实有说服力,期待日本的考古学界出现可以耐得住王氏细致批判的"再建魏镜说"。

无论如何,在齐王芳(239—254年在位)、高贵乡公曹髦(254—260年在位)、常道乡公曹奂(元帝,260—265年在位)这年幼的三帝期间,民望逐渐转向了司马氏,这也是理所当然的了。

司马懿在除掉支持曹氏政权的曹爽和何晏等一族后病逝,

其权势为子孙所继承。司马懿之孙司马炎（晋武帝）按计划得到了元帝的禅让，建立了新王朝"晋"。元帝被赶出洛阳宫城，迁到了与魏王曹操有渊源的邺城，以陈留王的身份逝世。

参考文献

全书文献部分

宫崎市定『中国史』上　岩波全书　一九七七

『东アジア世界の形成Ⅰ　Ⅱ』(岩波讲座　世界历史)4、5　岩波书店　一九七〇

『中華の形成と东方世界』(岩波讲座　世界历史)3　岩波书店　一九九八

小仓芳彦『中国古代政治思想研究』(历史学研究丛书)青木书店　一九七〇

松丸道雄、永田英正『中国文明の成立』(ビジュアル版世界の历史)5　讲谈社　一九八五

增渊龙夫『中国古代の社会と国家』(新版)　岩波书店　一九九六

西嶋定生『中国古代の社会と经济』东京大学出版会　一九八一

导言

鳥山喜一『黄河の水　中国小史』(改订版)　角川文库　一九七二

三田村泰助『黄土を拓いた人びと』(生活の世界历史) 2　河出书房新社　一九七六

植村清二『万里の長城』中公文库　一九七九

讲谈社出版研究所编『中国』(世界の国シリーズ) 16　讲谈社　一九八二

五井直弘『中国古代の城』研文出版　一九八三

五井直弘『中国古代の城郭都市と地域支配』名著刊行会　二〇〇二

佐原康夫『漢代都市機构の研究』汲古书院　二〇〇二

桥本万太郎编『漢民族と中国社会』(民族の世界史) 5　山川出版社　一九八三

渡部忠世、櫻井由躬雄编『中国江南の稲作文化』日本放送出版协会　一九八四

小宫义孝『城壁』岩波新书　一九四九 (特装版一九八四)

桦山纮一编著『長江文明と日本』福武书店　一九八七

苏晓康编, 鹤间和幸译『黄河文明への挽歌』学生社　一九九〇

爱宕元『中国の城郭都市』中公新书　一九九一

林巳奈夫『中国古代の生活史』吉川弘文馆　一九九二

陈舜臣著, 尾崎秀树译『中国』(読んで旅する世界の历史と文化)　新潮社　一九九三

堀敏一『中国と古代东アジア世界』岩波书店　一九九三

多田狷介『中国彷徨』近代文艺社　一九九五

『黄土高原とオルドス』（日中文化研究）別冊3　勉誠社　一九九七

徐朝龍『長江文明の発見』角川书店　一九九八

渡边卓『古代中国思想の研究』（东洋学丛书）　创文社　一九七三

池田知久『馬王堆漢墓帛书五行篇研究』　汲古书院　一九九三

武田泰淳『司馬遷　史記の世界』文艺春秋新社　一九五九（讲谈社文库　一九七二）

竹内康浩『「正史」はいかに書かれてきたか　中国の历史书を読み解く』　大修馆书店　二〇〇二

第一部分

第1章

平势隆郎「五服論の生成と展開」（韩国）『中国古中世史研究』21輯　二〇〇九

平势隆郎「『論語』の天下観、『孟子』の天下観、『礼記』の天下観 〝天下の正統〟とその暦を理解するために」『第2回「历史的記録と現代天文学」研究会集録』編集発行相馬充、谷川清隆自然科学研究機構国立天文台　二〇〇九

平势隆郎《战国时代的天下与其下的中国，夏等特别领域》甘怀真编《东亚历史上的天下与中国概念》台湾大学出版中心　二〇〇七

平势隆郎「中国戦国時代の国家領域と山林藪沢論」松井健責任編集『自然の資源化』　弘文堂　二〇〇七

平势隆郎《何谓游侠的"儒"化　豪族石碑出现的背景》《纪

念西安碑林九二〇周年华诞国际学术研讨会论文集》二〇〇八

平勢隆郎「大国・小国の关係と漢字伝播」韩升主编《古代中国：社会转型与多元文化》上海人民出版社 二〇〇七

平勢隆郎『亀の碑と正統 領域国家の正統主張と複数の东アジア冊封体制観』白帝社 二〇〇四

第2章

傅斯年《论所谓五等爵》《傅斯年全集》3 联经出版事业公司 一九八〇

王世民《西周春秋金文中的诸侯爵称》《历史研究》一九八三年第三期 一九八三

珠葆《长安沣西马王村出土"鄘男"铜鼎》《文物与考古》一九八四年第一期 一九八四

泷川亀太郎『史記会注考証』（附「史記資材」）东方文化学院东京研究所一九三二～三四

陈梦家《六国纪年》（附《汉初及其前的纪年材料》）学习生活出版社 一九五五

中江丑吉『中国古代政治思想』岩波书店 一九五〇

小仓芳彦译『春秋左氏伝』全三卷 岩波文库 一九八八～八九

平勢隆郎『新編 史記東周年表 中国古代紀年の研究序章』 东京大学东洋文化研究所（东京大学出版会）一九九五

平勢隆郎『中国古代紀年の研究』东京大学东洋文化研究所（汲古书院）一九九六

平勢隆郎『史記の「正統」』讲谈社学术文库 二〇〇七

加藤繁『中国貨幣史研究』 东洋文库 一九九一

増井経夫『中国の历史书』 刀水书房 一九八四

顾颉刚编著《古史辨》一九二六~四一（复刻 上海古籍出版社 一九八二）

津田左右吉『左伝の思想史的研究』 东洋文库 一九三五

镰田正『左伝の成立と其の展開』 大修馆书店 一九六三

平势隆郎『左伝の史料批判的研究』 东京大学东洋文化研究所（汲古书院） 二〇〇八

松本雅明『春秋戦国における尚书の展開』 风间书房 一九六六

松本雅明『詩経諸篇の成立に関する研究』 东洋文库 一九五八

平冈武夫『経书の成立』 全国书房 一九四六（改版 创文社 一九八三）

新城新蔵『东洋天文学史研究』 弘文堂 一九二八

大岛利一等『东アジア文明の形成』（世界の历史）3 筑摩书房 一九六〇（新版 一九六八）

贝塚茂树、大岛利一『中国のあけぼの』（世界の历史）3 河出书房 一九六八

日比野丈夫等『古代中国』（世界历史シリーズ）3 世界文化社 一九六八

贝塚茂树、伊藤道治『原始から春秋戦国』（中国の历史）1 讲谈社 一九七四

『内藤湖南全集』全十四卷 筑摩书房 一九六九~七三

『贝塚茂树著作集』全十卷 中央公論社 一九七六~七八

第 3 章

白寿彝主编《中国通史》2 上海人民出版社 一九九四

伊藤道治「纪元前三〇〇〇年纪前の世界」『书のフォーラム』十一月号。一九九六 翠书房

伊藤道治「纪元前三〇〇〇年纪の世界」『书のフォーラム』十二月号。一九九六 翠书房

夏鼐著，小南一郎等译『中国文明の起源』NHKブックス 一九八四

佐藤洋一郎『DNAが語る稲作文明 起源と展開』NHKブックス 一九九六

松本秀雄『日本人は何処か来たか』NHKブックス 一九九二

『世界考古学事典』全二卷 平凡社 一九七九

贝塚茂树『中国古代再発見』岩波新书 一九七九

中国科学院考古研究所编 杉村勇造译『新中国の考古収穫』美术出版社 一九六三

张光直著，量博满译『考古学より見た中国古代』雄山阁出版 一九八〇

文物编集委员会编，关野雄监译『中国考古学三十年』平凡社 一九八一

中国社会科学院考古研究所编《新中国的考古发现和研究》文物出版社

第 4 章

白寿彝主编《中国通史》3 上海人民出版社 一九九四

陈梦家《殷墟卜辞综述》(考古学专刊) 甲种第二号 中国科

学院考古研究所编辑 科学出版社 一九五六

岛邦男『殷墟卜辞研究』中国学研究会 一九五八（再版 汲古书院 一九七五）

松丸道雄『甲骨文字』 奎星会出版部 一九五九

松丸道雄『殷墟卜辞中の田猟地について 殷代国家構造研究のために』『东洋文化研发所纪要』31 一九六三

松丸道雄编『西周青銅器とその国家』 东京大学出版会 一九八〇

松丸道雄「殷人の観念世界」『中国古文文字と殷周文化』东方书店 一九八九

裘锡圭「殷周古代文字における正体と俗字」『中国古文字と殷周文化』 东方书店 一九八九

饭岛武次『中国周文化考古学研究』 同成社 一九九八

石田千秋、松丸道雄、新井光风、牛窪梧十等『甲骨文・金文』（中国法书ガイド）1 二玄社 一九九〇

林巳奈夫『殷周時代青銅器の研究 殷周青銅器綜覧1 図版』『殷周時代青銅器紋様の研究 殷周青銅器綜覧2』 吉川弘文館 一九八四 八六

白川静『甲骨文の世界』（东洋文库） 平凡社 一九七二

白川静『金文の世界』（东洋文库） 平凡社 一九七一

白川静『金文通釈』 白鹤美术馆 一九六四～八四

伊藤道治『中国古代王朝の形成』（东洋学丛书） 创文社 一九七五

张光直《商王庙号新考》《中央研究院民族学研究所集刊》15 一九六三

持井康孝「殷王室の構造に関する一試論」『东洋文化研究

所纪要』82　一九八〇

　　赤塚忠『中国古代の宗教と文化』 角川书店　一九七七
　　天野元之助『中国社会经济史　殷・周之部』 開明书院　一九七九

第 5 章

　　池田四郎次郎、池田英雄校订『「史記解題」・「史記研究書目解題」』（後者は明徳书店出版社　一九七八の再刊） 長年堂　一九八一
　　竹内康浩「『春秋』から見た五等爵制」『史学雑誌』100-2　一九九一
　　原宗子『古代中国の開発と環境』 研文出版　一九九四
　　贝塚茂树『諸子百家』 岩波新书　一九六一
　　武内义雄『老子原始　附諸子攷略』 清水弘文堂书房　一九六七
　　武内义雄『論語の研究』 岩波书店　一九三九
　　宫崎市定『論語の新研究』 岩波书店　一九七四
　　日原利国『春秋公羊伝の研究』（东洋学丛书）创文社　一九七六
　　池田知久『老荘思想』 財団法人放送大学教育振兴会　一九九六
　　浅野裕一『孔子神話　宗教としての儒教の形成』 岩波书店　一九九七
　　茂泽方尚『「韩非子」の思想史的研究』 近代文艺社　一九九三
　　工藤元雄、早苗良雄、藤田胜久译注『馬王堆帛書　戦国縦

横家书』朋友书店 一九九三

藤田胜久『史記戦国史料の研究』 东京大学出版会 一九九七

工藤元男『中国古代文明の謎』（グラフィティ 历史謎事典）7 光文社 一九八八

工藤元男『睡虎地秦簡より見た秦代の国家と社会』（东洋学丛书）创文社 一九九八

藤野岩友『巫系文学論』 大学书房 一九五一 （増補 一九六九）

小南一郎『中国の神話と物語り』 岩波书店 一九八四

伊藤清司『中国の神話・伝説』 东方书店 一九九六

林巳奈夫『春秋戦国時代青銅器の研究 殷周青銅器綜覧3』 吉川弘文館 一九八九

林巳奈夫『中国古代の生活史』 吉川弘文館 一九九二

杨宽《战国史》 上海人民出版社 一九五五（旧版）、改订增补版（新版）、上海人民出版社 一九八〇

侯外庐著，太田幸男、冈田功、饭尾秀幸译『中国古代社会史論』 名著刊行会 一九九七

潮見浩『东アジアの初期鉄器文化』 吉川弘文館 一九八二

佐藤武敏『中国古代工業史の研究』 吉川弘文館 一九六二

五井直弘『中国古代の城』 研文出版 一九八三

『山田統著作集』全四卷 明治书院 一九八一～八二

第二部分

本书在执笔之际参照了诸多国内外著作、论文等，本处仅列举当前仍然比较容易查阅的日语类著作。而像字典、事典、地图、年表、索引等工具以及中国古典文献的译注以及翻译类著作等均被割舍。

宇都宮清吉『漢代社会経済史研究』 弘文堂 一九五五

栗原朋信『秦漢史の研究』 吉川弘文館 一九六〇

西嶋定生『中国古代帝国の形成と構造 二十等爵制の研究』 東京大学出版会 一九六一

貝塚茂樹『中国の歴史』上 岩波新書 一九六四

木村正雄『中国古代帝国の形成 特にその成立の基礎条件』 不昧堂書店 一九六五

西嶋定生『中国経済史研究』 東京大学出版会 一九六六

守屋美都雄『中国古代の家族と国家』 東洋史研究会 一九六八

藤川正数『漢代における礼学の研究』 風間書房 一九六八

板野長八『中国古代における人間観の展開』 岩波書店 一九七二

大庭脩『秦漢帝国の威容』（図説中国の歴史）2 講談社 一九七七

堀敏一『古代の中国』（世界の歴史）4 講談社 一九七七

宇都宮清吉『中国古代中世史研究』（東洋学叢書） 創文社 一九七七

好并隆司『秦漢帝国史研究』 未来社 一九七八

尾形勇『中国古代の「家」と国家』岩波书店　一九七九

小仓芳彦『古代中国に生きる』（人间の世界历史）2　三省堂　一九八〇

陈舜臣『中国の历史』5　6　平凡社　一九八一

西嶋定生『中国古代国家と东アジア世界』东京大学出版会　一九八三

影山刚『中国古代の商工业と専売制』东京大学出版会　一九八四

尾形勇『东アジアの世界帝国』（ビジュアル版世界の历史）8　讲谈社　一九八五

杨宽著，西嶋定生监译，尾形勇、高木智见共译『中国皇帝陵の起源と変遷』学生社　一九八一

杉本宪司『中国古代を掘る』中公新书　一九八六

渡边信一郎『中国古代社会論』青木书店一九八六

杨宽著，西嶋定生监译，尾形勇、高木智见共译『中国都城の起源と発展』学生社　一九八七

堀敏一『中国古代の身分制』汲古书院　一九八七

宫崎市定『アジア史概説』中公文库　一九八七

罗哲文著，杉山市平译『中国历代の皇帝陵』徳间书店　一九八九

砺波护『中国』上　（地域からの世界史）2　朝日新闻社　一九九二

藤家礼之助编『アジアの历史』南雲堂　一九九二

尾形勇『中国历史纪行』角川书店　一九九三

渡边信一郎『中国古代国家の思想構造』校仓书房　一九九四

堀敏一『中国古代の家と集落』（汲古丛书）10　汲古书院　一九九六

西嶋定生『秦漢帝国』講談社学术文庫　一九九七

朱渊清著，高木智见译『中国出土文献の世界　新発見と学术の历史』創文社　二〇〇六

饭尾秀幸『中国史のなかの家族』（世界史リブレッ　）87　山川出版社　二〇〇八

林俊雄『スキタイと匈奴　遊牧の文明』（興亡の世界史）02　講談社　二〇〇七

第6、7章

貝塚茂樹『中国の古代国家』（貝塚茂樹著作集）1　中央公論社　一九七六

増渊龙夫『歷史家の同時代史的考察について』岩波書店　一九八三

李学勤著，五井直弘等译『春秋戦国時代の歴史と文物』（研文選書）46　研文出版　一九九一

好井隆司『商君書研究』溪水社　一九九二

籾山明『秦の始皇帝』（中国歴史人物選）1　白帝社　一九九四

原宗子『古代中国の開発と環境』研文出版　一九九四

樋口隆康『始皇帝を掘る』学生社　一九九六

鶴間和幸『秦漢帝国へのアプローチ』（世界史リブレット）6　山川出版社　一九九六

鶴間和幸『ファーストエンペラーの遺産　秦漢帝国』（中国の歴史）03　講談社　二〇〇四

太田幸男『中国古代国家形成史論』 汲古书院　二〇〇七
池田雄一『中国古代の律令と社会』 汲古书院　二〇〇八
藤田胜久『史記戦国史料の研究』 东京大学出版会　一九九七
藤田胜久『中国古代国家と郡県社会』 汲古书院　二〇〇五
侯外庐著，太田幸男、冈田功、饭尾秀幸共译『中国古代社会史論』 名著刊行会　一九九七
大庭脩『漢簡研究』 同朋舎出版　一九九二
岳南、朱建荣监译『秦・始皇帝陵の謎』 讲谈社现代新书　一九九四
大庭脩编著『木簡』 大修馆书店　一九九八

第8章
永田英正『項羽』 人物往来社　一九六六
河地重造『漢の高祖』 人物往来社　一九六六
堀敏一『漢の劉邦　ものがたり漢帝国成立史』 研文出版　二〇〇四
佐竹靖彦『劉邦』 中央公論新社　二〇〇五
藤田胜久『項羽と劉邦の時代　秦漢帝国興亡史』 讲谈社選書メチエ　讲谈社　二〇〇六
滨口重国『秦漢隋唐史の研究』上、下　东京大学出版会　一九六六
平中苓次『中国古代の田制と税法』 东洋史研究会　一九六七

佐藤武敏『長安』 近藤出版社 一九七五

古賀登『漢長安城と阡陌・県郷亭里制度』 雄山閣出版 一九八〇

大室幹雄『劇場都市』 三省堂 一九八一

大庭脩『秦漢法制史の研究』 創文社 一九八二

福井重雅『漢代官吏登用制度の研究』（東洋学叢書） 創文社 一九八二

奥崎裕司『項羽・劉邦時代の戦乱』（中国史叢書） 新人物往来社 一九九一

山田胜芳『秦漢財政収入の研究』（汲古叢書）1 汲古書院 一九九三

NHK 取材班『始皇帝』（NHK スペシャルー） 日本放送出版協会 一九九四

富谷至『古代中国の刑罰』 中公新書 一九九五

紙屋正和『漢時代における郡県制の展開』 朋友書店 二〇〇九

第9章

吉川幸次郎『漢の武帝』 岩波新书 一九四九

佐藤武敏『中国古代工業史の研究』 吉川弘文館 一九六二

鎌田重雄『秦漢政治制度の研究』 日本学術振興会 一九六二

好井隆司『前漢政治史研究』 研文出版 二〇〇五

貝塚茂樹『史記』 中公新書 一九六三

护雅夫編『漢とローマ』（东西文明の交流）1 平凡社

一九七〇

　　武田泰淳『司馬選　史記の世界』讲谈社文库　一九七二

　　长泽和俊『張騫とシルクロード』（人と歴史シリーズ）东洋2　清水书院　一九七二

　　护雅夫『李陵』中公丛书　一九七四

　　森鹿三『东洋学研究　居延漢簡篇』同朋舍出版　一九七五

　　樋口隆康『古代中国を発掘する』新潮選書　一九七五

　　竹之内静雄『大司馬第将軍霍光』中央公論社　一九七五

　　顾颉刚著，小仓芳彦等译『中国古代の学术と政治』（中国丛书）大修馆书店　一九七八

　　影山刚『漢の武帝』（历史新书・东洋）教育社　一九七九

　　曽布川宽『崑崙山への昇仙』中公新书　一九八一

　　永田英正『居延漢簡の研究』同朋舍出版　一九八九

　　刘庆柱、李毓芳著，来村多加史译『前漢皇帝陵の研究』学生社　一九九一

　　富谷至『ゴビに生きた男たち』（中国历史人物選）2　白帝社　一九九四

　　板野长八『儒教成立史の研究』岩波书店　一九九五

　　福井重雅『漢代儒教の史的研究』汲古书院　二〇〇五

　　渡边义浩『後漢国家の支配と儒教』雄山閣出版　一九九五

　　小仓芳彦『入門　史記の時代』ちくま学芸文库　一九九六

　　川原秀城『中国の科学思想』（中国学芸丛书）1　创文社　一九九六

佐藤武敏『司馬遷の研究』汲古书院　一九九七

第 10 章

宫川尚志『六朝史研究』宗教篇　平楽寺书店　一九六四

大渊忍尔『道教史の研究』冈山大学共済会书籍部　一九六四

安居香山、中村璋八『緯书の基礎的研究』漢魏文化研究会　一九六六

长广敏雄编『漢代画像の研究』中央公论美术出版　一九六五

栗原朋信『上代日本对外关係の研究』吉川弘文馆　一九七八

木村正雄『中国古代農民叛乱の研究』东京大学出版会　一九七九

安居香山『緯书の成立とその展開』国书刊行会　一九七九

潘吉星著，佐藤武敏译『中国製紙技術史』平凡社　一九八〇

福井重雅『古代中国の反乱』（历史新书・东洋史）教育社　一九八二

川胜义雄『六朝貴族制社会の研究』岩波书店　一九八二

鎌田茂雄『中国仏教史』1　东京大学出版会　一九八二

宫川尚志『中国宗教史研究』1　同朋舍出版　一九八三

三田村泰助『宦官』中公文库　一九八三

下见隆雄『劉向「列女伝」の研究』东海大学出版会　一九八九

渡部武『画像が語る中国の古代』（イメージ　リーディング丛书）平凡社　一九九一

狩野直禎『後漢政治史の研究』东洋史研究丛书47　同朋舍出版　一九九三

东晋次『後漢政治史の研究』名古屋大学出版会　一九九五

平勢隆郎『中国古代紀年の研究』东京大学东洋文化研究所(汲古书院)　一九九六

信立祥『中国漢代画像石の研究』同成社　一九九六

小島茂稔『漢代国家統治の構造と展開　後漢国家論研究序説』汲古书院　二〇〇九

渡边义浩『後漢における「儒教国家」の成立』汲古书院　二〇〇九

第11章

宮川尚志『六朝史研究』政治・社会篇　平楽寺書店　一九五六

大庭脩『親魏倭王』学生社　一九七一

川胜义雄『魏晋南北朝』（中国の歴史）3　讲谈社　一九七四

金文京『三国志の世界　後漢　三国時代』（中国の歴史）讲谈社　二〇〇五

森浩一編『倭人伝を読む』中公新書　一九八二

越智重明『魏晋南朝の貴族制』研文出版　一九八二

岡崎敬『魏晋南北朝の世界』（図説中国の歴史）3　讲谈社　一九七七

渡边义浩『三国政権の構造と「名士」』 汲古书院 二〇〇四

藤家礼之助『日中交流二千年』 东海大学出版会 一九八八

西嶋定生『日本歴史の国際環境』（UP選書） 东京大学出版会 一九八五

井上秀雄『倭・倭人・倭国』 人文书院 一九九一

王仲殊著，西嶋定生监译，尾形勇、杉本宪司共编译『三角緑神獣鏡』 学生社 一九九一

王仲殊著，西嶋定生监译，桐本东太译『中国からみた古代日本』 学生社 一九九二

西嶋定生『邪馬台国と倭国』 吉川弘文馆 一九九四

堀敏一『曹操 三国志の真の主人公』（刀水歴史全書）57 刀水书房 二〇〇一

森浩一编『倭人の登場』（日本の古代）1 中央公論社 一九八五 （中公文库版 一九九五）

松丸道雄等编『中国史2』（世界歴史大系） 山川出版社 一九九六

渡边义浩『諸葛亮孔明』 新人物往来社 一九九八

关系年表

带"＊"表示大概年份

括号中的年份表示学界迄今为止通常认为该事件发生的其他可能的年份

中国		世界		日本	
时间（公元前）	事件	时间（公元前）	事件	时间（公元前）	事件
		＊3000	苏美尔都市文明兴起		
		＊1750	汉谟拉比法典颁布		
1501	殷王朝大乙（汤王）开始治世（据《竹书纪年》）（前1700）				
1024	周组建讨伐殷的军队				
1023	周破殷于牧野，并灭之。（前1070等多数）	＊1000	朝鲜开始无文土器时代		
823	周宣王伐戎。西方之国秦的君主秦仲助周战死	998	大卫迁都耶路撒冷		
780	秦襄公即位，将妹妹嫁于"丰王"（"丰"为过去周之都）				

	中国		世界	日本
772	周携王即位	776	第一届奥林匹亚祭典	
770	周平王于东部副都洛邑（洛阳）即位，自此，周分裂为东周、西周，被视为春秋时代的开始			
759	携王被杀，周王朝东西分裂格局终结，都洛邑			
754	自西而出的秦与周定边界于岐。秦平定周的余民	750	从腓尼基文字中创造出希腊语字母	
722	《春秋》自这一年开始记载	721	亚述帝国萨尔贡二世灭以色列王国	
719	秦迁都平阳			
707	周桓王亲征郑失败（该事件为战国时代周王权威丧失的标志）			
688	秦设杜、郑（西郑）为县，灭小虢。渭水流域大部分区域落入秦国手中			
679	齐桓公于鄄地举行会盟，提出"尊王攘夷"（该事件为春秋时代齐桓公开始霸业的标志）			
651	齐桓公与诸侯会盟于葵丘			
635	晋文公得到南阳之地，获进入中原的跳板			
632	晋文公率诸侯大破楚于城濮。归途于践土邀请周王，会盟诸侯			
606	楚庄王伐中原浑的戎，威压中原诸侯（从此产生"问鼎轻重"的传说故事）	612	新巴比伦与米底联合灭亚述	
597	楚破晋于邲之战	594	雅典梭伦改革	
552	孔子诞生（前551）	*566	释迦牟尼诞生	
536	郑铸成文法于鼎上（《左传》），公之于众	546	庇西特拉图在雅典开始僭主政治	

	中国		世界	日本
510	吴越相争,开始有史料记载	509	罗马开始共和政治	
507	蔡为攻楚,将人质送与晋,谋求其出兵支持,晋未同意			
506	蔡与已经送有人质的吴共同攻楚。楚郢都陷落			
505	越攻吴,秦向楚派援军。楚昭王迁都			
500	孔子助鲁定公与齐景公会于夹谷	499	第一次希波战争	
497	晋赵氏内斗频发。中行氏以及其他诸氏介入其中			
494	吴王夫差大破越王勾践			
490	范氏、中行氏之主败于赵氏,放弃城池,亡命于齐			
489	齐田釐子拥立悼公			
486	吴挖掘运河邗沟,连接淮水与长江			
482	吴王夫差与诸侯会盟于黄池,与晋定公争长。越攻吴			
481	齐田成子杀害其君主简公。《春秋》(《春秋公羊传》、《春秋谷梁传》)部分记载终止			
479	孔子去世,《春秋》(《春秋左氏传》)记载终止。战国时代开始(一直以来,开始时间有前481、前479、前453、前403等争论)	478	提洛同盟成立	
473	越王勾践灭吴,杀害吴王夫差			
451	晋的赵、魏、韩三氏灭智氏,晋实际上一分为三(前454、453、452、448、376)	451	雅典伯利克里推动制定《公民权法》	

	中国		世界	日本
403	周王承认赵、魏、韩为诸侯,晋名义和实质上被一分为三(前492、424、403、401)	450	罗马制定《十二表法》	
395	赵迁都邯郸(前386)	431	伯罗奔尼撒战争开始(~前404)	
388	周王承认齐之田氏为诸侯(前386)	*425	《历史》作者赫罗多托斯去世	
380	越迁都吴国故地	399	苏格拉底去世	
356	齐田侯因齐(后来的威王)以侯的身份即位(前379)	390	高卢人攻占罗马	
355	秦开始商鞅变法(前359)	367	罗马颁布李锡尼-绥克斯图斯法	
351	魏惠成王与诸侯会于逢泽,称夏王(一直以来与秦惠文王事迹混同)(前344)			
349	秦孝公迁都咸阳(前350)。齐在边境筑长城(前351)			
343	魏惠成王获周王赐"文武胙",以此来宣示从周王处获得权威的委让	347	柏拉图去世	
342	齐与诸侯伐魏。齐破魏于马陵。魏惠成王向齐威王行臣服之礼	340	罗马与拉丁同盟之间的拉丁战争(~前338)	
338	齐威王学周宣王故事,在正月改元称王。自此,产生了中国特有的逾年称元法			
335	魏惠成王学周成王故事,宣布翌年正月改元。秦惠文王(侯)获周王赐"文武胙",宣布成为嗣王	334	亚历山大三世开始东征	
331	秦破魏。魏翌年割让渭水流域黄河以西的土地	330	波斯阿契美尼德王朝灭亡	
329	楚威王大破越,杀越王无疆(前323)			
328	张仪出任秦相			

	中国		世界	日本
326	楚威王去世（前329）			
325	秦惠文王正式称王，宣布翌年正月改元			
324	齐靖郭君田婴成功促成齐与韩、魏结盟			
323	燕与中山称王。中山与赵、魏结盟，与齐断绝同盟关系。楚北进，破魏于襄陵			
322	魏与齐结盟。宋称王。张仪受秦旨意出任魏相			
318	秦惠文王会诸侯于逢泽。苏秦成功促成赵、韩、魏、燕、齐及匈奴结盟，共同伐秦			
317	楚加入伐秦同盟，齐脱离。成功对秦完成封锁。苏秦被杀。张仪复任秦相	*317	旃陀罗笈多开创印度孔雀王朝	
316	秦攻占蜀地			
315	燕频发内乱，翌年，齐进行军事介入			
314	秦再出东方。夺韩、魏领土			
313	燕太子平排除齐势力即位（昭王）	312	在叙利亚建立塞琉西王国	
308	秦攻韩宜阳，翌年攻陷之	304	埃及托勒密王朝建立	
306	赵施行胡服骑射（前307）。秦伐魏之皮氏			
299	秦、齐、韩、魏同盟军伐楚			
298	魏、齐、韩三国同盟攻秦，再次抵达函谷关			
297	楚怀王为与秦结盟前往秦，被强行留下。翌年去世	*297	在亚历山大建成图书馆	
296	齐与韩、魏、赵、宋、中山攻秦。秦向韩、魏割地求和。赵灭中山			
294	秦伐韩，设置汉中郡			

	中国		世界		日本
289	齐湣王和秦昭王称帝（齐为东帝；秦为西帝。按齐历为年末，然而按秦历已是前288年初）				
288	齐攻入宋				
286	齐破宋，杀宋王偃。苏代策划伐齐同盟				
285	秦、魏、赵、韩、燕同盟攻齐。燕攻占齐都临淄。后来楚派遣将军淖齿杀害齐湣王				
280	齐将军田单收复齐地，拥襄王即位。秦自西南出兵迂回攻楚之湖南，夺取黔中之地				
279	秦攻入楚				
278	秦占领楚大本营湖南、湖北之地。楚迁都东部陈				
273	秦白起、华阳破赵、魏、韩	*268	孔雀王朝阿育王即位		
264	秦灭周。东周公携剩余百姓在东自立	264	罗马与迦太基爆发第一次布匿战争（至前241）		
262	秦赵两军对峙于长平				
260	秦赵战于长平，赵大败				
259	秦包围赵都邯郸				
257	应赵平原君号召，魏信陵君、楚春申君来援。齐也来援，形成合纵之势			*3世纪	九州北部建造有大陆传来的支石墓
255	秦灭东周公国，周王朝灭亡（前249）				
248	秦夺赵太原之地（设置太原郡）				
247	魏信陵君率五国之兵破秦军。合纵成立				
242	秦伐魏，设置东郡				
241	楚、韩、魏、赵、卫合纵攻秦，不利而退	238	阿萨息斯王朝建立		
235	秦吕不韦自杀				
233	韩非子在秦狱中死亡				

关系年表　303

	中国		世界		日本
231	以赵统治区域代之地为中心发生大地震（按赵历记录在年末。而按照秦历则已越年）				
230	秦赵两国同时发生大饥荒。秦灭韩				
229	秦攻赵，包围邯郸。赵王迁投降，公子嘉自立为代王（按赵历为年末，而按照秦历则为翌年初）				
227	荆轲刺秦王政（后来的始皇帝）失败	227	西西里成为罗马最初的属州		
225	秦灭魏				
224	秦攻楚，夺取自陈以南淮水流域。楚昌平君自立				
223	秦杀昌平君和将军项燕，灭楚。越君在江南自立（前324、323）				
222	秦平定江南之地，越君投降。秦灭燕，秦灭代				
221	秦灭齐。秦灭卫。秦统一天下（前209）				
220	始皇帝首次巡幸天下，前往渭水上游流域				
219	始皇帝第二次巡幸天下，前往山东半岛				
218	始皇帝第三次巡幸天下，前往山东半岛。秦远征越				
215	始皇帝第四次巡幸天下，前往碣石山、上郡				
213	始皇帝发起"焚书"				
212	始皇帝营造"朝宫"	212	阿基米德被杀		
210	始皇帝第五次巡幸天下，于途中驾崩				
209	陈胜、吴广起义。刘邦与萧何及樊哙等结侠义之约，杀县令，被推举为沛公				

	中国		世界	日本
208	项梁推楚王后裔，称怀王。秦丞相李斯被处刑			
207	赵高让公子婴（子婴）登秦王位			
206	秦灭亡。项羽与刘邦相会鸿门宴。刘邦被封为汉王，被逼至汉中盆地南郑			
205	项羽暗杀义帝。刘邦、项羽间战争频发			
204	韩信伐魏王豹，又以与张耳的联合军大破赵王歇和陈余的联合军			
203	广武山之战			
202	项羽自杀。汉王朝建立。汉发诏令兵卒归农。汉自洛阳迁都栎阳同时开始营造新都			
200	汉建成长乐宫			
199	汉依据萧何的指挥营造未央宫，并设置武库和太仓等			
196	韩信一族被诛杀			
195	汉高祖驾崩	195	卫氏朝鲜建立	
157	长沙王国灭亡	*190	罗塞塔石碑完成	
154	吴楚七国大乱			
141	武帝即位	146	迦太基灭亡	
140	后代称这一年为建元元年，从此开始有年号			
139	汉武帝派遣张骞出使西域	133	罗马格拉古兄弟改革	
127	汉发布"推恩令"。卫青收复河套地区			
123	淮南王与衡山王企图谋反失败。两王国被撤销。淮南国和衡山国被编入郡县制，分别被称为九江郡和衡山郡。			
110	在泰山举行封禅仪式。后来该仪式多次举行	115	也门萨巴王国灭亡	

	中国		世界		日本
108	在朝鲜设置乐浪等四郡				
99	李陵遭匈奴擒获				
98	司马迁被处以宫刑				
80	燕王旦叛乱				
74	霍光开始专权	73	罗马爆发斯巴达克起义（ ～前71）	*1世纪	九州北部出现王墓
66	霍氏之乱，霍氏灭亡				
60	设置西域都护	60	罗马开始第一次三头政治		
51	南匈奴呼韩邪单于归服汉朝	45	罗马恺撒采用太阳历（儒略历）		
33	王昭君嫁于匈奴呼韩邪单于。王凤出任大司马大将军	27	罗马屋大维开始元首制		
时间（公元后）	事件	时间（公元后）	事件	时间（公元后）	事件
2	中国全境户籍调查				
6	王莽篡位，在长安南郊祭祀天神，改元居摄元年，称"摄皇帝"号				
8	王莽称"皇帝"号，进而称"天子"号				
9	王莽宣布新朝建立				
17	荆州的绿林山农民爆发起义，后刘氏一族也加入进来。吕母起义	12	王莽杀高句丽王骁，定国号下句丽		
18	青州农民（赤眉军）起义（ ～27）				
23	王莽被杀				
25	赤眉军拥立刘盆子为皇帝。刘秀即皇帝位（光武帝），年号建武，定都洛阳	*30	基督教耶稣受刑		
36	光武帝基本上平定全国				
39	中国全境土地测量				
48	匈奴（南匈奴）分裂成南北两支	40	越南征氏姐妹对东汉发动叛乱		
57	册封前来朝贡的奴国			57	奴国王获光武帝赐印绶
68	这一时期佛教传入				

	中国		世界		日本
82	班固完成《汉书》	79	维苏威火山喷发，埋葬庞贝等地		
85	四分历开始施行				
91	班超被任命为西域都护				
92	铲除窦氏一族				
97	甘英以大秦国（罗马）为目标西去，已抵达安息和条支	*98	罗马图拉真努斯即位，将罗马帝国版图扩大到顶峰		
120	罗马使节经印度抵达长安	*100	犍陀罗出现佛教雕刻	107	倭国王帅升向东汉献上生口
148	安世高在洛阳开始佛典汉译工作	105	塔西佗著《历史》出版（ ~108）		
159	桓帝灭梁氏	*150	中美洲提奥提华坎文化繁荣		
166	宦官势力使李膺、陈蕃等儒家官僚两百人下狱。自称为大秦国王安敦（罗马皇帝安东尼·庇护）的使节访问中国并献上象牙和犀牛角	161	罗马马古斯·奥列里乌斯·安东尼·奥古斯都即位		
167	发布党锢禁令				
168	窦武等谋求彻底扫除宦官势力失败。窦武自杀。陈蕃等七百人被处刑，多数"清流"人士遭到免官禁锢。朝廷中"清官"全部被除				
184	黄巾起义爆发				
185	黑山军起义爆发				
196	曹操拥汉献帝至许，手握实权。逐步升为魏公，进而称魏王				
200	孙策卒，立弟孙权	*200	截止到这一时期，《摩奴法典》制定		
202	曹操于官渡破袁绍	204	这一时期公孙氏设带方郡		
208	孙权、刘备联合破曹（赤壁之战）	216	罗马卡拉卡拉浴场建成		
215	五斗米道归服魏政权				

	中国		世界		日本
220	曹操去世，曹丕继任魏王。制定九品官人法。曹丕接受献帝禅让，国号魏，定都洛阳				
221	刘备建蜀，定都成都；孙权迁都武昌				
223	刘备去世。诸葛亮接受遗诏				
227	明帝在洛阳城筑金墉城	*226	波斯萨珊王朝建立		
229	孙权称帝，迁都建业				
230	孙权派遣甲士万人，浮海求夷洲、亶洲				
234	诸葛亮与司马懿对峙，于五丈原去世				
238	司马懿伐公孙渊，平定辽东。孙权向辽东派兵，援助公孙氏			239	卑弥呼首次派遣魏使，获赐印绶、铜镜等。
240	带方郡太守弓遵等出使倭国				
244	幽州刺史毌丘俭攻克高句丽丸都				
263	成都沦陷，蜀国灭亡			247	卑弥呼派最后一次遣魏使
265	孙皓自建业迁都武昌。翌年再迁都建业。司马炎被禅让帝位，建立晋王朝，定都洛阳			266	壹与向晋派遣使者
280	孙皓降晋，吴国灭亡。晋吞并吴国，再次统一天下	274	罗马皇帝奥勒利安征服巴尔米拉		
291	晋政治斗争激化，开始八王之乱（~306）	293	戴克里先建立罗马帝国四帝共治制		

图书在版编目（CIP）数据

中华文明的诞生 /（日）尾形勇,（日）平势隆郎著；黄忠，程文明译. -- 福州：海峡书局, 2022.9
ISBN 978-7-5567-0981-6

Ⅰ. ①中… Ⅱ. ①尾… ②平… ③黄… ④程… Ⅲ. ①文化史—中国 Ⅳ. ①K203

中国版本图书馆 CIP 数据核字 (2022) 第 109695 号

SEKAI NO REKISHI 2-CHUKABUNMEI NO TANJO
BY Isamu OGATA and Takao HIRASE
Copyright © 1998, 2009 Isamu Ogata and Takao Hirase
Original Japanese edition published by CHUOKORON-SHINSHA, INC.
ALL rights reserved.
Chinese (in Simplified character only) translation copyright © 2022 by Ginko (Beijing) Book Co., Ltd.
Chinese (in Simplified character only) translation rights arranged with CHUOKORON-SHINSHA, INC. through Bardon-Chinese Media Agency, Taipei.

本书中文简体版权归属于银杏树下（北京）图书有限责任公司
图字：13—2022—064 号
审图号：GS（2022）3678 号

出 版 人：林 彬
选题策划：后浪出版公司   出版统筹：吴兴元
编辑统筹：周 茜   责任编辑：廖飞琴 俞晓佳
特约编辑：舒之仪 冯少伟   营销推广：ONEBOOK
装帧制造：墨白空间·杨阳

中华文明的诞生

著　者：[日] 尾形勇　平势隆郎 著
译　者：黄 忠　程文明
出版发行：海峡书局
地　址：福州市白马中路 15 号海峡出版发行集团 2 楼
邮　编：350004
印　刷：嘉业印刷（天津）有限公司
开　本：880mm × 1194mm　1/32
印　张：9.75
插　页：16
字　数：250 千字
版　次：2022 年 9 月第 1 版
印　次：2022 年 9 月第 1 次
书　号：ISBN 978-7-5567-0981-6
定　价：49.80 元

读者服务：reader@hinabook.com 188-1142-1266　　投稿服务：onebook@hinabook.com 133-6631-2326
直销服务：buy@hinabook.com 133-6657-3072　　网上订购：https://hinabook.tmall.com/（天猫官方直营店）

后浪出版咨询(北京)有限责任公司 版权所有，侵权必究
投诉信箱：copyright@hinabook.com　fawu@hinabook.com
未经许可，不得以任何方式复制或抄袭本书部分或全部内容
本书若有印、装质量问题，请与本公司联系调换，电话 010-64072833